Patrick Theobald

Profikurs ABAP®

Konkrete, praxisorientierte Lösungen –
Tipps, Tricks und jede Menge Erfahrung

2., erweiterte Auflage

Mit 196 Abbildungen

PRAXIS

**VIEWEG+
TEUBNER**

Bibliografische Information der Deutschen Nationalbibliothek
Die Deutsche Nationalbibliothek verzeichnet diese Publikation in der
Deutschen Nationalbibliografie; detaillierte bibliografische Daten sind im Internet über
<http://dnb.d-nb.de> abrufbar.

SAP®, SAP Logo®, mySAP® Business Suite, mySAP.com®, mySAP.com Marketplace®, mySAP.com Enterprise Portal®, mySAP.com Business Scenarios®, mySAP.com Application Hosting®, WebFlow®, R/2®, R/3®, RIVA®, ABAP®, SAP Business Workflow®, SAP EarlyWatch®, SAP ArchiveLink®, BAPI®, SAPPHIRE®, Management Cockpit®, SEM® sind eingetragene Warenzeichen der SAP Aktiengesellschaft Systeme, Anwendungen, Produkte in der Datenverarbeitung, Neurottstraße 16, D-69190 Walldorf. Der Autor bedankt sich für die freundliche Genehmigung der SAP Aktiengesellschaft, die genannten Warenzeichen im Rahmen des vorliegenden Titels verwenden zu dürfen. Die SAP AG ist jedoch nicht Herausgeberin des vorliegenden Titels oder sonst dafür presserechtlich verantwortlich. Für alle Screen-Shots des vorliegenden Titels gilt der Hinweis: Copyright SAP AG.

Das in diesem Werk enthaltene Programm-Material ist mit keiner Verpflichtung oder Garantie irgendeiner Art verbunden. Der Autor übernimmt infolgedessen keine Verantwortung und wird keine daraus folgende oder sonstige Haftung übernehmen, die auf irgendeine Art aus der Benutzung dieses Programm-Materials oder Teilen davon entsteht.

Höchste inhaltliche und technische Qualität unserer Produkte ist unser Ziel. Bei der Produktion und Auslieferung unserer Bücher wollen wir die Umwelt schonen: Dieses Buch ist auf säurefreiem und chlorfrei gebleichtem Papier gedruckt. Die Einschweißfolie besteht aus Polyäthylen und damit aus organischen Grundstoffen, die weder bei der Herstellung noch bei der Verbrennung Schadstoffe freisetzen.

1. Auflage 2004
2., erweiterte Auflage 2007
Unveränderter Nachdruck 2009

Alle Rechte vorbehalten
© Vieweg+Teubner | GWV Fachverlage GmbH, Wiesbaden 2007

Lektorat: Sybille Thelen | Andrea Broßler

Vieweg+Teubner ist Teil der Fachverlagsgruppe Springer Science+Business Media.
www.viewegteubner.de

Umschlaggestaltung: KünkelLopka Medienentwicklung, Heidelberg
Druck und buchbinderische Verarbeitung: MercedesDruck, Berlin
Gedruckt auf säurefreiem und chlorfrei gebleichtem Papier.
Printed in Germany

ISBN 978-3-8348-0143-2

Patrick Theobald

Profikurs ABAP®

COBIT kompakt und verständlich
von W. Goltsche

User Interface-orientierte Softwarearchitektur
von P. Chlebek

Profikurs Eclipse 3
von G. Wolmeringer und T. Klein

Profikurs Sicherheit von Web-Servern
von V. Hockmann und H.-D. Knöll

Elektronische Signaturen in modernen Geschäftsprozessen
von V. Gruhn, V. Wolff-Marting, A. Köhler, C. Haase und T. Kresse

Grundkurs Microsoft Dynamics AX
von A. Luszczak

SAP R/3® Kommunikation mit RFC und Visual Basic
von P. Theobald

www.viewegteubner.de

Vorwort zur zweiten Auflage

Liebe Leser,

wenn in dieser Welt irgendetwas sicher ist, dann ist es die Veränderung. Und so haben wir ABAP-Programmierer uns vor 4 – 5 Jahren bereits darauf eingestellt, früher oder später auf den Java-Zug aufspringen zu müssen. Ginge es nach dem Willen des SAP-Hochglanz-Prospektes besser heute als morgen. Doch die Realität sieht anders aus: Selbst mit mySAP ERP 2005 hat ABAP nichts an Aktualität verloren und wer betriebswirtschaftliche Prozesse im umfassendsten ERP-System der Welt abbilden möchte, kommt an fundierten ABAP-Kenntnissen nicht vorbei.

Aus diesem Grund wurde die zweite Auflage dieses Buches um das Kapitel WebDynpro erweitert. Eine Technik, die sich in einer zusehends web-basierten Welt immer größerer Beliebtheit erfreut und trotzdem auf abgehangener ABAP-Technik basiert.

Abschließend wünsche ich Ihnen viel Erfolg beim Durcharbeiten des Buches und möchte noch auf meine Homepage hinweisen. Unter www.theobald-software.com finden Sie zusätzliche Infos rund um das Buch. Per Mail erreichen Sie mich unter patrick.theobald@theobald-software.com.

Herzlichst Ihr Patrick Theobald im Sommer 2007

Vorwort zur ersten Auflage

Liebe Leser,

braucht diese Welt ein weiteres ABAP-Buch? Ja, denn es gilt Lücken zu schließen. Es gibt mittlerweile gute ABAP-Bücher, die dem geneigten Leser einen Einstieg in die Programmiersprache des R/3-Systems bieten. Aber es gibt bis heute keine, die gezielt diesen Weg weiterverfolgen.

ABAP heißt nicht nur, Dynpros zu gestalten und ein Programm syntaktisch korrekt auszuformulieren. Produktive Programmierung in einem SAP-System heißt auch immer, bestehende Standards effizient nutzen und vor allem beherrschen können. Dazu gehört immer auch ein wenig Administration, Customizing und ein Grundverständnis über die ganzheitliche Funktionsweise des Systems. Mit diesem Anspruch der Wissensvermittlung hat sich dieses Buch ein hohes Ziel gesteckt. Lassen Sie mich wissen, ob es das Ziel erreicht hat und schreiben Sie mir Ihre konstruktive Kritik an patrick.theobald@theobald-software.com (über Lob freue ich mich natürlich auch).

Bei der Gelegenheit möchte ich Sie auch gleich auf meine Homepage www.theobald-software.com hinweisen. Neben den Beispieldateien finden Sie als Leser dort weitere Ressourcen rund um das Buch.

An dieser Stelle allen Menschen zu danken, die mich auf dem Weg von der Idee bis zum fertigen Manuskript begleitet haben, würde mit Sicherheit den Rahmen eines Vorwortes sprengen. Stellvertretend für sie alle danke ich meinen Eltern, dem Alex und meinem Arbeitgeber, der Würth Industrie Service GmbH & Co.KG in Bad Mergentheim. Ein spezieller Gruß von dieser Stelle aus geht an die Oma (mein treuester Fan).

Abschließend wünsche ich Ihnen viel Spaß, viel Erfolg und viele neue Erkenntnisse mit *Profikurs ABAP*.

Herzlichst Ihr Patrick Theobald im Sommer 2004

Inhaltsverzeichnis

8

A

1 Einführung und Grundlagen

ABAP – Was unter R/2 noch als **A**llgemeiner **B**erichts**A**ufbereitungs-**P**rozessor begann, ist über die Jahre zu **A**dvanced **B**usiness **A**pplication **P**rogramming geworden. In jedem Fall ist ABAP parallel zu dem unvergleichlichen Erfolg von SAP R/3 zu einer der wichtigsten Sprachen bei der Entwicklung von betriebswirtschaftlichen Anwendungen geworden.

An wen richtet sich dieses Buch?

Dieses Buch handelt von fortgeschrittenen Programmiertechniken in ABAP. Mit „fortgeschritten" ist in diesem Zusammenhang alles gemeint, was im Allgemeinen nicht in Anfänger-Büchern zu lesen ist. Bücher wie *ABAP Objects* von Sascha Krüger und Horst Keller oder das *ABAP Übungsbuch* von Michael Umlauff und Walter Dirnhofer bieten selbst ABAP-Anfängern die Möglichkeit, im Selbststudium oder als Schulungsunterlage die Sprache von Grund auf zu lernen. Es werden syntaktische Feinheiten erläutert, Ablaufkonstrukte diskutiert und Grundlagen in Reporting und Dialogprogrammierung vermittelt. Aber wie geht es weiter? Dieses Buch ist eine mögliche Antwort auf diese Frage. Insbesondere geht es um Techniken, die in der Regel nicht oder zumindest nicht in vielen Büchern zu finden sind.

Vorkenntnisse

Absolute Voraussetzung für dieses Buch ist der Umgang mit der ABAP-Workbench. Sie müssen in der Lage sein, Programme oder Funktionsbausteine anzulegen und eine Datenbanktabelle im Data Dictionary zu entwerfen. Begriffe wie *transparente Tabelle*, *Datenelement* oder *Domäne* sollten ebenfalls soweit bekannt sein. Außerdem sollten Sie sich in der ABAP-Syntax zurechtfinden, wissen wie man eine interne Tabelle oder einen strukturierten Datentyp befüllt und wieder ausliest und wie in ABAP gängige Ablaufkonstrukte und Modularisierungstechniken funktionieren. Allerdings ist es auch nicht verboten, die eine oder andere Sache im Hilfetext nachzulesen, wenn der Crashkurs am Ende des Kapitels nicht genügend hergibt

Auswahl und Umfang der Themen

Die Themenauswahl richtet sich im Wesentlichen nach ihrer Praxistauglichkeit. Das ist auch der Grund dafür, warum nicht immer alle Aspekte eines bestimmten Themas bis zum letzten Detail diskutiert werden. Sie werden das eine oder andere Mal Verweise auf die Dokumentation finden. Nehmen wir die Erzeugung von XML-Dateien aus dem zweiten Kapitel zum Beispiel. Die Klassen, die für die XML-Erstellung genutzt werden können, sind so umfangreich, dass man damit alleine ein ganzes Buch füllen könnte. Sämtliche Sonderfälle hier zu behandeln, würde mit Sicherheit keinen Sinn machen und das Ziel des Buches verfehlen. Also beschränkt sich das Buch in diesem Fall darauf, ein gängiges Beispiel zu liefern, die Hintergründe zu erklären und Hinweise auf weitere Quellen oder eigene Forschungsarbeit zu geben.

Es sei an dieser Stelle auch noch einmal die Homepage des Autors erwähnt:

http://www.theobald-software.com

Zum einen haben Sie dort die Möglichkeit, die Beispieldateien herunterzuladen, zum anderen finden Sie eine Reihe weiterer Tools und Goodies, die für Sie als Leser interessant sein könnten. Außerdem gibt es ein Diskussionsforum, in dem sich die Leser über alle Themen des Buches untereinander austauschen können. Ein Besuch lohnt sich in jedem Fall.

Gliederung   Wir werden auf den folgenden Seiten zunächst einige Grundlagen wiederholen, um die Möglichkeit zu schaffen, die eine oder andere Wissenslücke zu schließen. Die weiteren Kapitel sind im Folgenden kurz zusammengefasst:

- Daten aufbereiten, ablegen und konvertieren

  Wir werden zunächst das Schreiben und Lesen von Dateien auf bzw. vom Applikationsserver mit Hilfe von logischen Pfaden und Dateinamen diskutieren. Ebenso Dateioperationen direkt auf der Festplatte des Endbenutzers. Es wird die Erzeugung verschiedenster Dateiformate erklärt, z.B. HTML, XML oder PDF. Außerdem lernen wir das BDS kennen, die SAP-interne Ablage für binäre Dateien und die Übertragung von Daten per FTP (File Transfer Protokoll).

- Benutzeroberfläche

  Dieses Kapitel widmet sich Aspekten, die direkt mit der Gestaltung von Bildschirmmasken zu tun hat. Standarddialoge, die vom System bereitgestellt werden, die automatisch generierbare Tabellenpflege und das ALV-Grid.

- Nummernkreise und lange Texte

  Ein SAP-System stellt dem Entwickler für gängige Aufgaben der Entwicklung viele Standards zur Verfügung, die er sich in anderen Programmiersprachen erst mühsam selbst zusammenbauen müsste. Dazu gehören das Handling von Nummernkreisen und das programmgesteuerte Verwalten von Texten, die nicht in ein Datenbankfeld passen.

- Sperren und Verbuchen

  Das fünfte Kapitel geht auf zwei Mechanismen ein, die in selbstgeschriebenen ABAP-Programmen sehr oft falsch oder gar nicht angewendet werden. Zum einen das Sperren von Datensätzen um die Konsistenz sicherzustellen, zum anderen der Einsatz von asynchronen Verbuchungen, um die Performance und somit den Komfort für den Endanwender zu erhöhen.

- Drucken

  Unser Workshop wird mit einem Kapitel zum Thema Drucken mit SAP Smart Forms abgerundet.

1.1   Beispieldateien

Sämtliche Beispiele dieses Buchs können im Download-Bereich unter www.patrick-theobald.de heruntergeladen werden. Grundsätzlich bleibt es dem Leser überlassen, ob er die Beispieldateien braucht oder nicht. Theoretisch sind sie nicht nötig, alle Informationen zum Erlernen der einzelnen Themen können direkt im Buch nachgelesen werden.

Alle Beispiele sind an ein kleines, eigenständiges Szenario angelehnt, das sich wie ein roter Faden durch das Buch zieht. Es geht nämlich um die Verwaltung einer Bibliothek. Aus diesem Grund gibt es Tabellen für die Kunden, die Bücher, den aktuellen Bestand und noch einige weitere. Obwohl SAP von sich aus mit dem Flugdatenmodell ein Übungsszenario zur Verfügung stellt, hat der Autor beschlossen, ein eigenes ins Leben zu rufen. Der Grund hierfür liegt darin, dass das Bibliotheksszenario besser zu den Anwendungen im Buch passt. Außerdem wird das Flugdatenmodell mittlerweile in so vielen Dokumentationen und Büchern genutzt, dass es höchste Zeit für ein neues Modell war.

Import der Beispieldateien

Es gibt mehrere Möglichkeiten, die Beispieldateien ins eigene System einzuspielen. Sie haben zum einen die Möglichkeit, das komplette Szenario in einem Rutsch per Transportauftrag zu importieren. Das Importieren eines Transportauftrages ist am Ende dieses Teilkapitels detailliert beschrieben, so dass auch Leser ohne tiefgründige Administrationskenntnisse damit klarkommen sollten. Alle Objekte beginnen immer mit dem Präfix ZBIB, damit es nicht zu Namenskonflikten mit eventuell bestehenden Repository-Objekten kommt.

Alternativ können Sie auch nur die Datenbanktabellen importieren und den Beispielcode je nach Bedarf separat und manuell anlegen. Im Downloadbereich kann jeder Report und jeder Funktionsbaustein als Textdatei geöffnet werden. Legen Sie dann einen entsprechenden Rumpf in der ABAP-Workbench an (entweder Report, Funktionsbaustein oder Dialogprogramm) und kopieren Sie den Code mit *Bearbeiten → Kopieren* und *Bearbeiten → Einfügen* vom Texteditor in den ABAP-Editor. Falls Sie keine Möglichkeit haben, einen Transportauftrag zu importieren, wird Ihnen auch nichts anderes übrig bleiben, als die Datenbank-Tabellen manuell anzulegen. Die exakte Beschaffenheit der Tabellen und die Beziehungen untereinander sind direkt im Anschluss erläutert.

Alle Beispiele sollten mindestens ab Release 4.6X funktionieren. Falls zwischen 4.6X und 4.7 (bzw. 6.X) ein syntaktischer Unterschied bestehen sollte, ist dieser direkt im Text zum jeweiligen Beispiel beschrieben.

1.1.1   Die erforderlichen Tabellen

Abbildung 1.1 zeigt die Beziehungen der Beispieltabellen untereinander. In dem Bibliotheksszenario gibt es Kunden (ZBIB-KUNDEN) und Bücher (ZBIBBUECHER). Jedes Buch ist durch die ISBN-Nummer eindeutig bestimmt, außerdem muss jedes Buch zwingend auf einen Verlag (ZBIBVERLAGE) und ein Genre (ZBIBGENRES) verweisen, um es klassifizieren zu können.

Der Bücherbestand wird in der Tabelle ZBIBBESTAND gehalten. Für jedes Buch, das die Bibliothek besitzt, existiert genau ein Bestandssatz. Der Bestandssatz wird durch die Bestandsnummer eindeutig bestimmt, die ISBN-Nummer ist nicht ausreichend, da dieselbe ISBN-Nummer mehrfach im Bestand vorkommen kann. Jeder Vorgang (Ausleihen oder Zurückgeben eines Buches) wird in der Bewegungstabelle ZBIBBEW protokolliert. Ob ein Buch ausgeliehen oder verfügbar ist, bestimmt das Feld STATUS in der Bestandstabelle. Falls es ausgeliehen ist, wird die Nummer des Kunden, der es ausgeliehen hat, ebenfalls in der Bestandstabelle eingetragen.

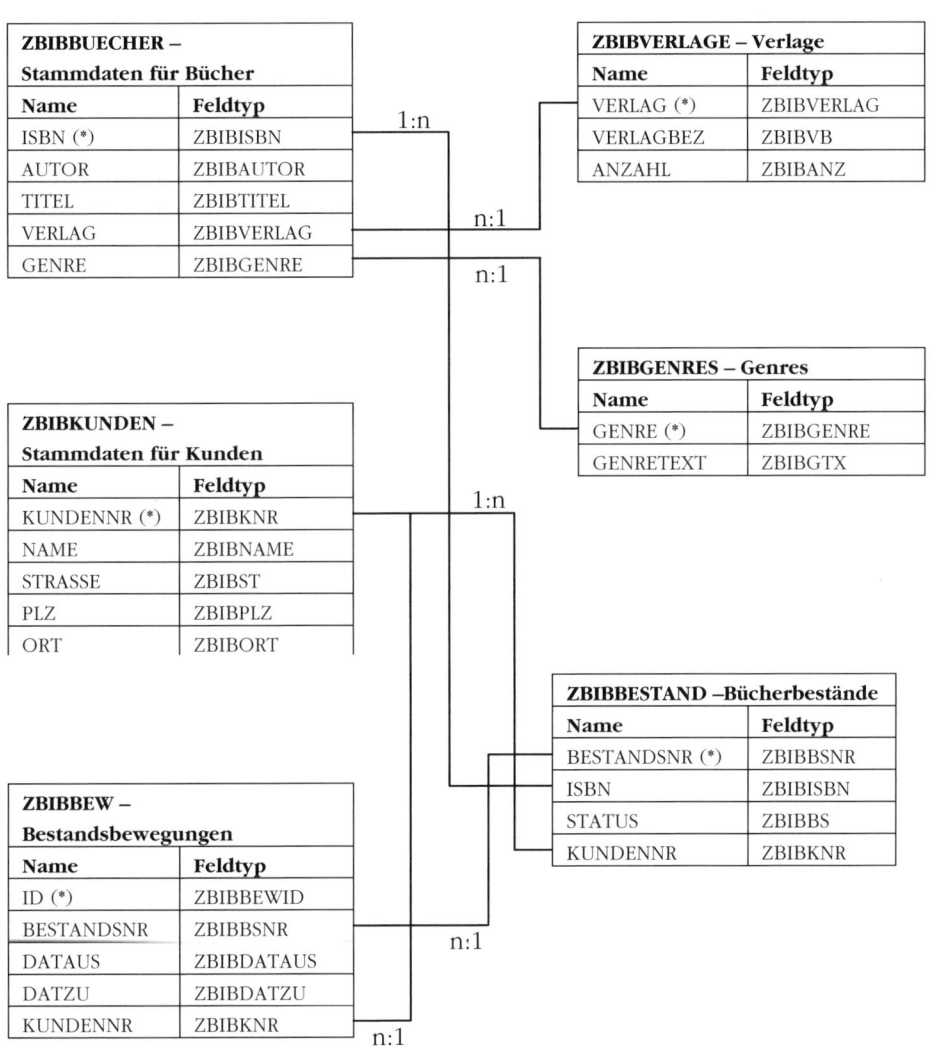

Abb. 1.1: Tabellenbeziehungen für die Beispiele

Die Primärschlüssel sind mit (*) gekennzeichnet. Bitte beachten Sie die Beziehung zwischen Kunden und Bestand bzw. Kunden und Bewegung. Streng genommen ist die Kundennummer in der Bestandtabelle nicht nötig, sie wird redundant dazu genutzt, dem Bestand anzusehen, welcher Kunde das Buch ausgeliehen hat, ohne dafür die Bewegungen lesen zu müssen.

Die nachfolgende Tabelle zeigt die verwendeten Feldtypen und deren Eigenschaften.

Feldtyp	Datentyp	Länge	Bezeichnungstext
ZBIBAUTOR	CHAR	25	Name des Autors
ZBIBANZ	INT4	10	Anzahl ausgeliehener Bücher
ZBIBBEWID	NUMC	11	Laufende Nummer der Bestandsbuchung
ZBIBBS	Domäne ZBIBBESTATUS		Status des Bestandes
ZBIBBSNR	CHAR	7	Bestandsnummer
ZBIBDATAUS	DATS	8	Ausleihdatum
ZBIBDATZU	DATS	8	Rückgabedatum
ZBIBGENRE	CHAR	2	Genre-Kürzel
ZBIBGTX	CHAR	50	Genretext
ZBIBISBN	NUMC	10	ISBN-Nummer
ZBIBKNR	NUMC	6	Kundennummer
ZBIBNAME	CHAR	30	Name
ZBIBORT	CHAR	30	Ort
ZBIBPLZ	NUMC	7	Postleitzahl
ZBIBST	CHAR	30	Straße
ZBIBTITEL	CHAR	100	Titel
ZBIBVB	NUMC	4	Verlagsbezeichnung
ZBIBVERLAG	CHAR	100	Verlagsnummer

Der Feldtyp ZBIBBS enthält keinen eingebauten Datentyp, sondern eine eigene Domäne. Diese Domäne heißt ZBIBBESTATUS, ist vom Typ NUMC (Länge 1) und enthält folgende Einzelwerte als Wertebereich: 1- verfügbar; 2 - ausgeliehen.

1.1.2   Importieren eines Transportauftrags

Grundsätzliche Hinweise zu Transporten

Um Programm- oder Data-Dictionary-Objekte innerhalb einer Systemlandschaft von einem System in ein anderes (z.B. vom Entwicklungssystem ins Produktionssystem) zu bringen, stellt R/3 Transportmechanismen zur Verfügung. Jedes Mal, wenn ein Objekt geändert oder neu angelegt wird, wird dieses einem Transportauftrag zugeordnet und verbleibt dort solange, bis es freigegeben wird. Die Freigabe erzeugt zwei binäre Dateien, in die die Objekte abgelegt werden. Nach Freigabe sind die Objekte im Quellsystem wieder änderbar, sie können also erneut erweitert werden, um dann wieder in einem neuen Transportauftrag zu landen. Die Freigabe von Tranportaufträgen erlaubt das System in der Transaktion SE09 nur dann, wenn sie syntaktisch korrekt sind. Um die Objekte des Beispielsszenarios zu importieren, benötigen Sie eine Berechtigung für die Transaktion STMS. Falls Sie ein MiniSAP-System oder ein MiniWAS nutzen, beachten Sie vor dem Import bitte unbedingt die Hinweise zur Konfiguration des Transport-Systems. Sie ist auf den CDs in der Datei start.html enthalten.

Transportdateien

Jeder Transport besteht aus folgenden Dateien, wobei XXXXXX eine sechsstellige laufende Nummer ist und YYY das dreistellige Systemkürzel des Quellsystems.

- KXXXXXX.YYY
  enthält Steuer- und Protokolldaten zum Transport und liegt im Verzeichnis /trans/cofiles/ auf dem Applikationsserver.

- RXXXXXX.YYY

  enthält die zu transportierenden Objekte in binärer Form und liegt im Verzeichnis /trans/data/ auf dem Applikationsservcr.

Die beiden Dateien müssen für den Import jeweils auch wieder in die angegeben Verzeichnisse gelegt werden, damit SAP sie für den Import auf dem Zielsystem finden kann.

Der Anstoß des Imports erfolgt nicht automatisch, sondern wird in der Transaktion STMS ausgelöst (Abbildung 1.2). Der Klick auf den kleinen LKW zeigt alle Systeme, die mit dem aktuellen System innerhalb einer Transportlandschaft vorhanden sind und wie viele nicht-importierte Transportaufträge in der so genannten Import-Queue hängen (Abbildung 1.3). Eine Import-Queue kann man sich als einen Stapel vorstellen. Das Zielsystem stellt mit Hilfe dieser Queue-Technik sicher, dass Aufträge die selben Objekte in unterschiedlichen Versionen enthalten, in der richtigen Reihenfolge importiert werden und so keine Inkonsistenzen erzeugen.

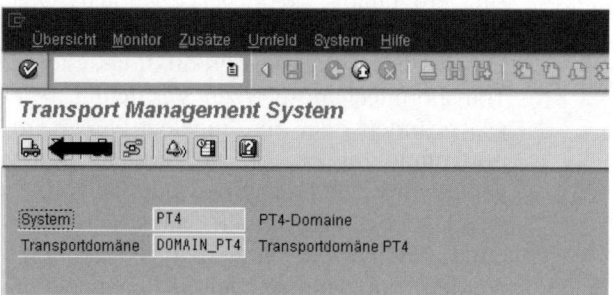

Abb. 1.2 © SAP AG: Einstiegsbild STMS

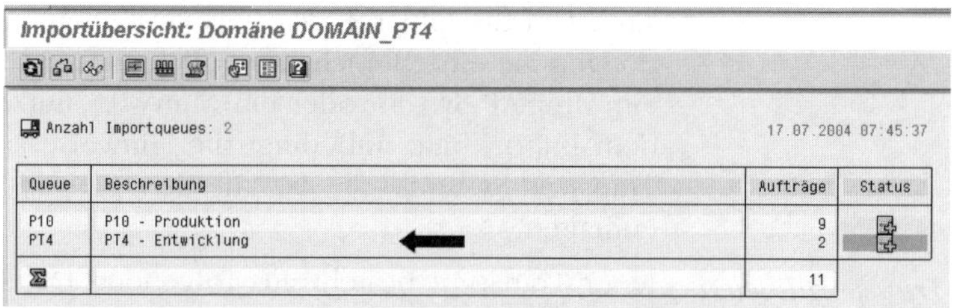

Abb. 1.3 © SAP AG: Systemübersicht für den Import

Anhängen eines Auftrags

Ein Doppelklick auf das eigene System zeigt die Aufträge, die in der Import-Queue enthalten sind. Unserer ist noch nicht dabei, er muss erst noch angehängt werden. Wählen Sie dazu im Menü *Zusätze → weitere Aufträge → Anhängen*. Das Dialogfenster (Abbildung 1.4) erfordert die Angabe der Transportauftragsnummer. Analog zu den Dateinamen setzt sich diese gemäß der folgenden Syntax zusammen: YYYKXXXXXX, wobei YYY durch das dreistellige Kürzel des Quellsystems und YYYYYY durch die sechsstellige laufende Nummer zu ersetzen ist. Die Transportauftragsnummer lässt sich also aus den beiden Dateinamen ableiten.

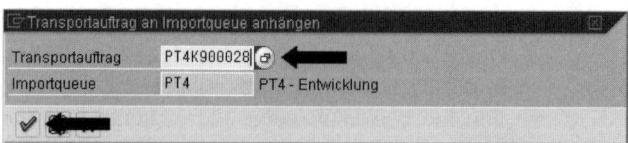

Abb. 1.4 © SAP AG: Anhängen eines Transportauftrags

Abbildung 1.5 zeigt nun den Auftrag in der Queue. Um ihn noch vollends zu importieren, markieren Sie den Auftrag und klicken Sie auf *Auftrag importieren*.

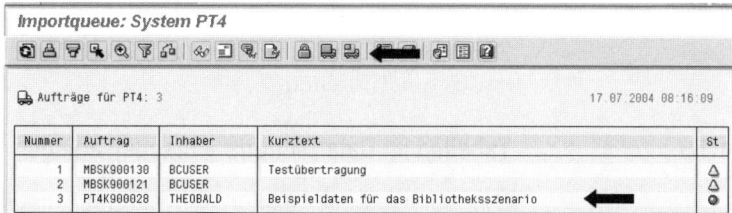

Abb. 1.5 © SAP AG: Import-Queue mit angehängtem Auftrag

Importoptionen   In der dann erscheinenden Dialogbox können noch einige Optionen verändert werden, z.B. ob der Auftrag nach einem erfolgreichen Import aus der Queue gelöscht werden soll. Eventuell kann es sinnvoll sein, den Auftrag stehen zu lassen. So kann man mit den Beispielen experimentieren und sie bei Bedarf leicht wieder in den Originalzustand versetzen. Darüber hinaus muss der Zielmandant angegeben werden. Programmobjekte sind zwar mandantenunabhängig, aber Transportaufträge können auch Inhalte von mandantenabhängigen Customizing-Tabellen enthalten. Dann ist die Angabe wichtig.

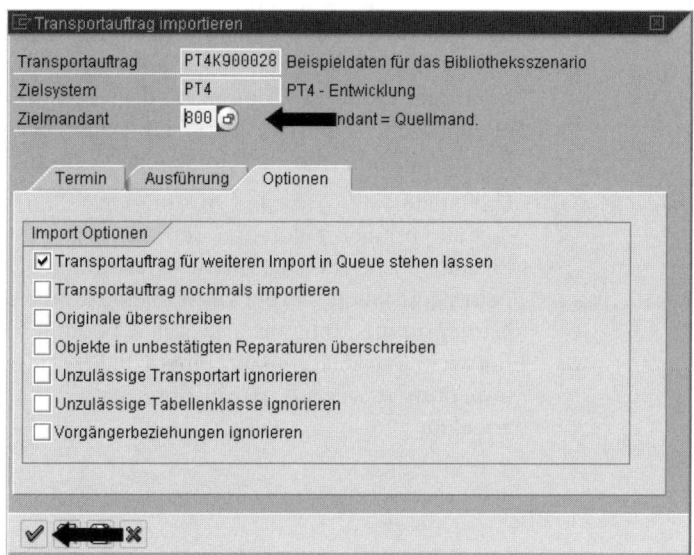

Abb. 1.6 © SAP AG: Optionen für den Import

Falls beim Import Fehler auftreten, können diese im Protokoll analysiert werden. Eventuell hilft es im Fehlerfall aber schon, mit den Optionen zum Import zu experimentieren.

Versuchen Sie nach einem erfolgreichen Import, den Report Z_DATAINIT auszuführen. Er füllt die Tabellen des Beispielszenarios mit Testdaten.

1.1.3   Tabellen im Data Dictionary manuell anlegen

Datenbanktabellen (oder transparente Tabellen wie sie im SAP-Jargon heißen) bestehen aus Feldtypen. Der Feldtyp definiert die eigentliche Beschaffenheit der Tabellenspalte. Dazu gehören der Datentyp und dessen Länge, sowie die Beschreibung, was in dem Feld abgespeichert wird. Somit sind letztendlich Tabellen nur eine Aneinanderreihung von Feldtypen. Dieses Prinzip kennt man aus dem klassischen Tabellendesign, das direkt in einer Datenbank stattfindet, so nicht. Dort werden die Parameter einer Spalte direkt in der Tabelle hinterlegt. Allerdings bringt die Trennung zwischen Feldtyp und Tabellendefinition einige Vorteile, wenn eine Spalte in mehreren Tabellen vorkommt. Dann muss der Feldtyp nämlich nur einmal definiert werden und kann in mehrere Tabellen eingefügt werden. In unserem Beispielszenario findet sich die Kundennummer als solche Spalte. Sie kommt in der Bestands-, Bewegungs- und in der Kundenstammdatentabelle vor. Alle Spalten verweisen auf den Feldtyp ZBIBKNR. Im Übrigen gibt es keinen Unterschied zwischen den Begriffen Datenelement und Feldtyp. Selbst im Data Dictionary werden beide Begriffe für ein und dieselbe Sache verwendet.

Feldtypen anlegen   Um später die Tabellen zusammenstellen zu können, müssen erst alle nötigen Feldtypen definiert sein. Abbildung 1.7 zeigt den Einstieg ins Data Dictionary (Transktion SE11). Die Namen der Feldtypen fallen als globale Objekte unter die Restriktionen des Namensraums, müssen also mit Z beginnen. Auch sie sind einer Entwicklungsklasse (bzw. einem Paket) zugeordnet und müssen transportiert werden, es sei denn, sie werden als lokale Objekte angelegt.

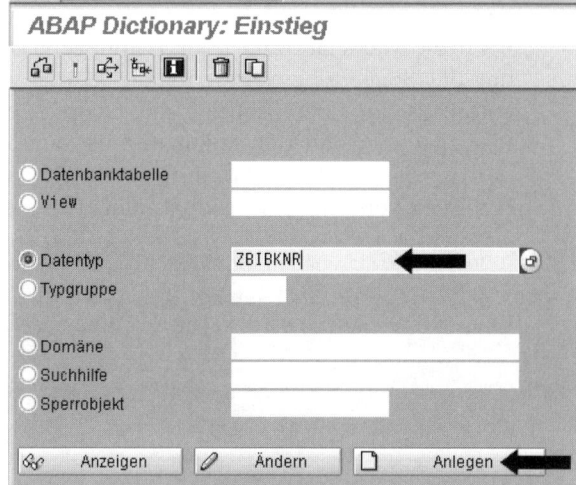

Abb. 1.7 © SAP AG: Neuanlage eines Feldtyps

Definition des Datentyps

Nach dem Beschreibungstext ist auf dem zweiten Reiter (Abbildung 1.8) der Datentyp zu definieren. Dies kann entweder ein eingebauter Typ oder eine Domäne sein. Die Datentypen aus dem Beispielszenario beziehen sich alle auf eingebaute Typen (vgl. Liste der Feldtypen), bis auf den Status des Bestandes ZBIBBS. Bei ihm macht es Sinn, eine eigene Domäne anzulegen, um den Wertebereich genau einzuschränken.

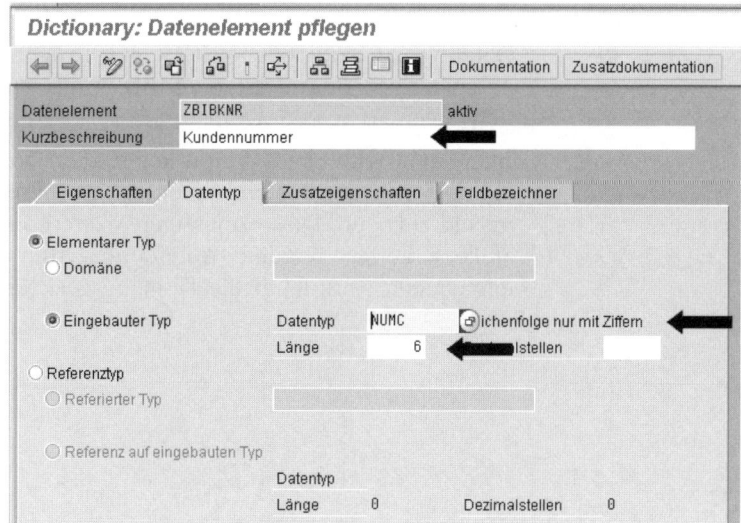

Abb. 1.8 © SAP AG: Definition des Datentyps im Feldtyp

Bevor der Feldtyp endgültig gesichert und aktiviert wird, sind noch die vier Feldbezeichner zu pflegen. Dabei handelt es sich um die Spaltenüberschriften, die beispielsweise später bei der automatischen Beschriftung im Dynpro erscheinen. Je nach Platzangebot kann der Automatismus dann entscheiden, welche der vier Längen er nimmt. In unserem Fall gibt es aber nur zwei, nicht vier verschiedene Feldbezeichner.

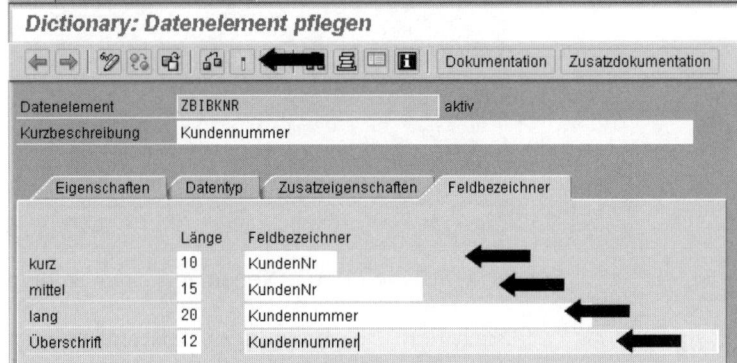

Abb. 1.9 © SAP AG: Feldbezeichner ergänzen und aktivieren

Anlegen einer Domäne

Der Feldtyp ZBIBBS kann – wie gesagt – erst angelegt werden, nachdem die Domäne ZBIBBESTATUS aktiv vorhanden ist. Um diese anzulegen, steigen wir wieder über die Transaktion SE11 ein, wählen *Domäne*, tragen den gewünschten Namen ein und klicken auf *Anlegen*. Im zweiten Reiter ist wie im Feldtyp der Datentyp zu hinterlegen (NUMC mit Länge 1). Wenn die Domäne später von dem Feldtyp ZBIBBS eingesetzt wird, „erbt" dieser den Datentyp aus der Domäne.

Definition des Wertebereichs

Interessant wird es im dritten Reiter, dem Wertebereich. Wir wollen später in der Bestandstabelle ja nur bestimmte Werte im Statusfeld zulassen. Diese zulässigen Werte können genau an dieser Stelle hinterlegt werden (Abbildung 1.10). Nachdem alle Werte eingetragen sind, kann die Domäne gesichert und aktiviert werden.

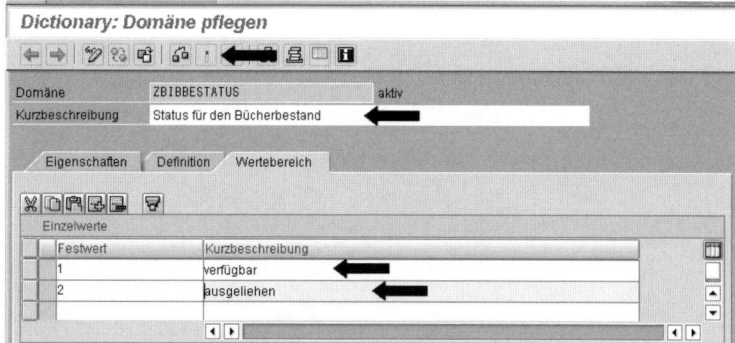

Abb. 1.10 © SAP AG: Wertebereich einer Domäne

Definition der Tabelle aus den Feldtypen

Nachdem alle Feldtypen nun angelegt und aktiviert wurden, steht dem Zusammenbauen der Tabellen nichts mehr im Wege. Wir tragen den Namen im Einstiegsbild der SE11 ein, selektieren *Datenbanktabelle* und klicken auf *Anlegen*. Bevor wir mit dem Einfügen der Felder in die Tabelle beginnen, sind einige organisatorische Einstellungen vorzunehmen:

- Reiter *Auslieferung und Pflege*

  Die Auslieferklasse muss auf A für *Anwendungstabelle* gesetzt werden.

- Button *Technische Einstellungen*

  Die beiden Pflichtfelder *Datenart* und *Größenkategorie* sind auf APPL0 bzw. 0 zu setzen. Diese Einstellungen optimieren den Datenbankzugriff und sind für unsere Beispieltabellen nicht von Bedeutung.

Nachdem die Formalitäten erledigt sind, können die Felder durch Angabe des Spaltennamens und des Feldtyps definiert werden (Abbildung 1.11). Das erste Feld einer normalen Anwendungstabelle ist immer der Mandant. Der Name muss MANDT, der Feldtyp ebenfalls MANDT sein. Danach können die restlichen Felder ergänzt werden (analog Abbildung 1.1 für jede Tabelle). Die Felder, die den Primärschlüssel bilden, müssen immer als erste genannt werden und durch den Haken in der *Key*-Spalte markiert sein. Nach dem Speichern kann die Tabelle aktiviert werden und ist somit verfügbar.

Abb. 1.11 © SAP AG: Definition der Tabelle durch Spaltenname
und Feldtyp

*Einpflegen der
Fremdschlüssel-
beziehungen*

Das Letzte, was nun noch zu erledigen ist, sind die Fremdschlüsselbeziehungen, um das Datenmodell aus Abbildung 1.1 vollständig umzusetzen. Um eine Fremdschlüsselbeziehung zu hinterlegen, müssen beide Tabellen, die daran beteiligt sind, vorhanden sein. Aus diesem Grund ist es sinnvoll, erst alle Tabellen anzulegen und dann in den Änderungsmodus zurückzukehren und die Beziehungen einzupflegen.

Wir setzen den Cursor in die Spalte, die mit einer Beziehung versehen werden soll, und klicken auf den Button mit dem Schlüssel, der sich über dem Table Control befindet. Im Dialogfeld muss dann nur noch die Tabelle, die die fremdem Schlüssel enthält, eingegeben werden. Über den Button *Vorschlag erzeugen* findet das System den Primärschlüssel der fremden Tabelle. Bei unseren Beispieltabellen sind das immer die Mandanten-Spalte und eine weitere. Die Abbildung 1.12 zeigt die Beziehung zwischen den Büchern ZBIBBUECHER und der Verlagstabelle ZBIBVERLAGE. Es ist eine 1:n-Beziehung. Jeder Eintrag in der Buchtabelle verweist über die Verlagsnummer eindeutig auf einen Verlag. Standardmäßig ist das Häkchen bei *Prüfung erwünscht* gesetzt. Es bewirkt, dass in einem Dynpro-Eingabefeld die Verlagsnummer gleich gegen den Inhalt der Verlagstabelle geprüft wird, ohne das diese Funktion explizit ausprogrammiert wird.

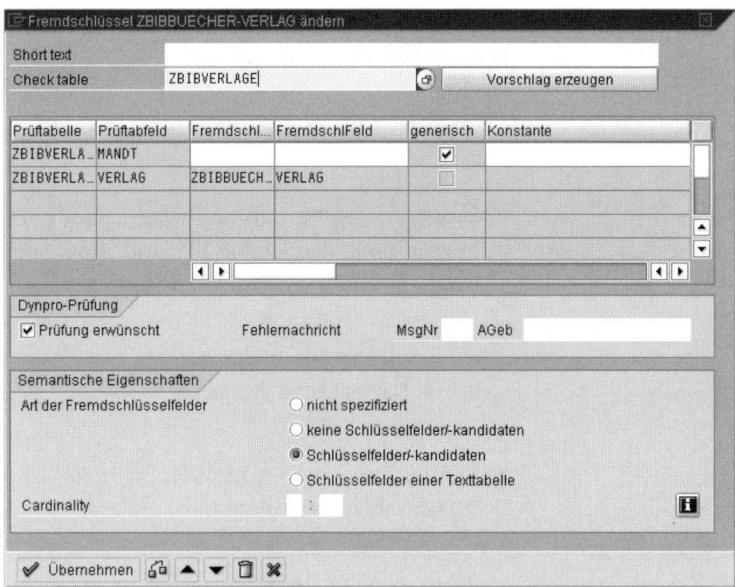

Abb. 1.12 © SAP AG: Definition einer Fremdschlüsselbeziehung

Wenn alle Tabellen sauber definiert und aktiviert sind, kann mit dem Report ZBIB_DATINIT die Richtigkeit überprüft werden. Dieser Report füllt die Tabellen mit Testdaten.

1.2   Crashkurs ABAP

Dieser Crashkurs bietet einen Überblick über die ganze Bandbreite der ABAP-Programmiersprache. Von der Variablendeklaration und dem Umgang mit internen Tabellen bis zum Reporting und der Dialogprogrammierung. Er sollte insbesondere dazu dienen, bestehendes Wissen aufzufrischen und die eine oder andere Wissenslücke zu schließen.

1.2.1   Umgang mit Variablen und Datentypen

Die einfachste Möglichkeit, eine Variable zu deklarieren, ist sich auf einen der eingebauten Datentypen zu beziehen. Im Anhang findet sich eine Liste dieser Standard-Datentypen.

```
DATA <Variable> TYPE <type>.
```

Falls nötig, können aber auch mit der TYPES-Anweisung eigene Datentypen definiert werden:

```
TYPES <NeuerTyp> TYPE <BekannterTyp>
```

Folgendes Beispiel definiert einen neuen Typ Namens Name (ein Character-Feld der Länge 10) und eine einfache Variable Name1, die von diesem Typ abgeleitet ist.

```
TYPES Name(10) type c.
DATA Name1 type Name.
```

LIKE

Alternativ kann man Variablen auch mit dem LIKE-Operator von Dictionary-Feldern ableiten.

```
DATA <Variable> LIKE <DD-Feld>
```

Tabellen, deren Felder so genutzt werden sollen, müssen zuvor mit der TABLES-Anweisung bekannt gemacht werden. Im Folgenden wird die Variable t_name vom Feld NAME der Datenbanktabelle ZBIBKUNDEN abgeleitet:

```
TABLES ZBIBKUNDEN.
DATA t_name LIKE ZBIBKUNDEN-NAME.
```

Der Vorteil von dieser Ableitung liegt auf der Hand: Wir brauchen nicht unbedingt genau zu wissen, wie das Datenbankfeld aussieht. Es wird ein Datenobjekt erzeugt, das immer genau der Beschaffenheit der Datenbankspalte entspricht.

Strukturen

Die Syntax für die Deklaration von strukturierten Datenobjekten lautet

```
DATA: BEGIN OF <NameDerStruktur>.
        <ElementName>  TYPE <typ> .
        ...
      END OF <NameDerStruktur>
```

Die einzelnen Elemente werden wie einfache, skalare Variablen angegeben. LIKE-Anweisungen sind demnach natürlich auch möglich. Falls eine komplette andere Struktur integriert werden soll, dient dazu eine INCLUDE STRUCTURE-Anweisung. Jede deklarierte Datenbanktabelle ist von sich aus schon eine Struktur. Man sieht oft, dass Strukturen mit dem Präfix *wa_* für Workarea beginnen.

```
DATA: BEGIN OF wa_adresse.
        INCLUDE_STRUCTURE ZBIBKUNDEN.
        Name2 like ZBIBKUNDEN-NAME.
      END OF wa_adresse
```

Interne Tabellen

Das mächtigste Werkzeug im Bereich Datenhandling ist in ABAP die interne Tabelle. Sie erweitert die Struktur um eine Dimension und geht in die Tiefe. Internen Tabellen ist oftmals das Präfix it_ vorangestellt.

```
[ Deklaration der Struktur <Struktur> ]

DATA: <NameDerInternenTabelle> TYPE | LIKE
        <ArtDerTabelle> OF <Struktur>
        WITH KEY <Schlüsselfeld1> <...>.
```

Tabellenarten

Man unterscheidet drei Arten von internen Tabellen:

*   STANDARD TABLE

    Der Zugriff erfolgt über den angegebenen Schlüssel oder über einen Index (laufende Nummer).

*   SORTED TABLE

    Die Zeilen werden automatisch nach dem Schlüssel sortiert. Somit ist ein Zugriff über den Index problematisch.

*   HASHED TABLE

    Ermöglicht einen extrem schnellen Zugriff über den Schlüssel. Ein Index-Zugriff ist nicht möglich, weil die Zeilen von der Laufzeitumgebung gemäß den Hash-Werten des Schlüssels sortiert werden.

Interne Tabelle und LOOP

Folgendes Beispiel zeigt die Konstruktion einer internen Tabelle unter Zuhilfenahme einer einfachen Struktur. Die Tabelle wird mit zwei Zeilen gefüllt und danach mit einer LOOP-Schleife wieder gelesen. In der Deklaration ist auf die Angabe eines Schlüssels verzichtet worden. Dann ist die komplette Tabellenzeile der Schlüssel.

```
DATA: BEGIN OF wa_adresse.
        Name(20) type c.
      END OF wa_adresse

DATA it_adresse LIKE STANDARD TABLE OF wa_adresse.

wa_adresse-Name = 'A. Jung'.
APPEND wa_Adresse TO it_adresse.
wa_adresse-Name = 'T. Huber'.
APPEND wa_Adresse TO it_adresse.

LOOP AT it_adresse INTO wa_adresse.
   WRITE / wa_adresse-Name.
ENDLOOP.
```

Direktes Lesen mit READ

Alternativ zum LOOP, können Tabellenzeilen mit der READ TABLE-Anweisung gelesen werden. Der Zugriff erfolgt entweder über den Index:

```
READ TABLE <NameDerTabelle>
INDEX <Indexnummer> INTO <Arbeitsbereich>
```

Oder über den Schlüssel:

```
READ  TABLE <NameDerTabelle>
   FROM  <Schlüsselfeld1> = <Schlüsselwert1>
      <Schlüsselfeld2> = <Schlüsselwert2>
      ....
   INTO  <Arbeitsbereich>.
```

Das Löschen einzelner Zeilen gehorcht der Syntax

```
DELETE TABLE <NameDerTabelle> INDEX <Indexnummer>.
DELETE TABLE <NameDerTabelle> KEY <Schlüssel>.
```

Änderungen werden nicht direkt vorgenommen, sondern in einem passenden Arbeitsbereich. Das Zurückschreiben der Änderungen vom Arbeitsbereich in die Tabelle erfolgt dann mit MODIFY.

```
MODIFY <NameDerTabelle> FROM <Arbeitsbereich>
    INDEX <Indexnummer>.

MODIFY <NameDerTabelle> FROM <Arbeitsbereich>
    KEY <Schlüssel>.
```

Die hier gezeigten Verfahren zur Manipulation von internen Tabellen erschöpfen den möglichen Sprachsatz nicht annähernd. Es gibt etliche andere Arten, mit internen Tabellen umzugehen.

1.2.2   Reports

Reports sind die älteste Variante der ABAP-Programme. Sie heißen auch *ausführbare Programme*. Alle Reports folgen mehr oder weniger dem EVA-Prinzip: Eingabe – Verarbeitung – Ausgabe. Die Eingabe erfolgt über so genannte Selection Screens. Der Aufbau eines Reports als Code lässt sich wie folgt zusammenfassen:

```
REPORT <NameDesReports>.

<VariablenDeklaration>
<SelectionScreen>
<Ereignisblöcke>
```

Benutzereingabe im Selection Screen

Die einfachste Möglichkeit, eine Benutzerangabe abzufragen, erfolgt mit der PARAMETERS-Anweisung. Sie entspricht syntaktisch der Deklaration einer skalaren Variable.

```
PARAMETRS <Name> TYPE | LIKE <TypOderObjekt>
```

Etwas komfortabler ist da schon die SELECT-OPTIONS-Anweisung, die eine komplexere Benutzereingabe erzeugt.

```
SELECT-OPTIONS <Name> FOR <TypOderObjekt>
```

Folgendes Beispiel erzeugt den in Abbildung 1.13 gezeigten Selection Screen.

```
REPORT  zbib_se101.

TABLES zbibbuecher.

PARAMETERS anzahl type i.
SELECT-OPTIONS isbn FOR zbibbuecher-isbn.
```

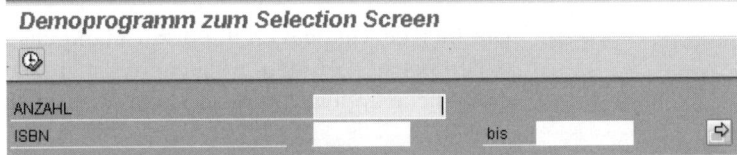

Abb. 1.13 © SAP AG: einfacher Selection Screen

Die beiden Anweisungen

```
SELECTION-SCREEN BEGIN OF BLOCK <Name> WITH FRAME.
    [weiterer Code]
SELECTION-SCREEN END OF BLOCK <Name>.
```

zeichnen einen Rahmen um alle Elemente, die zwischen den beiden Anweisungen stehen. Mit

```
SELECTION-SCREEN BEGIN OF LINE.
    [weiterer Code]
SELECTION-SCREEN END OF LINE.
```

lassen sich die inneren Elemente in eine Zeile schreiben. Es gibt darüber hinaus noch viele weitere Gestaltungsmöglichkeiten, wie zum Beispiel Buttons (SELECTION-SCREEN PUSHBUTTON) oder einfache Textanweisungen (SELECTION-SCREEN COMMENT), die sogar Icons enthalten können. Dem geneigten Leser sei hier die ABAP-Hilfe empfohlen. Die Funktionen sind einfach zu bedienen.

Werfen wir nun einen genaueren Blick auf die Abläufe innerhalb eines Reports und sehen uns die Ereignisse genauer an, die während der Verarbeitung auftreten können. Jedes Ereignis beginnt im Code mit dem Ereignisnamen und endet implizit entweder am Programmende oder wenn das Schlüsselwort eines anderen Ereignisses genannt wird. Abbildung 1.14 zeigt die auftretenden Ereignisse innerhalb eines Report-Lebenszyklus.

Ereignisse in der Listenanzeige

Neben den dort erläuterten Ereignissen gibt es noch drei weitere. Diese treten auf, wenn der Benutzer in der Listenanzeige folgende Aktionen durchführt:

- AT LINE-SELECTION

  Der Benutzer hat auf eine Zeile doppelgeklickt oder es wurde die mit Tastenkürzel F2 im GUI-Status hinterlegte Funktion betätigt. Die Systemvariablen SY-LILLI und SY-LISEL sind mit der Zeilennummer bzw. dem Zeileninhalt gefüllt.

- AT USER-COMMAND

  Der Benutzer hat auf einen Button oder einen Menüeintrag geklickt. In der Variable SY-UCOMM ist dann der im GUI-Status hinterlegte OK-Code abgespeichert.

- AT PF<Tastennummer>

  Der Benutzer hat auf die Funktionstaste <Tastennummer> geklickt.

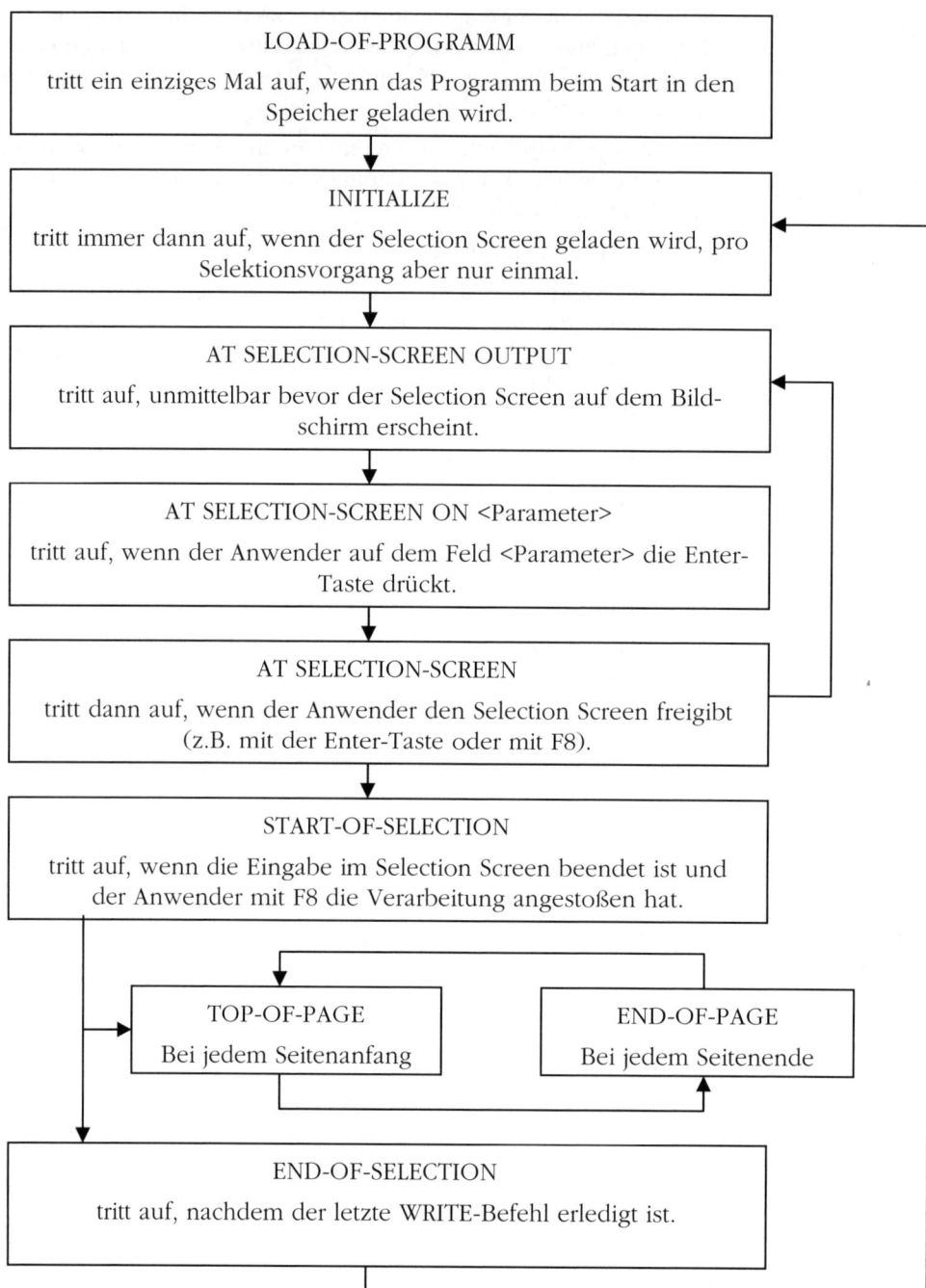

Abb. 1.14: Lebenszyklus eines Standardreports

1.2.3   Dialogprogrammierung

Reporting als „Art der Programmerstellung" operiert in erster Linie mit dem Sinn und Zweck, eine Listenausgabe zu erzeugen. Anders die Dialogprogrammierung. Hier sind die Dynpros (dynamische Programme) die zentrale Einheit, um die sich die Ablauflogik spinnt. Ein Dynpro ist ein Bildschirmbild, das mit dem mitgelieferten Screen-Painter erzeugt werden kann. Es enthält Steuerelemente wie Textfelder, Ankreuzknöpfe oder Buttons.

Ereignisse im Dynpro

Der Programmcode kann in vier Ereignissen kodiert werden. Das ist zum einen der PBO-Zeitpunkt (*Process before Output*), also die Stelle, die abgearbeitet wird, kurz bevor das Bildschirmbild auf dem Anwenderschirm erscheint. Zum anderen der PAI-Zeitpunkt (*Process after Input*), der nach der Bearbeitung des Bildschirmbildes aufgerufen wird, um auf Eingaben wie das Drücken der Enter-Taste (historisch Datenfreigabe genannt) oder das Klicken eines Buttons zu reagieren. Darüber hinaus gibt es zwei weitere Ereignisse: PHR (*Process on help-request*), wenn der Benutzer auf F1 für die Hilfeanforderung drückt und PVR (*Process on Value-Request*), wenn der Benutzer in einem Feld mit F4 die Eingabehilfe anfordert. Nach Abarbeitung der PAI-Module wird das Folgedynpro prozessiert (in Abhängigkeit der Benutzereingaben). Das Folgedynpro kann das eben angezeigte sein oder ein anderes. Abbildung 1.15 zeigt die Abfolge der Prozessierungszeitpunkte PBO und PAI. In diesem schematischen Beispiel haben wir es mit einer Transaktion zu tun, die dem Benutzer zunächst ein Einstiegsbild bietet. Dort könnte er zum Beispiel eine Kundennummer eingeben. Diese Kundennummer wird im PAI-Ereignis von Dynpro 100 in der Datenbank gesucht. Wenn sie nicht gefunden wurde, sorgt der Code dafür, dass das Programm in Dynpro 100 bleibt, es wird im Anschluss daran also der PBO-Zeitpunkt von Dynpro 100 prozessiert. Wenn die Kundennummer angezeigt werden kann, ruft das Programm Dynpro 200 auf. Dessen PBO-Ereignis könnte noch ein paar organisatorische Dinge veranlassen, wie das Anzeigen eines Titels, bevor Dynpro 200 dann tatsächlich vor dem Benutzer erscheint. Aus ABAP heraus veranlasst der Befehl,

```
CALL SCREEN <Nr>
```

dass das Dynpro <Nr> aufgerufen wird. Ohne CALL SCREEN wird das Dynpro aufgerufen, das im angezeigten Dynpro als Folgedynpro hinterlegt ist.

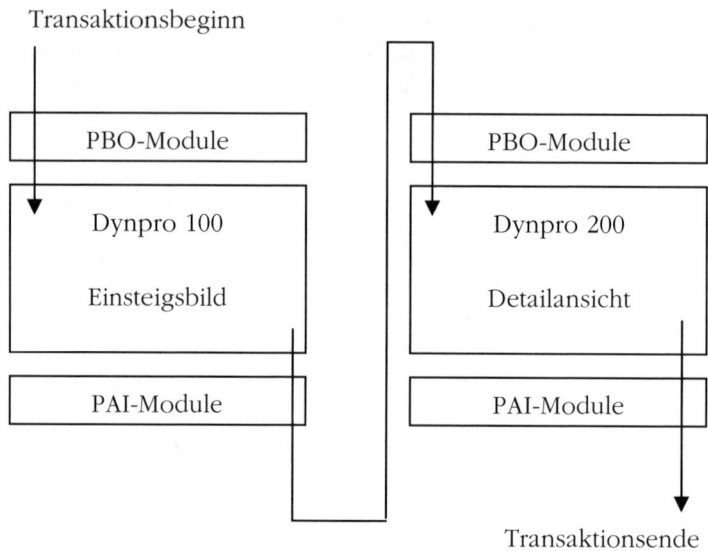

Abb. 1.15: Ablauflogik der Bildsteuerung

Module

Der eigentliche ABAP-Code ist nur in so genannten Modulen zugelassen. Über den Modulen steht die Ablauflogik eines Dynpros. Abbildung 1.16 zeigt eine sehr einfache Ablauflogik. Zum PBO-Zeitpunkt wird das Modul STATUS_0100 aufgerufen, zum PAI-Zeitpunkt das Modul USER_COMMAND_0100.

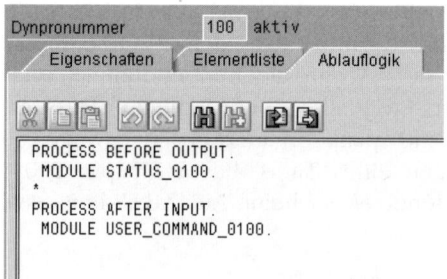

Abb. 1.16 © SAP AG: einfache Ablauflogik

Die Logiken können aber nach Bedarf wesentlich komplizierter werden. Der Befehl

```
FIELD <feld> MODULE <modul> ON REQUEST | ON INPUT
```

ruft das Modul <modul> nur dann auf, wenn das Feld <feld> seit der letzten Anzeige vom Benutzer geändert wurde (ON RE-QUEST) oder einfach nur mit Zeichen gefüllt ist (ON INPUT). Diese Technik lässt sich über den CHAIN-Befehl auch auf mehrere Felder ausdehnen:

```
CHAIN.
    FIELD <feld1>
    FIELD <feld2>
    …
    MODULE <modul> ON CHAIN-INPUT | CHAIN-REQUEST
ENDCHAIN.
```

Ablauflogik mit Fehlermeldung

Durch diese Technik bekommt man auch einige Programmreaktionen von der Laufzeitumgebung geschenkt, die man sich in anderen Programmsprachen erst hart erarbeiten müsste. Wenn in einem Modul nämlich eine Error-Message (Typ E) gesendet wird, bricht die Verarbeitungslogik sofort ab und der Anwender bekommt nur das oder die Felder als Möglichkeit zur Eingabe, dessen oder deren bedingte Ablauflogik den Fehler erzeugt. Das kann allerdings auch dazu führen, dass das Programm nicht mehr vernünftig bedienbar ist, wenn der Anwender den Eingabefehler nicht beheben kann oder will. Aus diesem Grund haben sich die Erfinder der ABAP-Dialogprogrammierung das so genannte Exit-Kommando ausgedacht. Es wird an der übrigen Ablauflogik vorbei ausgeführt, wenn der Benutzer auf eine Funktion vom Typ E (für Exit) klickt.

```
MODULE <modul> ON EXIT COMMAND.
```

Wertetransport

Der Inhalt von Eingabefeldern wird zwischen Anzeige und Programm über globale Variablen transportiert. Der Name der Variable muss nur denselben Namen wie das Bildschirmelement haben. Zum PAI-Zeitpunkt wird die Variable aus der Eingabe aktualisiert, zum PBO-Zeitpunkt in die andere Richtung. Allerdings nicht alle gleichzeitig. Wenn eine bedingte Ablauflogik für bestimmte Felder vorliegt, werden zunächst immer nur diese transportiert. Erst bei Modulen, die nicht an bestimmte Felder gebunden sind, werden alle Variablen übertragen.

Oft hört man die Behauptung, Dialogprogrammierung müsse immer in einem Programm vom Typ *Modulpool* stattfinden. Das ist falsch! Modulpool heißt nur, dass es sich um eine Ansammlung von Includes und Dynpros ohne eindeutigen Einstiegspunkt handelt. Den Einstiegspunkt definiert die Transaktion. Sie bestimmt, welches Dynpro in welchem Modulpool gestartet werden soll. Dialogprogrammierung dagegen ist nicht mehr und nicht weniger als das Nutzen von Dynpros mit ihrer Ablauflogik im Gegensatz zur Listenerstellung. Sehen Sie sich das erste Beispiel im Kapitel 1.4 zur Control-Programmierung an. Es handelt sich dabei um lupenreine Dialogprogrammierung, verpackt in den Rahmen eines Reports.

1.2.4   Modularisierung

Modularisierungstechniken werden dazu genutzt, größere Stücke von Quellcode zu organisieren. Dies kann am einfachsten durch ein Include-Programm geschehen. Code, der in einem Include-Programm steht, muss nicht zwingenderweise für sich alleine ausführbar sein. Das Include dient ausschließlich dazu, Quellcode in einen Container zu packen, der dann mit Hilfe des Befehls

```
INCLUDE <IncludeName>
```

in einem anderen Programm eingebaut werden kann. Der Inhalt des Includes wird in die Syntax-Prüfung des aufrufenden Programms einbezogen.

Form-Routinen   Um bestimmte Funktionalitäten zu kapseln, nutzen wir Form-Routinen:

```
FORM <name>
   TABLES <Tabellenparameter>
   USING <Usingparameter>
   CHANGING <ChangingParameter>

   [Code der Form-Routine]
ENDFORM.
```

In der Übergabeschnittstelle definiert die Form-Routine, welche Parameter als Tabellen übergeben werden (TABLES) und welche skalaren Werte nur gelesen (USING) und verändert werden (CHANGING). Folgende Form-Routine schreibt die übergebene Zeichenfolge mit dem WRITE-Befehl:

```
FORM Writex USING X.
   WRITE / X.
ENDFORM.
```

Eine Form-Routine kann mit dem Befehl PERFORM aufgerufen werden.

```
PERFORM <name>
   TABLES <Tabellenparameter>
   USING <Usingparameter>
   CHANGING <ChangingParameter>
```

Im Beispiel also:

```
PERFORM Writex USING x = 'Hallo Welt'.
```

ACHTUNG! Der Unterschied zwischen USING und CHANGING ist nur als Absichtserklärung der Form-Routine zu sehen. Die Routine könnte nämlich auch Variablen, die per USING übergeben werden, verändern. Das liegt daran, dass intern nur Referenzen der Variablen übergeben werden. Möchte man bei der Übergabe an die Routine explizit eine Kopie der Variable anfertigen, muss man die Parameter mit einer Syntax ähnlich der Variablendeklaration ausstatten:

```
FORM <name>
   USING
      <Parameter1> LIKE | TYPE <objekt> | <typ>
```

Form-Routinen sind grundsätzlich nur innerhalb eines Programms bekannt. Es sei denn, man setzt beim Aufruf den Namen eines fremdem Programms in Klammern hinten an:

```
PERFORM <Name>(<ProgrammName>) TABLES ...
```

Funktions-
bausteine
Möchte man allerdings eine Funktion systemweit veröffentlichen, muss man von einem Funktionsbaustein Gebrauch machen. Die Transaktion SE37 bietet die Möglichkeit, Funktionsbausteine anzulegen. Jeder Funktionsbaustein befindet sich mit artverwandten, anderen Bausteinen in einer Funktionsgruppe. Funktionsbausteine, die sich in derselben Funktionsgruppe befinden, teilen sich ein gemeinsames Rahmenprogramm. Dieses Rahmenprogramm kann auch weitere Form-Routinen oder Variablendeklarationen enthalten, die sich dann alle enthaltenen Bausteine teilen.

1.3 Crashkurs ABAP Objects

Zu Zeiten, in denen es noch keine Objektorientierung gab, bestand die einzige Möglichkeit der Kapselung darin, bestimmte Funktionalitäten in wiederverwertbare Funktionen auszulagern. Diese Funktionen konnten sich gegenseitig aufrufen und bilden so bei großen Systemen ein schier undurchschaubares Gewirr an gegenseitigen Abhängigkeiten. Unter Gesichtspunkten der effizienten Wartung und der Übersichtlichkeit also eine Katastrophe. Das Prinzip der Objektorientierung versprach Abhilfe. So ist Objektorientierung nicht nur eine Art der Funktionskapselung, sondern vielmehr eine programmiersprachenunabhängige Art zu denken und Programme und Funktionen so zu schreiben, wie es der natürlichen Art, seine Umwelt wahrzunehmen, eher entspricht. Es mag etliche Leser geben, die sich bis zu diesem Buch noch nie mit Objektorientierung bzw. der objektorientierten Erweiterung von ABAP namens ABAP Objects beschäftigt haben. Aus diesem Grund fällt dieser Teil des Crashkurses etwas ausführlicher aus.

1.3.1 Kurzer Streifzug durch die Objektorientierung

Klassen und ihre
Objekte
Die beiden zentralen Begriffe in der Objektorientierung sind die so genannte Klasse und die aus ihr erzeugten Objekte. Um ein Beispiel aus der realen Welt zu nennen, nehmen wir die Klasse Pferd. Ein Pferd hat in unserer gedanklichen Vorstellung immer

vier Füße, eine Mähne, und es kann wiehern. Wenn wir aber in einen Pferdestall gehen, finden wir dort zum Beispiel zwei konkrete Exemplare dieser Spezies vor uns stehen. Diese beiden sind Objekte der Klasse *Pferd*. Letztendlich hat bereits Platon vor über 2000 Jahren mit seiner platonischen Ideenlehre eine vergleichbare Denkweise entwickelt. Jedes Objekt auf dieser Welt ist eine Ableitung einer perfekten Idee. Die Menschen beispielsweise sind allesamt aus der Idee (der Klasse) Mensch entstanden, und alle ihre Eigenschaften sind in dieser Idee (dieser Klasse) beschrieben.

Eigenschaften und Attribute

Das Stichwort *Eigenschaften* bringt uns direkt zu einem weiteren Begriff der Objektorientierung. Jede Klasse (und damit jedes Objekt) hat bestimmte Eigenschaften oder Attribute, die das Objekt näher beschreiben. Die Klasse *Pferd* sieht beispielsweise die Eigenschaft *Farbe* vor, mit Informationen wird diese Eigenschaft aber erst gefüllt, wenn die Klasse zum Objekt wird. Die beiden Pferde, die im Stall vor uns stehen, sind braun und schwarz. Diese Tatsache beschreibt auch den Unterschied zwischen Klasse und Objekt deutlich: Die Klasse schreibt das Vorhandensein der Eigenschaft Farbe vor. Das Objekt hingegen hält den eigentlichen Inhalt: die konkrete Farbe des jeweiligen Objekts.

Methoden

Mit Objekten und Eigenschaften alleine lässt sich aber noch kein Ablauf und keine Problemlösung erlangen. Aus diesem Grund haben wir mit den *Methoden* einen weiteren Aspekt der Objektorientierung an der Hand. Die Klasse *Pferd* sieht die Methode *LosLaufen* vor. Also kann das konkrete Objekt auch wirklich zum Loslaufen bewegt werden, wenn man auf es die Methode *LosLaufen* anwendet. Diese Option bringt Bewegung in die Sache, denn Methoden können natürlich Parameter anbieten und diese Parameter können wiederum Objekte von Klassen sein. Das Objekt *Hugo* der Klasse *Reiter* könnte so an die Methode *Loslaufen* des Objekts *Fury* der Klasse *Pferd* übergeben werden. Das hier beschriebene Szenario sollte soweit vorstellbar sein.

Ereignisse

Bleibt uns noch ein letzter offener Aspekt: Das *Ereignis*. Ein Ereignis kann jederzeit innerhalb eines Objekts eintreten und wiederum von demjenigen abgefangen werden, der das Objekt ins Leben gerufen hat. Um bei unserem Beispiel zu bleiben, könnte *Wiehern* ein passendes Ereignis sein. Das Objekt *Reiter* meldet sich beim Objekt *Pferd*, weil es informiert werden möchte, wenn das Ereignis eintritt (z.B. indem der Reiter einfach seine Ohren spitzt). Wiehert das Pferd dann tatsächlich, kann der Reiter entsprechend reagieren.

Mit den drei tragenden Säulen Attribute, Methoden und Ereignisse haben wir das Wesen der Objektorientierung noch nicht vollständig erörtert. Um nicht zu theoretisch zu werden, wollen wir aber zur konkreten Programmierung zurückkehren und das bisher Gelernte in die Tat umsetzen.

1.3.2   Klassen, Objekte und Eigenschaften

Sehen wir uns zunächst den Rahmen einer Klasse an. Er besteht im Wesentlichen aus zwei Teilen: Der Definition (DEFINITION), in der das Aussehen der Klasse hinterlegt ist, und der Implementierung (IMPLEMENTATION), in der der Code für die Methoden abgelegt ist.

```
CLASS <Klassenname> DEFINITION.
   PUBLIC SECTION.
      [...]
   PROTECTED SECTION.
      [...]
   PRIVATE SECTION.
      [...]

ENDCLASS.

CLASS <Klassenname> IMPLEMENTATION.

   [ ... ]

ENDCLASS.
```

Der Definitionsteil wiederum gliedert sich in drei Teile: Alle Variablen, die im PUBLIC-Teil deklariert sind, sind von außerhalb der Klasse sicht- und änderbar. Somit sind diese gleichzeitig auch öffentliche Eigenschaften der Klasse. Im PRIVATE-Teil werden Variablen deklariert, die nur von der Klasse selbst (innerhalb einer Methode) angesprochen werden können. Ein aufrufendes Programm sieht die PRIVATE-Daten nicht. Den PROTECTED-Teil werden wir im Zusammenhang mit Vererbung diskutieren.

Z_AO_01

Nachfolgender Beispielreport enthält bereits eine einfache Klasse eines Bankkontos. Sie enthält nur eine Eigenschaft, nämlich den Namen des Besitzers; die andere Variable *p_kontostand* ist als PRIVATE deklariert und somit keine öffentliche Eigenschaft. Der

Implementierungsteil bleibt leer. Um das Objekt vernünftig ansprechen zu können, benötigen wir eine Referenz auf das Objekt der Klasse. Wir deklarieren es mit dem Zusatz TYPE REF TO <Klassenname>. Um die Referenz mit Leben zu füllen und ein echtes Objekt aus der Klasse zu instanziieren, wählen wir den Befehl CREATE OBEJCT. Ab diesem Zeitpunkt existiert das Objekt im Speicher, und seine Eigenschaften können gesetzt und ausgelesen werden. Im Folgenden werden zwei Bankkontos für zwei unterschiedliche Besitzer instanziiert.

```
*& Report Z_AO_01 *

REPORT z_ao_01.
```

Klasse definieren

```
CLASS lcl_konto DEFINITION.
  PUBLIC SECTION.
    DATA besitzer(20).
  PRIVATE SECTION.
    DATA p_kontostand TYPE i VALUE 0.
ENDCLASS.

CLASS lcl_konto IMPLEMENTATION.

ENDCLASS.
```

Zwei Referenzen deklarieren

```
DATA ref_konto1 TYPE REF TO lcl_konto.
DATA ref_konto2 TYPE REF TO lcl_konto.

START-OF-SELECTION.
```

Objekte erzeugen

```
CREATE OBEJCT ref_konto1.
CREATE OBEJCT ref_konto2.
```

Eigenschaften setzen

```
ref_konto1->besitzer = 'A. Jung'.
ref_konto2->besitzer = 't. Bürghül'.
```

Eigenschaften lesen

```
    WRITE:  / ref_konto1→besitzer,
            / ref_konto2→besitzer,
```

1.3.3   Methoden

Um der Klasse mehr Funktionalität zu verleihen als nur das Setzen und Auslesen von Eigenschaften, muss sie Methoden nach außen anbieten. Methoden werden analog zu den Eigenschaften nach PROTECTED, PRIVATE und PUBLIC unterschieden. Im Fall von nicht-PUBLIC sind sie vom aufrufenden Programm nicht sichtbar, somit haben sie den Charakter einer gekapselten Unter-Routine, die eben nur restriktiv aus der Klasse selbst aufgerufen werden kann.

Deklaration der Methode

Die Signatur einer Methode, also die Namen und die Art der auszutauschenden Parameter, wird im DEFINITION-Teil der Klasse deklariert. Der eigentliche Code steht im IMPLEMENTATION-Teil. Folgende Syntax demonstriert, wie Methoden deklariert werden:

```
METHODS <Methodenname>
    IMPORTING
        <ImportingParameter>
    EXPORTING
        <EXPORTINGParameter>
    CHANGING
        <ChangingParameter>
    RETURNING
        <ReturningParameter>
    EXCEPTIONS
        <Exception>
```

IMPORTING-, EXPORTING- und CHANGING-Parameter haben dieselbe Bedeutung wie bei Funktionsbausteinen. Allerdings gibt es keinen expliziten Zweig für Tabellen mehr. Sie werden wie skalare Variablen im IMPORTING- und CHANGING-Zweig gehandhabt, dürfen aber keine Kopfzeile enthalten (der Zusatz WITH HEADER LINE bei der Tabellendeklaration ist im Kontext von ABAP-Objects verboten). Außerdem kommt der Zweig RETURNING dazu. Er darf höchstens einen Parameter enthalten und das auch nur dann, wenn sonst ausschließlich IMPORTING-Parameter vorhanden sind. Wir werden nachher im Beispiel sehen, warum das so ist.

Standardmäßig erfolgt die Deklaration der Parameter so:

```
<Parameter> LIKE | TYPE <objekt> | <typ>
```

Dies hat zur Folge, dass die Übergabewerte per Referenz übergeben werden. Um eine Kopie der Variable anzufertigen, den
Wert also als Wert und nicht als Referenz zu definieren, nutzt
man den VALUE()-zusatz:

VALUE(<Parameter>) LIKE | TYPE <objekt> | <typ>

RETURNING-Parameter müssen immer als Wert übergeben werden, Referenzen sind hier nicht zulässig.

Implementierung   Die Implementierung der Methode ist um so überschaubarer. Sie
wird im IMPLEMENTATION-Teil der Klasse einfach nur mit

METHOD <Methodenname>.

[Code ...]

ENDMETHOD.

identifiziert.

Methodenaufruf   Der Aufruf ist ähnlich dem eines Funktionsbausteins unter Angabe der Objekt-Referenz und des Methodennamens.

```
CALL METHOD <Objekt>-><Methode>
    EXPORTING
       <Parameter> = <Wert>
    IMPORTING [...]
    CHANGING [...]
```

Falls die Methode nur einen RECEIVING-Parameter und ausschließlich IMPORTING- (bzw. EXPORTING- aus Sicht des Aufrufs) Parameter enthält, kann auch die Kurzform gewählt werden:

<Wert> = <Objekt>-><Methode> (<EXPORTING-Parameter>)

Der Vorteil der Kurzschreibweise ist die sofortige Weiterver-
wendbarkeit des Rückgabe-Wertes direkt in logischen Anweisung wie IF oder WHEN.

Z_AO_02

Sehen wir uns dazu ein Beispiel an. Die folgende Konto-Klasse
implementiert zwei Methoden. Eine zum Einzahlen eines definierten Betrages und eine zum Abrufen des Kontostandes. Der
Kontostand selbst wird in der Variablen *p_kontostand* abgelegt.
Er kann von außerhalb der Klasse nicht verändert werden, denn
er ist als PRIVATE deklariert.

```
TYPES boolean(1) TYPE c.
```

Klassenrahmen

```
CLASS lcl_konto DEFINITION.
```

öffentlicher Teil

```
    PUBLIC SECTION.
        DATA besitzer(20).

        METHODS einzahlen
            IMPORTING
                betrag TYPE i
            RETURNING
                value(erfolg) TYPE boolean.

        METHODS kontostandabrufen
            EXPORTING
                betrag TYPE i.
```

privater Teil

```
    PRIVATE SECTION.
        DATA  p_kontostand TYPE i VALUE 0.

ENDCLASS.
```

Der Implementierungsteil sollte soweit selbsterklärend sein. In
der *einzahlen*-Methode wird geprüft, ob der einzuzahlende Betrag größer 1000 ist, um in diesem Fall die Einzahlung zu ver-
wehren. Der einzige RETURNING-Parameter wird dann auf Leer-
zeichen gesetzt. So hat später das aufrufende Programm die
Möglichkeit, ohne eine Exception behandeln zu müssen, direkt
den Rückgabewert auszuwerten.

```
CLASS lcl_konto IMPLEMENTATION.

    METHOD einzahlen.
        IF  betrag > 1000. erfolg = ' ' . RETURN. ENDIF.
        p_kontostand = p_kontostand + betrag.
        erfolg = ' X' .
    ENDMETHOD.

    METHOD kontostandabrufen.
        betrag = p_kontostand.
    ENDMETHOD.
ENDCLASS.
```

Folgender Code-Ausschnitt zeigt die Instanziierung und den Aufruf. Besonders zu beachten ist wieder die *einzahlen*-Methode:
Aufruf, Variablenübergabe und Variablenauswertung direkt im
IF-Statement spielt sich durch die kurze Schreibweise komplett in
nur einer Zeile ab.

```
DATA ref_konto TYPE REF TO lcl_konto.
DATA kontostand TYPE i.

CREATE OBJECT ref_konto.

IF ref_konto->einzahlen( 100 ) = 'X'.
   WRITE 'erfolgreich gebucht'.
ELSE.
   WRITE 'nicht erfolgreich'.
ENDIF.

CALL METHOD ref_konto->kontostandabrufen
   IMPORTING
      betrag = kontostand.

WRITE: / 'aktueller Kontostand: ', kontostand
```

1.3.4   Der Klassenkonstruktor

Z_AO_03

In unserem ersten Beispiel sind unsere Objekte zunächst via CREATE OBJECT erzeugt worden, um dann nach der Erzeugung einen entsprechenden Konto-Besitzer zu erhalten. Das ist nicht besonders schön, denn zumindest eine kurze Zeit lang war das Konto ohne Besitzer. Um dies zu verhindern, müssen wir dafür sorgen, dass der Besitzer gleichzeitig mit der Erzeugung des Objekts gesetzt wird. Zu diesem Zweck gibt es den so genannten Klassenkonstruktor. Er ist eine öffentliche Methode mit dem geschützten Namen CONSTRUCTOR und wird immer parallel zur Objekterzeugung aufgerufen. Alle Werte, die das Objekt zwingenderweise zu jedem Zeitpunkt seines Lebens braucht, sind dann dem Konstruktor zu übergeben. Syntaktisch bringt diese Gegebenheit nicht viel Neues, außer dass sich die Anweisung CREATE OBJECT eben um alle nötigen Parameter erweitert. Im folgenden Beispiel wird der Konto-Besitzer in der privaten Variable *p_besitzer* gehalten und kann nach der Erzeugung des Objekts auch nicht mehr geändert, sondern nur noch mit *holebesitzer* ausgelesen werden.

```
*& Report   Z_AO_03

REPORT   z_ao_03.

TYPES t_besitzer(20) TYPE c.

CLASS lcl_konto DEFINITION.
   PUBLIC SECTION.
   METHODS constructor
     IMPORTING
        besitzer TYPE t_besitzer.
   METHODS holebesitzer
     RETURNING value(besitzer) TYPE t_besitzer.

   PRIVATE SECTION.
      DATA p_besitzer TYPE t_besitzer.

ENDCLASS.
```

Deklaration der beiden Methoden, die erste ist der Konstruktor

Implementierung der beiden Methoden durch Auslesen und Setzen der privaten Variable

```
CLASS lcl_konto IMPLEMENTATION.

  METHOD constructor.
    p_besitzer = besitzer.
  ENDMETHOD.

  METHOD holebesitzer.
    besitzer = p_besitzer.
  ENDMETHOD.

ENDCLASS.

START-OF-SELECTION.

  DATA ref_konto TYPE REF TO lcl_konto.
  DATA b TYPE t_besitzer.

  CREATE OBJECT ref_konto
    EXPORTING besitzer = 'A. Jung'.

  b = ref_konto->holebesitzer( ).

  WRITE: 'Besitzer: ', b.
```

Erzeugen des Objekts unter Angabe des Besitzers

1.3.5   Statische Klassenelemente

Z_AO_04

Die bisherigen Eigenschaften und Methoden waren allesamt instanzabhängig; sie haben sich also immer auf die jeweilige Instanz der Klasse – auf das Objekt – bezogen. Das muss nicht zwingenderweise immer so sein. Es kann nötig oder sinnvoll sein, dass sich mehrere Objekte Klassenelemente teilen. Wir werden im folgenden Beispiel die Eigenschaft *AnzahlKonten* implementieren, die die Anzahl der instanziierten Konto-Objekte enthält. Es macht in diesem Fall keinen Sinn, für jedes Objekt diesen Wert separat zu halten, da er ja immer für alle Objekte gleich ist. Solch eine Eigenschaft nennen wir statisch. Auf statische Klassenelemente kann man sowohl von jeder Objektinstanz als auch (ausnahmsweise) über die Klasse selbst zugreifen. Die Syntax für den Zugriff ändert sich geringfügig, und aus -> wird =>. Um statische Elemente in der Deklaration als solche zu kennzeichnen, wird Variablen ein CLASS-DATA und Methoden ein

CLASS-METHODS vorangestellt. Das Beispiel erhöht die statische Eigenschaft *AnzahlKonten* mit Hilfe des Kontruktors.

*& Report Z_AO_04

```
REPORT  z_ao_04.
```

Definitionsteil der Klasse

```
CLASS lcl_konto DEFINITION.

  PUBLIC SECTION.
    CLASS-DATA  anzahlkonten TYPE i READ-ONLY.
    METHODS constructor.

ENDCLASS.

CLASS lcl_konto IMPLEMENTATION.

  METHOD constructor.
    anzahlkonten = anzahlkonten + 1.
  ENDMETHOD.                    "einzahlen

ENDCLASS.

START-OF-SELECTION.
```

Objekte deklarieren und erzeugen

```
DATA ref_konto1 TYPE REF TO lcl_konto.
DATA ref_konto2 TYPE REF TO lcl_konto.

CREATE OBJECT ref_konto1.
CREATE OBJECT ref_konto2.
```

Statische Eigenschaft auslesen

```
WRITE: / 'Anzahl Konten: ', ref_konto1->anzahlkonten.
WRITE: / 'Anzahl Konten: ', ref_konto2->anzahlkonten.
WRITE: / 'Anzahl Konten: ', lcl_konto=>anzahlkonten.
```

Die Ausgabe dieses Reports lautet:

```
Anzahl Konten: 2
Anzahl Konten: 2
Anzahl Konten: 2
```

Völlig unabhängig davon, ob über eine der Objektinstanzen oder über die Klasse selbst auf die statische Eigenschaft zugegriffen wird.

1.3.6 Ereignisse

Mit den Ereignissen fehlt uns die letzte tragende Säule der Objektorientierung. Jedes Objekt kann Ereignisse auslösen. Diese müssen im Deklarationsteil der Klasse entsprechend deklariert werden. Es sind natürlich nur EXPORTING-Parameter möglich, da die ereignisauslösende Klasse Informationen nach außen gibt und nicht in die andere Richtung. Aus demselben Grund ist die Parameterübergabe nur als Wertübergabe und nicht mit Referenzen möglich.

```
EVENTS <EreignisName>
   EXPORTING
      VALUE(<Parameter>) LIKE | TYPE <objekt> | <typ>
```

Sobald das Ereignis deklariert ist, kann es innerhalb jeder Klassen-Methode ausgelöst werden:

```
RAISE EVENT <EreignisName> EXPORTING [ ... ]
```

Ereignisse abfangen

Der etwas schwierigere Teil der Ereignisbehandlung liegt bei dem, der die Klasse instanziiert. Grundsätzlich ist es nicht möglich, das Ereignis aus einem Rahmenprogramm abzufangen, das nicht in ABAP Objects entwickelt wurde, sprich das Abfangen geht wiederum nur von einer anderen Klasse aus, in der die ereignisaufrufende Klasse als Referenz deklariert ist. Neben der Objekt-Referenz muss sie eine eigene Methode bereitstellen, die dazu geeignet ist, das Ereignis zu behandeln. Ihr Deklarationsteil muss wie folgt gestaltet werden:

```
METHOD <MethodenName>
   FOR EVENT <EreignisName> OF <KlassenName>
   IMPORTING [ ...]
```

Der Event-Handler

Das genügt aber nicht, denn durch diese Deklaration weiß die ABAP-Umgebung noch lange nicht, von welchem Objekt sie das Ereignis entgegennehmen muss. Außerdem müssen das Objekt, das das Ereignis auslöst und das Objekt, dessen Behandlungs-routine das Ereignis verarbeitet, noch miteinander „verdrahtet" werden. Dies geschieht mit folgender Syntax:

```
SET HANDLER <EmpfangendesObjekt>-><Methodenname>
    FOR <SendendesObjekt>
```

Falls es nicht nötig ist, für alle instanziierten Objekte ein eigenes Ereignis auszulösen, kann mit dem Zusatz FOR ALL INSTANCES anstatt FOR <SendendesObjekt> ein Pauschalaufruf für alle Objekte der auslösenden Klasse definiert werden.

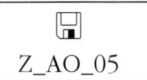

Z_AO_05

Sehen wir uns ein Beispiel an. Die folgende Konto-Klasse stellt eine Methode *einzahlen* zum Einzahlen auf das Konto zur Verfügung. Außerdem soll das Ereignis *konto_voll* ausgelöst werden, sobald der Kontostand von 10000 überschritten ist.

```
CLASS lcl_konto DEFINITION.
  PUBLIC SECTION.

    METHODS einzahlen
      IMPORTING
        betrag TYPE i.
    EVENTS konto_voll
      EXPORTING
        value(kontostand) TYPE i.

  PRIVATE SECTION.
    DATA p_kontostand TYPE i.

ENDCLASS.

CLASS lcl_konto IMPLEMENTATION.

  METHOD einzahlen.
    p_kontostand = p_kontostand + betrag.
    IF p_kontostand > 10000.
      RAISE EVENT konto_voll
        EXPORTING kontostand = p_kontostand.
    ENDIF.
  ENDMETHOD.
ENDCLASS.
```

Somit ist der erste Teil erledigt. Wir wollen nun eine zweite Klasse namens *lcl_bank* ins Leben rufen, die ein *konto*-Objekt instanziiert und einige Einzahlungen vornimmt, und zwar so, dass der Gesamtbetrag von 10000 überschritten ist. Die Methode *warnung* soll vom Konto-Objekt über eine Ereignisbehandlung ausgelöst werden. Dieses komplette Szenario spielt sich im Konstruktor der Bank-Klasse ab. Das muss natürlich nicht immer so sein, es ist hier nur der Einfachheit halber so realisiert. Der aufgerufene Befehl SET HANDLER verlangt ja nach dem Objekt und der Methode, an die das Ereignis weitergeleitet werden soll. Im Beispiel steht als Objekt *me. me* steht innerhalb der Klasse für die eigene Instanz.

```
CLASS lcl_bank DEFINITION.

  PUBLIC SECTION.
    METHODS constructor.
    METHODS warnung
      FOR EVENT konto_voll OF lcl_konto
      IMPORTING kontostand.

  PRIVATE SECTION.
    DATA konto TYPE REF TO lcl_konto.

ENDCLASS.

CLASS lcl_bank IMPLEMENTATION.

  METHOD constructor.

    CREATE OBJECT konto.

    SET HANDLER me→warnung FOR konto.

    CALL METHOD konto->einzahlen
      EXPORTING betrag = 1000.
    CALL METHOD konto->einzahlen
      EXPORTING betrag = 7000.
    CALL METHOD konto->einzahlen
      EXPORTING betrag = 3000.

  ENDMETHOD.
```

Im Konstruktor der Bankklasse wird das Konto-Objekt erzeugt, das Ereignis verdrahtet und dann implizit durch Einzahl-Vorgänge ausgelöst

```
METHOD warnung.
  WRITE: / 'Konto voll. Betrag: ', kontostand.
ENDMETHOD.

ENDCLASS.
```

Nachdem die beiden Klassen nun sauber implementiert sind, können wir das komplette Szenario nur durch die Erzeugung einer Bank-Instanz anstoßen:

```
START-OF-SELECTION.
  DATA bank TYPE REF TO lcl_bank.
  CREATE OBJECT bank.
```

Das Beispiel liefert den Output:

```
Konto voll. Betrag: 11.000
```

Besonders erwähnt sei an dieser Stelle nochmals die Kapselung und damit eine der Grundideen der Objektorientierung. Die Konto-Klasse ist für sich autark. Sie bietet nur das Ereignis und eine Methode nach außen, aber sie ist sich zu keinem Zeitpunkt über das Vorhandensein einer Bank-Klasse bewusst.

1.3.7   Ableitung und Vererbung

Unter dem Begriff der Vererbung versteht man die Weiterentwicklung einer bestehenden Klasse, ohne die komplette Klasse neu schreiben zu müssen. So könnten neue Attribute hinzukommen, oder die eine oder andere Methode wird abgeändert. Diese neue, aus der Ableitung hervorgegangene Klasse nennen wir Unterklasse, die ursprüngliche Oberklasse. Folgende Syntax zeigt das Ableiten:

```
CLASS <UnterKlasse> DEFINITION
  INHERITING FROM <Oberklasse>

  [ … ]

ENDCLASS.
```

Sichtbarkeit von Attributen und Methoden

Damit kommt auch der anfangs erwähnte Unterschied zwischen PROTECED und PRIVATE zustande. Alle im PRIVATE-Teil deklarierten Methoden und Attribute sind ausschließlich von der Klasse aufruf- und sichtbar, in der sie stehen. Falls eine Klasse es erlaubt, dass nicht nur sie selbst, sondern auch die von ihr abgeleiteten Klassen die Attribute und Methoden nutzen können, müssen diese im PROTECTED-Teil deklariert werden. Auf PUBLIC-Elemente können sowieso immer alle zugreifen.

Falls eine Unterklasse auf eine Methode zugreifen möchte, die ihre Oberklasse (egal ob PROTECTED oder PUBLIC) zur Verfügung stellt, kann sie das mithilfe des Schlüsselworts SUPER tun.

```
CALL METHOD SUPER→<MethodeDerOberklasse>
```

Methodenüber-schreibung

Um eine Methode zu überschreiben, muss lediglich im Deklarationsteil der Methodenname angegeben werden. Die Übergabeparameter fehlen an dieser Stelle, da sich diese sowieso nicht ändern dürfen.

```
METHODS <MethodenName> REDEFINTION.
```

abstrakte und finale Methoden

Eine Klassenhierarchie mag vorsehen, dass eine Methode nicht nur überschrieben werden darf, sondern sogar muss. In diesem Fall ist die Methode in der Oberklasse entsprechend als abstrakt zu kennzeichnen:

```
METHODS <MethodenName> <Parameter> ABSTRACT.
```

Falls die Oberklasse nicht zulassen will, dass eventuelle Unterklassen eine Methode überschreiben, kann sie das wie folgt kenntlich machen:

```
METHODS <MethodenName> <Parameter> FINAL.
```

Die Ergänzungen ABSTRACT und FINAL können nicht nur auf eine Methode, sondern bei Bedarf auf eine komplette Klasse angewendet werden. Im Fall von ABSTRACT kann die Klasse nicht instanziiert werden, sondern nur eine von ihr abgeleitete Klasse.

Im Fall von FINAL wird die Ableitung einer neuen Klasse zu einem Fehler führen.

```
CLASS <KlassenName> DEFINITION ABSTRACT | FINAL.

    [ ... ]

ENDCLASS.
```

Z_AO_06

Das folgende Beispiel setzt die Klasse *lcl_konto* aus dem letzten Teilkapitel 1.3.6 voraus. Es soll eine neue Klasse *lcl_girokonto* entstehen. Die Methode *einzahlen* wird überschrieben. Da es sich jetzt um ein Girokonto handelt, wird bei jedem Einzahlvorgang gleich der Betrag 1 von dem einzuzahlenden Betrag als Kontoführungsgebühr abgezogen, ansonsten soll alles wie bisher funktionieren. Aus diesem Grund wird im weiteren Verlauf der Methode auf *einzahlen* der Oberklasse verwiesen.

```
[ Code der Klasse lcl_konto aus Kapitel 1.3.6 ]
```

Ableiten der Klasse lcl_konto

```
CLASS lcl_girokonto DEFINITION
    INHERITING FROM lcl_konto.

    PUBLIC SECTION.

    METHODS einzahlen REDEFINITION.
ENDCLASS.

CLASS lcl_girokonto IMPLEMENTATION.

    METHOD einzahlen.
```

Abänderung der einzahlen-Methode

```
    DATA neuerbetrag TYPE i.
    neuerbetrag = betrag - 1.

    CALL METHOD super->einzahlen
        EXPORTING
            betrag = neuerbetrag.
    ENDMETHOD.

ENDCLASS.
```

1.3.8   Interface-Klassen

Oftmals werden innerhalb des Zusammenspiels von Objekten nicht nur einfache Variablen, sondern Referenzen auf Objekte ausgetauscht. Eine Bank-Klasse beispielsweise bietet die Methode *kontohinzufuegen*, um der Bank ein weiteres Konto bekannt zu machen. Nehmen wir an, es gäbe nicht nur eine einzelne Konto-Klasse, sondern gleich mehrere (ein Girokonto und ein Festgeldkonto). Demnach müsste die Bank-Klasse eine Methode für Girokonten und eine für Festgeldkonten bereitstellen, obwohl sich die beiden Klassen nur in kleinen Details unterscheiden. Um dies zu vermeiden, kann man von einem Interface Gebrauch machen. Die Methode *kontohinzufuegen* würde dann alle Objekte empfangen können, die diesem Interface genügen. Es schreibt vor, dass gültige Klassen ein Attribut *besitzer* und eine Methode *einzahlen* haben müssen. Man sagt, Festgeldkonto-Klasse und Girokonto-Klasse implementieren das Interface *konto*.

Interfaces deklarieren

Im Gegensatz zu einer Klasse hat ein Interface keinen Implementierungsteil:

INTERFACE <Name>.

    <Methoden>

    <Attribute>

    <Ereignisse>

ENDINTERFACE.

Interfaces implementieren

Möchte man nun das definierte Interface in die eigene Klasse einbauen, muss es im Deklarationsteil einfach nur angegeben werden:

INTERFACES <InterfaceName>

Damit erhält die Klasse alle Attribute, Methoden und Ereignisse, die im Interface deklariert sind. Die so hinzudefinierten Methoden müssen natürlich im IMPLEMENTATION-Teil ausprogrammiert werden und erhalten dort den Namen <Interface>~<MethodenName>. Es ist möglich, in eine Klasse

Z_AO_07

mehrere Interfaces zu implementieren. Aus diesem Grund muss der Interfacename in der Methodenbezeichnung angegeben werden, um eventuellen Namensüberschneidungen aus dem Weg zu gehen.

Das folgende Beispiel zeigt das Interface *konto*.

Definition des Interfaces

```
INTERFACE konto.

    DATA besitzer(20) TYPE c.

    METHODS einzahlen
      IMPORTING
        betrag TYPE i.

ENDINTERFACE.
```

Die folgende Klasse implementiert das Interface *konto*:

Implementierung des Interfaces in die Klasse

```
CLASS lcl_konto DEFINITION.

  PUBLIC SECTION.

    INTERFACES konto.

  PRIVATE SECTION.
    DATA p_kontostand TYPE i.

ENDCLASS.

CLASS lcl_konto IMPLEMENTATION.

  METHOD konto~einzahlen.
    p_kontostand = p_kontostand + betrag.
  ENDMETHOD.

ENDCLASS.
```

Das folgende Rahmenprogramm definiert die Referenz *konto1* auf das Interface *konto* und die Referenz *konto2* auf die Klasse *lcl_konto*. Danach wird *konto2 konto1* zugewiesen. Diese Operation ist legitim, weil *lcl_konto* ja das Interface implementiert. Somit können wir über die *konto1*-Referenz auf die *einzahlen*-Methode zugreifen, obwohl sie konkret nur in *lcl_konto* in kodiertem Zustand vorliegt.

```
DATA konto1 TYPE REF TO konto.
DATA konto2 TYPE REF TO lcl_konto.

CREATE OBJECT konto2.

konto1 = konto2.

CALL METHOD konto1->einzahlen
  EXPORTING
    betrag = 1000.
```

1.3.9   Lokale und systemweite Klassen

Auf den vergangenen Seiten haben wir alle wesentlichen Punkte der Objektorientierung unter ABAP diskutiert. Allerdings haben wir für unsere Beispiele immer nur lokale Klassen verwendet (daher auch das Präfix *lcl_*). Sie wurden erstellt, direkt danach benutzt und standen anderen Programmen bestenfalls über ein INCLUDE zur Verfügung. Das muss nicht so sein. Analog zur Bekanntmachung von Unter-Routinen in Funktionsbausteine können Klassen im Class Builder (Transaktion SE24) unabhängig von einem Programm erzeugt und systemweit zur Verfügung gestellt werden. Im Einstiegsbild (Abbildung 1.17) wird zwischen Interface und Klasse unterschieden. Abbildung 1.18 zeigt das Innenleben der Klasse CL_ABAP_CHAR_UTILITIES. Sie enthält statische Methoden zur Zeichenfolgenmanipulation. Die einzelnen Reiter und Funktionen (wie z.B. Attribute, Methoden usw.) entsprechen genau den Begriffen, die wir bereits bei lokalen Klassen genutzt haben. Natürlich unterliegen selbsterstellte Klassen im Class Builder den allgemeinen Namenskonventionen, müssen also mit Z beginnen.

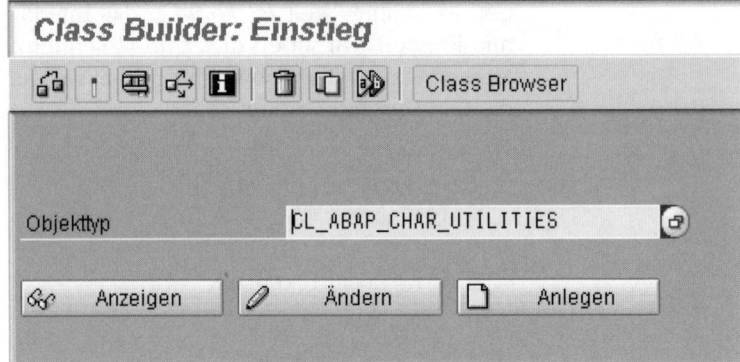

Abb. 1.17 © SAP AG: Einstieg in den Class Builder

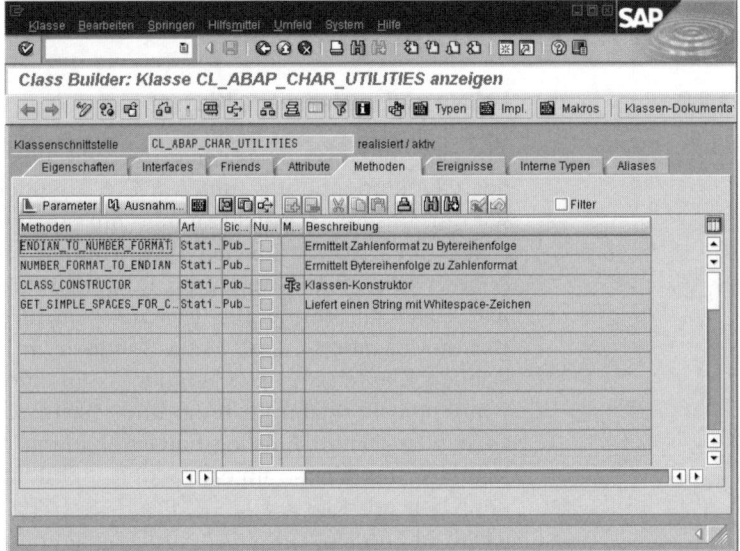

Abb. 1.18 © SAP AG: Innenleben einer Klasse

1.3.10   Randbemerkung zu ABAP Objects

Wir werden im weiteren Verlauf dieses Buches sowohl ABAP
Objects, als auch klassisches ABAP nutzen. Grundsätzlich ist es
nicht verboten, beide Techniken zu mischen (auch wenn das an
der einen oder anderen Stelle Einschränkungen mit sich bringt).
Außerdem sollte man immer kritisch prüfen, ob objektorientierte
Entwicklung unter ABAP wirklich immer den erhofften Gewinn
an Übersichtlichkeit bringt oder nicht doch ins Gegenteil um-
schlägt. Selbst viele SAP-Standard-Programme sind auch unter

den neuesten Releases noch in prozeduralem ABAP kodiert. Es gibt also keine Notwendigkeit, auf Gedeih und Verderb objektorientiert zu werden, nur weil es hip ist.

1.4   Einführung in die Control-Programmierung

Seit Anfang der Dialogprogrammierung in ABAP bietet der Screen Painter eine Reihe von Steuerelementen, um das Layout des jeweiligen Bildes zu manipulieren: Buttons, Checkboxen, E/A-Felder und das Table Control als recht komplexes Tabellen-Anzeige-Element. Viele Anwender erwarten jedoch noch mehr, so wie sie es von anderen Anwendungen mit grafischer Oberfläche gewohnt sind: zum Beispiel Baumansichten wie aus dem Windows-Explorer oder ähnliches. Um dies zu ermöglichen, hat SAP ein komplett neues Konzept entwickelt, mit dessen Hilfe man beliebige Steuerelemente in Dynpros anzeigen und bearbeiten kann. Dieses Konzept nennt sich Enjoy SAP. Selbst viele Standardanwendungen bekamen von SAP mit Hilfe der neuen Technik ein komplett anderes Gesicht. Zur Transaktion ME21 zur Anlage von Bestellungen gesellte sich die ME21N. Sie kann nicht mehr und nicht weniger als die ME21, ist aber für den Anwender durch den Einsatz zahlreicher *Enjoy*-Controls wesentlich ergonomischer bedienbar. Ein weiterer Vorteil der neuen Controls war die Performance. Der SAP GUI ist lediglich eine Art Anzeigeprogramm für die Oberfläche, und somit mussten jegliche Benutzeraktivitäten zunächst an den Applikationsserver zurückgemeldet werden, der dann auf die Eingabe reagiert. Bei der *Enjoy*-Technik liegen mehrere Software-Schichten übereinander, und Teile der Bedienlogik werden direkt auf dem GUI abgearbeitet, ohne explizit eine Verbindung zum SAP-Server aufnehmen zu müssen.

1.4.1   Einführungsbeispiel

ZBIB_WB1

Wir werden im folgenden Beispiel ein einfaches Dialogprogramm erstellen, das mit Hilfe des HTML-Viewer-Controls, eines klassischen Eingabefeldes und zwei Buttons einen nahezu vollständigen Web-Browser darstellt.

Das Rahmenprogramm ist vom Typ *ausführbares Programm*. Es enthält einen GUI-Status namens LEISTE, in dem der rote Exit-Knopf aus der Funktionsleiste mit dem Funktionscode EXIT belegt ist. Darüber hinaus benötigt es ein Dynpro mit der Nummer 100. Abbildung 1.19 zeigt das Dynpro im grafischen Screen Painter. Die breite, durchkreuzte Fläche ist ein Steuerelement vom

Typ *Custom Control*, es kann uns später als Container für jedes beliebige Enjoy-Control dienen.

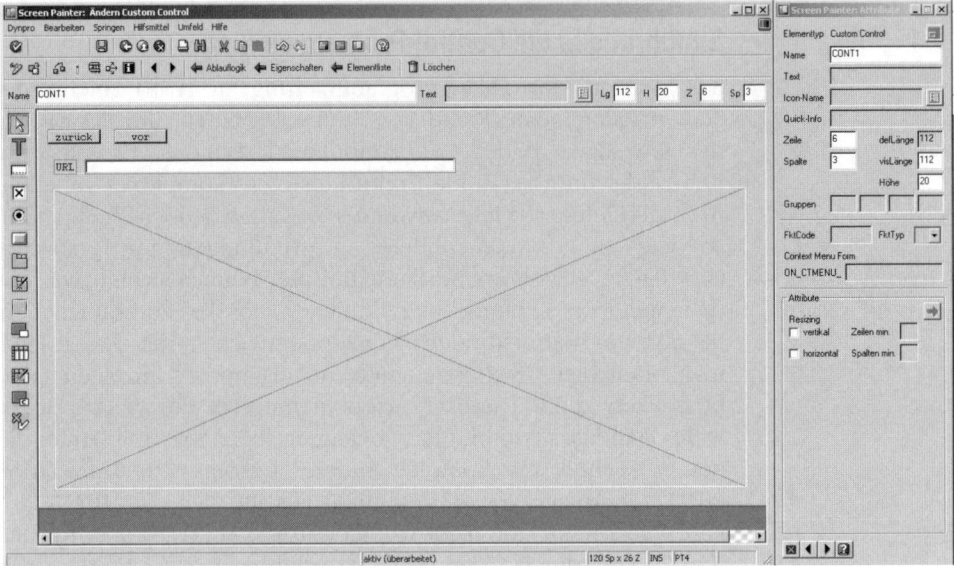

Abb. 1.19 © SAP AG: Entwurf des Dynpro 100

Nachfolgende Tabelle klassifiziert die Steuerelemente, die auf dem Dynpro zu finden sind:

Name	Typ	Bemerkung
CMD_BACK	Pushbutton	Beschriftung „zurück", Funktionscode BACK
CMD_FORWARD	Pushbutton	Beschriftung „vor", Funktionscode FORWARD
LBL_TEXT	Text	Beschriftung „Url"
URL	E/A-Feld	
CONT1	Custom Control	Container für späteren HTML-Viewer
OK_CODE	OK-Code	

Die Ablauflogik des Dynpros gliedert sich wie folgt. Das Modul *user_browse* wird nur aufgerufen, wenn der Benutzer in das URL-Feld etwas eingibt und auf *Enter* drückt.

```
PROCESS BEFORE OUTPUT.
  MODULE status_0100.

PROCESS AFTER INPUT.
  FIELD url MODULE user_browse ON REQUEST.
  MODULE user_command_0100.
```

Rahmenprogramm und Variablendeklaration

Sehen wir uns das Rahmenprogramm an. Bemerkenswert in der Variablen-Deklaration sind die beiden Objekt-Referenzen *cont1* und *wb*. *cont1* ist eine Referenz auf die Klasse *cl_gui_custom_container*. Wir benötigen sie, um später das Custom-Control auf dem Dynpro anzusteuern. *wb* ist ein Objekt der Klasse *cl_gui_html_viewer*. Hierin ist die eigentliche Funktion unseres HTML-Steuerelements kodiert. Der Rest des Programms besteht nur darin, das Dynpro 100 aufzurufen. In dessen Ablauflogik bzw. deren Module spielt sich die eigentliche Funktion des Programms ab.

```
*&---------------------*
*& Mini-Web-Browser     *
*&---------------------*

REPORT  zbib_wb1.

DATA: ok_code LIKE sy-ucomm,
      url(100) TYPE c.
DATA: cont1 TYPE REF TO cl_gui_custom_container,
      wb TYPE REF TO cl_gui_html_viewer.


START-OF-SELECTION.
  CALL SCREEN 100.
```

status_0100

Um das Custom-Control vernünftig ansteuern zu können, benötigen wir mit *cont1* eine Objektreferenz darauf. Der Konstruktor verlangt den Namen des Controls auf dem Dynpro, in unserem Fall CONT1. Die Referenz muss nur einmal beim Programmstart gesetzt werden, da sie während des kompletten Programmablaufs, also über mehrere PBO/PAI-Bildwechsel hinweg, erhalten bleibt. Daher die Abfrage auf den Initialwert. Wenn die Referenz nicht initial ist, brauchen wir es auch nicht nochmals zu instanziieren. Analog dazu funktioniert die Instanziierung der HTML-Viewer-Referenz. Deren Konstruktor empfängt eine Referenz auf ein Custom-Control-Objekt, in das sich der HTML-Viewer einklinken kann. Somit sind das Custom-Control und der HTML-Viewer miteinander verdrahtet.

```
MODULE status_0100 OUTPUT.

  SET PF-STATUS 'LEISTE'.

  IF cont1 IS INITIAL.
    CREATE OBJECT cont1
      EXPORTING container_name = 'CONT1'.
  ENDIF.

  IF wb IS INITIAL.
    CREATE OBJECT wb
      EXPORTING parent = cont1.
  ENDIF.

ENDMODULE.
```

user_browse

Die Hauptarbeit ist im Prinzip erledigt, und das Programm zeigt bereits ein leeres Steuerelement an, würde man es in diesem Zustand starten. Wir müssen jetzt nur noch auf die Anforderung des Anwenders eingehen. Wenn er eine URL eingibt, wird das Modul *user_browse* aufgerufen. Es führt lediglich die Methode *show_url* der *cl_gui_html_viewer*-Klasse auf und übergibt die eingegebene URL.

```
MODULE user_browse INPUT.

  CALL METHOD wb->show_url
    EXPORTING
      url = url.

ENDMODULE.
```

user_command_100

Das Modul *user_command_100* behandelt die Benutzereingaben mit Hilfe des OK-Codes. Im Fall von BACK oder FORWARD werden die Viewer-Methoden *go_back* bzw *go_forward* aufgerufen. Im Fall von EXIT – also kurz vor Verlassen des Programms – müssen die Objektinstanzen explizit wieder aus dem Speicher entfernt werden. Dazu dient der Befehl FREE <Objektname>. Das Custom-Control-Objekt selbst bringt noch zusätzlich eine Methode *free* mit, die ebenfalls interne Aufräumarbeiten anstößt.

```
MODULE user_command_0100 INPUT.

  CASE ok_code.
    WHEN 'BACK'.
      CALL METHOD wb->go_back.
    WHEN 'FORWARD'.
      CALL METHOD wb->go_forward.
    WHEN 'EXIT'.
      CALL METHOD cont1->free.
      FREE cont1.
      FREE wb.
      LEAVE PROGRAM.
  ENDCASE.

  CLEAR ok_code.

ENDMODULE.
```

Abbildung 1.20 zeigt das fertige Programm in Aktion. Speziell an diesem Beispiel zeigt sich auch recht deutlich die neue *Enjoy*-Technik. Der komplette interne Automatismus des Viewer-Controls läuft lokal auf dem Rechner des Anwenders ab. Direkt nach Eingabe der URL ist die Seite noch nicht zu sehen; sie wird erst nach einigen Sekunden angezeigt (je nach Bandbreite der Internet-Verbindung). Dies geschieht aber komplett ohne Bildschirmzittern wie nach der Eingabe der Enter-Taste, weil zu diesem Zeitpunkt kein Kontakt zum Applikationsserver besteht.

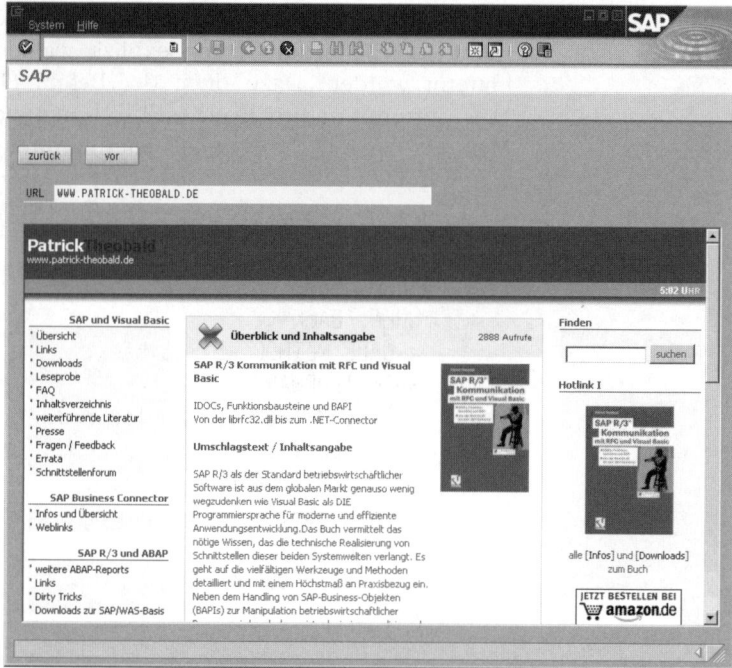

Abb. 1.20 © SAP AG: Beispielprogramm in Aktion

1.4.2   Ereignisse

In der Einführung zu ABAP Objects haben wir in Kapitel 1.3.6 diskutiert, wie Objekte Ereignisse in anderen Objekten auslösen. Nachdem auch die Control-Klassen (wie unsere *cl_gui_html_viewer*-Klasse) Ereignisse zur Verfügung stellen, sollte es fast kein Problem sein, ein solches Control-Ereignis abzurufen und zu behandeln. Im Fall von Controls ist die Ereignisbehandlung allerdings doch etwas schwieriger als in einem simplen nicht-Control-Objekt. Das liegt an der Architektur und dem Zusammenspiel zwischen ABAP-Umgebung und GUI-Frontend. Wir hatten ja bereits bemerkt, dass Prozesse, die das Steuerelement betreffen, lokal auf dem GUI laufen, und die ABAP-Umgebung gar nichts davon mitbekommt. Aus diesem Grund müssen wir für ein Ereignis das so genannte Control-Framework informieren, dass wir das eine oder andere Ereignis eines Controls nun doch gerne hätten. Unter dem Control-Framework versteht man die Zwischenschicht, die den Datenaustausch zwischen ABAP und dem lokalen Anwender-Rechner bewerkstelligt. Im Großen und

Ganzen besteht das Abfangen eines Ereignisses also aus drei Schritten:

- Schreiben einer Klasse, die eine Methode zur Verfügung stellt, die geeignet ist, um das Ereignis der Control-Klasse entgegenzunehmen. Man nennt Klassen, die nur für diesen Zweck geschrieben werden, auch so genannte Event-Handler-Klassen.

- Verdrahten des Control-Ereignisses mit der Methode der Event-Handler-Klasse.

- Anmelden des geforderten Ereignisses am Control-Framework.

ZBIB_WB2

Wir werden unser Beispiel aus dem letzten Teilkapitel weiterentwickeln und das Ereignis *navigate_complete* abfangen. Es wird jedes Mal ausgelöst, wenn das Steuerelement eine neue Seite anzeigt, egal ob vom Programm gesetzt (also durch Eingabe der URL) oder durch Anklicken eines Links.

Die Event-
Handler-Klasse

Zunächst benötigen wir eine lokale Klasse, die nichts anderes zu tun hat, als unser Ereignis entgegenzunehmen. Wir deklarieren die Methode *html_viewer_event* aus Gründen der Bequemlichkeit als statisch, dann brauchen wir später nicht extra eine zusätzliche Objektreferenz dafür. Die ausgelöste Methode macht nichts anderes als eine Nachricht anzeigen, die über das gefeuerte Ereignis informiert.

```
CLASS lcl_event DEFINITION.

    PUBLIC SECTION.
      CLASS-METHODS html_viewer_event
          FOR EVENT navigate_complete
          OF cl_gui_html_viewer
        IMPORTING url.

ENDCLASS.

CLASS lcl_event IMPLEMENTATION.

    METHOD html_viewer_event.
      MESSAGE s006(zbib). " Message: Seite da!!!
    ENDMETHOD.

ENDCLASS.
```

Für die spätere Anmeldung des Events am Framework benötigen wir eine interne Tabelle von Typ *cntl_simple_events*. Diese Tabelle und einen passenden Arbeitsbereich vom Typ *cntl_simple_event* nehmen wir in den Deklarationsteil des Programms mit auf:

```
DATA: it_events TYPE cntl_simple_events,
      wa_event  TYPE cntl_simple_event.
```

Die letzte Amtshandlung erledigen wir unmittelbar, nachdem das *wb*-Objekt im Modul status_0100 mit CREATE OBJECT instanziiert wurde. Zunächst wird mit SET HANDLER das Ereignis der Viewer-Klasse mit der Methode unserer lokalen Event-Handler-Klasse verknüpft. Danach fügen wir der Ereignis-Tabelle einen Eintrag mit der Event-ID hinzu, die wir beim Framework anmelden möchten. Die zugehörige Event-ID findet sich im Attribut *m_id_navigate_complete* der Viewer-Klasse (sie ist dort als konstantes Attribut definiert, wir können entweder statisch oder instanzabhängig darauf zugreifen). Die Tabelle wird dann an die Methode *set_registered_events* des *wb*-Objekts übergeben.

```
IF wb IS INITIAL.

    CREATE OBJECT wb EXPORTING parent = cont1.
    SET HANDLER lcl_event=>html_viewer_event FOR wb.

    CLEAR wa_event.
    REFRESH it_events.
    wa_event-eventid = wb->m_id_navigate_complete.
    APPEND wa_event TO it_events.

    CALL METHOD wb->set_registered_events
      EXPORTING
        events = it_events.

ENDIF.
```

Fertig. Jedes Mal wenn nun eine neue Seite angezeigt wird, sollte die vorbereitete Methode unserer Event-Handler-Klasse ausgelöst werden.

Ein letztes Wort zu den Event-IDs. Man findet ein entsprechendes Attribut mit der richtigen ID im Class Builder unter der jeweiligen Control-Klasse. Sie beginnen entweder mit EVENTID_ oder wie in unserem Fall mit M_ID_ (vgl. Abbildung 1.21).

Klassenschnittstelle	CL_GUI_HTML_VIEWER					realisiert / aktiv				

Eigenschaften	Interfaces	Friends	Attribute	Methoden	Ereignisse	Interne Typen	Aliases

☐ Filter

Attribut	Art	Sic...	Nu...	Re...	Typisier...	Bezugstyp		Beschreibung	Initialwert
CTRUE	Const..	Prot..	☐	☐	Type	I	⇨	Boolean true	1
CUR_EVENT	Static ..	Pub..	☐	☐	Type Re..	CL_GUI_EVENT	⇨	Aktueller Event	
EVENTS_TO_REGISTER_CONT..	Instan..	Prot..	☐	☐	Type	CNTL_SIMPLE_EVE..	⇨	Events to register	
EVENT_LEFT_CLICK_DESIGN	Const..	Prot..	☐	☐	Type	I	⇨	ID of event left click when..	1
EVENT_LEFT_CLICK_RUN	Const..	Prot..	☐	☐	Type	I	⇨	ID of event left click when..	16
EVENT_MOVE	Const..	Prot..	☐	☐	Type	I	⇨	ID of event move control	11
EVENT_RIGHT_CLICK	Const..	Prot..	☐	☐	Type	I	⇨	ID of event right click	2
EVENT_SIZE	Const..	Prot..	☐	☐	Type	I	⇨	ID of event size control	12
GLOBAL_GUID	Static ..	Prot..	☐	☐	Type	I	⇨	Guid für OO-Controls	
GUI_IS_RUNNING	Static	Pub..	☐	☑	Type	CHAR01	⇨	X: a GUI is running	

Abb. 1.21 © SAP AG: Event-IDs als Attribute im Class Builder

1.4.3   System- und Anwendungsereignisse

Die Ereignisbehandlung aus dem letzten Teilkapitel hat tiefgreifende Konsequenzen und untergräbt das traditionelle Zusammenspiel aus PBO/PAI-Ereignissen, denn hier wird auf einmal ABAP-Code außerhalb der Dynpro-Ablauflogik ausgeführt. Man könnte sogar behaupten, dass jedes Control auf dem Dynpro seine eigene Ablauflogik mitbringt. Da stellt sich die Frage, wie traditionelle Steuerelemente und Enjoy-Controls auf demselben Dynpro miteinander harmonieren. Im Beispiel war die Sache noch einfach, hier haben wir die URL zum PAI-Zeitpunkt an das Control weitergeleitet. Problematisch wird die Sache, wenn wir in einem Control-Ereignis ein E/A-Feld setzen wollen, denn es findet ja durch das fehlende PBO/PAI auch kein Wertetransport statt. Um dieses Problem zu lösen, unterscheidet das Control-Framework zwischen System- und Anwendungsereignissen, die ein Control auslösen kann.

Systemereignis

Im Fall eines Systemereignisses wird das Ereignis im Ereignis-Handler ohne PAI/PBO ausgelöst. Es findet kein Wertetransport statt, es sei denn, er wird erzwungen. Das Erzwingen geschieht mit der statischen Methode *set_new_ok* der Klasse *cl_gui_cvw*. Sie sorgt dafür, dass zunächst das PAI und im Anschluss das PBO des Folgedynpros abgearbeitet wird und erlaubt auch die Übergabe eines OK-Codes, mit dem das geschehen soll. Somit lässt sich vom Ereignis der Wertetransport nach eigenen Wünschen steuern.

*Anwedungs-
ereignis*

Im Gegensatz dazu gibt es auch Anwendungsereignisse. In diesem Fall löst ein Control-Ereignis eine PAI/PBO-Abfolge aus. Erst wenn in den Modulen dieser PAI/PBO-Abfolge die statische Methode *dispatch* der Framework-Klasse *cl_gui_cfw* aufgerufen wird, werden die verknüpften Ereignis-Handler abgearbeitet.

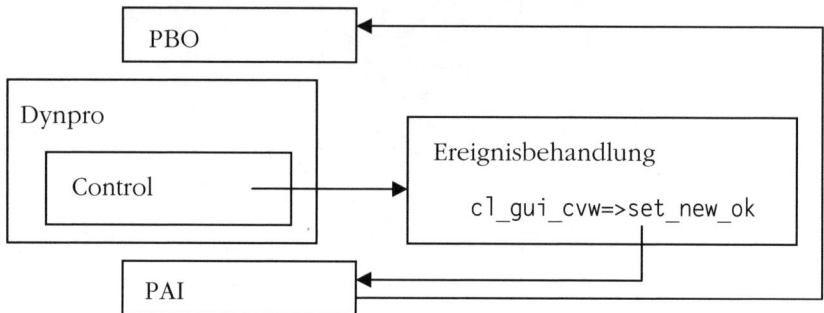

Abb. 1.22: Systemereignis

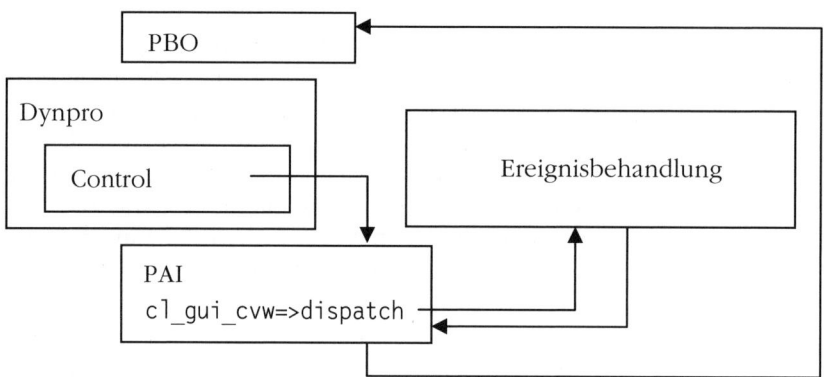

Abb. 1.23: Anwendungsereignis

Bleibt abschließend nur noch die Frage zu klären, wie man dem Control Framework die gewünschte Ereignisart mitteilt. Sie wird in der Events-Tabelle hinterlegt. Das Feld *events-appl_event* steuert diesen Sachverhalt. Ein X meldet ein Anwendungsereignis, ein SPACE (wie implizit im Beispiel) ein Systemereignis.

1.4.4 Synchronisation und Flush

Wir haben beim Abfangen von Control-Ereignissen bereits kennen gelernt, dass zumindest ein grobes Wissen über die Funktionsweise des Control-Frameworks unabdingbar für korrekte Control-Programmierung ist. Derartige Seiteneffekte gibt es aber nicht nur bei den Ereignissen, sondern auch bei Methoden.

Automation
Queue

Im Zusammenhang mit Control-Programmierung sprechen wir von einer so genannten Automation Queue. Unter diesem Begriff versteht man den Kommunikationskanal zwischen dem ABAP-Code und dem Control auf dem Frontend des Anwenders. Nicht alles, was man auf der einen Seite reinschiebt, kommt unmittelbar auf der anderen Seite sofort wieder raus. Die Aufrufe werden gepuffert. Das hat natürlich Performance-Gründe. Wenn mehrere Eigenschaften eines Controls gesetzt werden, findet die tatsächliche Veränderung des Controls trotzdem an einem Stück statt, nämlich immer dann, wenn die Automation Queue, die die Aufrufe puffert, in einem Rutsch geleert wird. Implizit passiert genau dies immer am Ende des PBO-Zeitpunkts und am Ende von Systemereignissen. Diese Entleerung nennt man Flush, und sie kann auch programmgesteuert mit Hilfe der statischen Methode *flush* der Klasse *cl_gui_cfw* durchgeführt werden. Besonders wichtig ist das, wenn Methoden zum PAI-Zeitpunkt Export-Parameter zurückgeben, die gleich weiterverwertet werden.

Im Anfangsbeispiel hatte unserer Web-Browser einen *zurück*-Button. Folgender Quellcode-Ausschnitt zeigt die Methode *get_current_url*, die die aktuelle URL nach der *go_back*-Aktion entgegennehmen soll.

```
DATA temp_url(100) TYPE c.

CALL METHOD wb->go_back.

CALL METHOD wb->get_current_url
  IMPORTING
    url = temp_url.

* Zeitpunkt 1

CALL METHOD cl_gui_cfw=>flush.

* Zeitpunkt 2
```

Schaut man sich diese wenigen Zeilen im Debugger an, be-
obachtet man einen erstaunlichen Effekt: Zum Zeitpunkt 1 ist die
Variable *temp_url* nämlich leer, obwohl die *get_current_url-*
Methode bereits durchlaufen ist. Erst nach dem Flush, also zum
Zeitpunkt 2, ist *temp_url* mit einem korrekten Wert gefüllt. Der
Methoden-Aufruf wird zunächst in der Automation Queue zwi-
schengepuffert und erst durch das explizite Flush durchgeführt.

Dieses einfache Beispiel zeigt die Brisanz, die hinter der Technik
der Automation Queue steckt. Explizite Flushes sind immer dann
durchzuführen, wenn es wirklich nötig ist (wie im Beispiel), aber
natürlich auch nicht ständig, um nicht die Performance in die
Knie zu zwingen.

2   Daten aufbereiten, ablegen und konvertieren

Dieses Kapitel wird sich voll und ganz dem Thema Datenaufbereitung widmen. Kein System wird sich damit zufrieden geben, Daten nur in der eigenen Datenbank zu halten und zu organisieren. Es wird immer nötig sein, Daten in aufbereiteter Form mit der Außenwelt auszutauschen, beispielsweise als Kommunikationsmittel mit externen Subsystemen, wie einem Großrechner. Aus diesem Grund werden wir zunächst das Schreiben und Lesen von ASCII-Dateien diskutieren und uns bei der Gelegenheit gleich mit der Problemstellung konfrontieren, diese Dateien per FTP-Protokoll in die Welt hinauszutragen. Außerdem lernen wir das Lesen und Schreiben von Dateien, die sich auf der Festplatte des Endanwenders befinden. In Zeiten, in denen internetfähige Formate immer wichtiger werden, dürfen XML und HTML natürlich nicht fehlen. Zu guter Letzt werden wir noch das binäre Format der PDF-Dateien kennen lernen und uns ansehen, wie das BDS (Business Document Service) als die R/3-interne Dokumentenverwaltung vom eigenen Programm aus genutzt werden kann.

2.1   Dateien auf dem Applikationsserver

Das Schreiben von Dateien macht für die Programmierung einen grundsätzlichen Unterschied, ob die Datei auf dem Applikationsserver liegt bzw. liegen soll, oder ob sie direkt auf dem Desktop-PC des Anwenders geschrieben wird. Zunächst sehen wir uns Dateioperationen auf dem Applikationsserver an.

2.1.1   Logische und physische Dateinamen

Im Beispielprogramm soll eine Funktionalität implementiert werden, die Stammdaten der angelegten Bücher aus der Tabelle ZBIBBUECHER exportiert und zur weiteren Verwendung bereitstellt. Um die Speicherorte und die Namen solcher Dateien möglichst allgemein und standardisiert administrierbar zu machen, bietet R/3 die Möglichkeit, von ABAP aus auf logische Pfade und Dateinamen zuzugreifen. Es wird also nur ein interner Name des Pfades und der Datei angesprochen. Die Übersetzung in einen konkreten, sprich physischen Dateinamen, mit der das unterlagerte Betriebssystem etwas anfangen kann, erfolgt durch die Transaktion FILE. Wir werden dort zunächst einen logischen Pfad anlegen, so wie in Abb. 2.1 gezeigt. Die Übersetzung des logischen Pfads in einen physischen Pfad erfolgt dann durch Markieren der Zeile und Doppelklicken auf den entsprechenden Ordner im linken Bereich. Die Syntax-Gruppe (im vorgegebenen Fall Windows NT) definiert, welche Restriktionen vom Betriebssystem hinterlegt sind. In der Syntax-Gruppe UNIX beispielsweise müssen die Trennzeichen zwischen Pfadangaben Schrägstriche sein, während Windows-Betriebssysteme einen Backslash erfordern.

Der Parameter <FILENAME> im physischen Pfad kennzeichnet den Ort in der Zeichenfolge, an dem später der eigentliche Dateiname stehen soll.

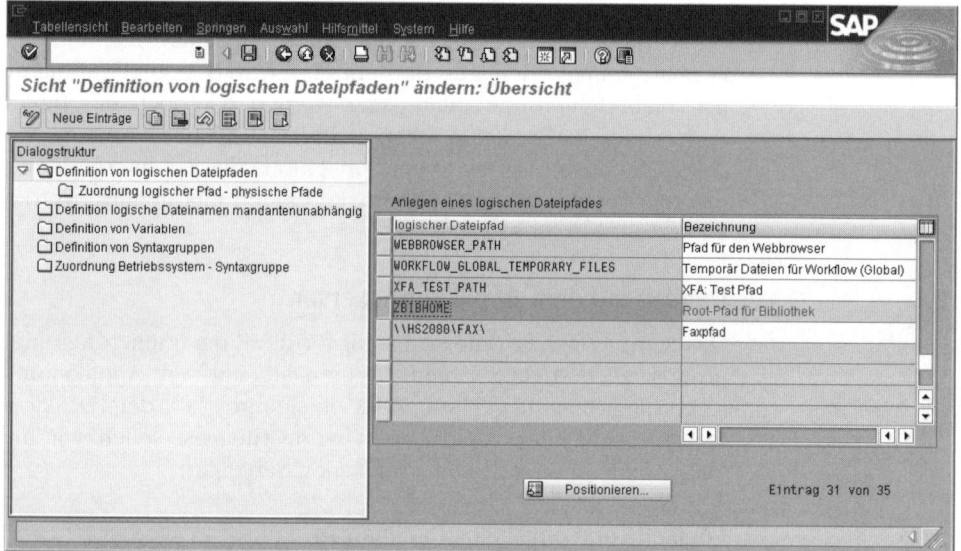

Abb. 2.1 © SAP AG: Anlegen eines logischen Pfads

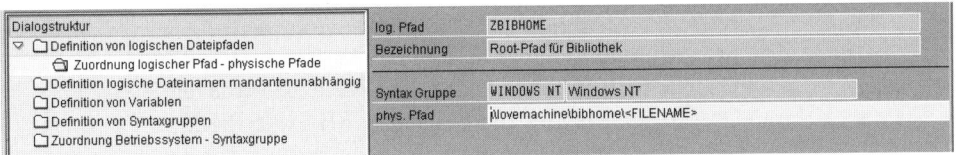

Abb. 2.2 © SAP AG: Definition des logischen Pfads

Analog zu logischen Pfaden besteht die Möglichkeit, auch Dateinamen im Programm nur logisch anzusprechen und die Verknüpfung zur physischen Datei innerhalb von FILE zu setzen.
Abbildung 2.3 zeigt die Definition der logischen Datei, die sich
wiederum im vormals gesetzten logischen Pfad ZBIBHOME befinden soll. Im Dateinamen ist keine Erweiterung angegeben.
Dies ist zwar möglich, aber wir werden später durch den entsprechenden Funktionsbaustein die Endung *.dat* setzen lassen.
Sie ist durch die Angabe des Datenformats (DAT) definiert.

Abb. 2.3 © SAP AG: Definition der logischen Datei unter Angabe
des logischen Pfads

Nun sollten alle internen Einstellungen soweit vorhanden sein,
dass das zu erstellende Export-Programm leicht von der Hand
geht.

2.1.2   Dateien schreiben und lesen

ZBIB_EX01

Der Report ZBIB_EX01 besorgt sich zunächst mittels des Funktionsbausteins   FILE_GET_NAME den physischen Dateinamen.
Wichtig ist neben dem Export-Parameter FILE_NAME das EMER-
GENCY_FLAG. Es ist gesetzt, wenn die logische Datei nicht vernünftig ermittelt werden konnte. Es ist wichtig auf dieses Flag
abzuprüfen, weil der Baustein in einem solchen Fall nicht immer
eine auffangbare Exception auslöst. Der ermittelte Dateiname ist
dann zwar gültig, bezieht sich aber relativ zum SAP-Home-
Verzeichnis. Das ist in den seltensten Fällen gewünscht.

```
*&--------------------------------------------------*
*& Report   ZBIB_EX01                              *
*& Hintergund-Export von Buch-Stammdaten           *
*& in die logische Datei ZBIBEXPORTFILE            *
*&--------------------------------------------------*

REPORT   zbib_ex01.

TABLES zbibbuecher.
DATA: file_name(100),
      file_format(3),
      emergency_flag(1).

DATA: osmsg(100).

CALL FUNCTION 'FILE_GET_NAME'
  EXPORTING
    logical_filename           = 'ZBIBEXPORTFILE'
    operating_system           = sy-opsys
*   PARAMETER_1                = ' '
*   PARAMETER_2                = ' '
*   PARAMETER_3                = ' '
*   USE_PRESENTATION_SERVER    = ' '
    with_file_extension        = 'X'
*   USE_BUFFER                 = ' '
  IMPORTING
    emergency_flag             = emergency_flag
    file_format                = file_format
    file_name                  = file_name
  EXCEPTIONS
    file_not_found             = 1
    OTHERS                     = 2
              .

IF sy-subrc <> 0 OR emergency_flag NE space.
  WRITE: 'Fehler beim Ermitteln des ',
      'physischen Dateinamens'.
ELSE.
  WRITE: / 'Datei: ',file_name.
```

Mit Hilfe des erfolgreich ermittelten Dateinamens öffnen wir nun die Datei mit OPEN DATASET. Der Zusatz IN TEXT MODE erzeugt nach jedem Schreibvorgang mittels der TRANSFER-

Anweisung einen betriebssystemkonformen Zeilenumbruch (also unter Windows CHR(13) & CHR(10), unter Unix nur CHR(10)). Der Zusatz MESSSAGE fängt Betriebssystem-Meldungen ab, die direkt in der Variable *osmsg* gespeichert werden. Im Fehlerfall sind sie eine wertvolle Hilfe.

```
OPEN DATASET file_name
     FOR OUTPUT MESSAGE osmsg IN TEXT MODE.

  IF sy-subrc NE 0.
    WRITE / osmsg.
  ELSE.

    SELECT * FROM zbibbuecher.
      TRANSFER zbibbuecher TO file_name.
    ENDSELECT.

    CLOSE DATASET file_name.
    WRITE: / sy-dbcnt, ' Datensätze entladen'.
  ENDIF.
ENDIF.
```

```
Export von Bücher-Stammdaten

Datei: _\\lovemachine\bibhome\BuchExport.DAT
       9    Datensätze entladen
```

Abb. 2.4 © SAP AG: Output des Beispielprogramms

ZBIB_IM01

Um die Sache abzurunden, sehen wir uns im Schnelldurchlauf noch die andere Richtung an: das Einlesen von Dateien. Analog zum TRANSFER-Befehl überträgt READ DATASET den Inhalt der Datei in eine entsprechende Variable. READ DATASET setzt den *sy-subrc* auf 4, wenn das Ende der Datei erreicht ist. Wir öffnen die Datei wieder mit dem Zusatz IN TEXT MODE. Dann kann es uns egal sein, wie lang eine einzelne Zeile ist, so lange die Variable groß genug ist. Ein einzelner Lesevorgang wird immer bis zum Zeilenumbruch lesen.

```
OPEN DATASET file_name
    FOR INPUT MESSAGE osmsg IN TEXT MODE.

IF sy-subrc NE 0.
  WRITE / osmsg.
  STOP.
ELSE.

WHILE sy-subrc EQ 0.
  READ DATASET file_name INTO zeile.
  WRITE: / zeile+13(25), zeile+38(60).
ENDWHILE.

CLOSE DATASET file_name.
```

```
Import von Bücher-Stammdaten

Strohhalm, Günther    Der Seelachs
Küblböck, Stefan      Auf dem Weg in Tal der Träume
Theobald, Patrick     SAP R/3 Kommunikation mit RFC und Visual Basic
Voigt, Jochen         Der kleine Pinguin
Straub, Olivia        Gib mir mein Herz zurück
Gubbels, Holger       Mediziner aus Überzeugung. Chancen und Risiken
Husse, Hermann        Unterm Auto
Jung, Alexander       Das große Buch der Islandpferde. Haltung und    aufzucht
King, Rainer          Höllentrip im Feinkostladen
```

Abb. 2.5 © SAP AG: Output ZBIB_IM01

2.1.3   Exkurs: Datenübertragung mittels FTP

ZBIB_FTPPUT

Das *File Transfer Protocol* FTP hat sich schon vor Jahren als Standard entpuppt, wenn es darum geht, Dateien systemübergreifend zu transportieren. Zum einen ist es plattformunabhängig, zum anderen lässt sich die Übertragung durch geeignete Mechanismen auch über das Internet angemessen absichern.

Der SAP-Standard bietet drei Funktionsbausteine für die FTP-Übertragung. FTP_CONNECT und FTP_DISCONNECT initialisieren und schließen die Verbindung zum jeweiligen FTP-Server. FTP_COMMAND hingegen gibt FTP-Kommandos an ein unterlagertes Programm weiter und öffnet so den Weg, neben einer reinen Dateiübertragung auch andere FTP-Aktivitäten durchzuführen. Hierzu könnte das Auslesen von entfernten Verzeichnissen oder das Löschen von heruntergeladenen Dateien gehören.

Das angesprochene unterlagerte FTP-Programm, also der FTP-Client, ist im Installationsumfang von R/3 enthalten und wird vom R/3-Kernel mittels einer RFC-Verbindung gesteuert (Remote Function Call).

Die im letzten Teilkapitel erzeugte Datei soll im folgenden Beispiel auf einen FTP-Server im Internet transportiert werden. Zunächst wird der *Selection Screen* gestaltet, um alle relevanten Zugangsdaten vom Benutzer abzufragen. Es ist unbedingt zu beachten, die Ergänzung *lower case* hinzuzufügen, ansonsten werden die Anmeldedaten in Großbuchstaben konvertiert, was den Zielserver verwirren könnte.

```
*&---------------------------------------------------*
*& Report    ZBIB_FTPPUT                              *
*& FTP-Übertragung der Buch-Stammdaten                *
*&---------------------------------------------------*

REPORT  zbib_ftpput                    .

PARAMETERS ftpuser(100) LOWER CASE.
PARAMETERS ftppw(100) LOWER CASE.
PARAMETERS ftphost(100).
PARAMETERS ftpdpath(100) LOWER CASE.
PARAMETERS ftpdfile(100) LOWER CASE.

DATA ftpsrc(100).

DATA: ftphandle TYPE i, pwlength TYPE i.

DATA: BEGIN OF it_ftpdata OCCURS 0.
DATA: ftpline(100).
DATA: END OF it_ftpdata.

DATA: ftpcommand(200).
```

Benutzername	PTheobald
Passwort	*****************************
Host	ftp.patrick-theobald.de
Zielpfad	/www/testverzeichnis/
Ziel-Datei-Name	BibExport.txt

Abb. 2.6 © SAP AG: Selection-Screen ZBIB_FTPPUT

*Passwort
verschlüsseln*

Aus Sicherheitsgründen wird das Anmeldepasswort verschlüsselt an das unterlagerte Programm übergeben. Um es zu verschlüsseln, machen wir von der System-Funktion AB_RFC_X_SCRAMBLE_STRING Gebrauch, so wie nachfolgend angegeben.

```
DESCRIBE FIELD ftppw LENGTH pwlength.

CALL 'AB_RFC_X_SCRAMBLE_STRING'
     ID 'SOURCE' FIELD ftppw
     ID 'KEY' FIELD 26101957
     ID 'SCR' FIELD 'X'
     ID 'DESTINATION' FIELD ftppw
     ID 'DSTLEN' FIELD pwlength.
```

*RFC-Kopplung
zum
FTP-Programm*

Neben den Anmeldedaten erfordert der Baustein RFC_CONNECT auch die Angabe der RFC-Destination des unterlagerten FTP-Clients. Hierfür gibt es zwei, die standardmäßig in jedem R/3-System eingerichtet sind. SAPFTPA startet das Client-Programm auf dem Applikationsserver, SAPFTP auf dem Frontend-Rechner des Anwenders. Von letzterem sei abzuraten, wenn keine zwingenden Gründe dafür sprechen, denn der Weg über den Anwender-Frontend verhindert, dass das Programm jemals im Hintergrund ablaufen kann.

```
CALL FUNCTION 'FTP_CONNECT'
   EXPORTING
      user                    = ftpuser
      password                = ftppw
      host                    = ftphost
      rfc_destination         = 'SAPFTPA'
*              GATEWAY_USER       =
*              GATEWAY_PASSWORD   =
*              GATEWAY_HOST       =
   IMPORTING
      handle                  = ftphandle
   EXCEPTIONS
      not_connected           = 1
      OTHERS                  = 2.
```

```
IF sy-subrc <> 0.
  MESSAGE ID sy-msgid TYPE 'E' NUMBER sy-msgno
    WITH sy-msgv1 sy-msgv2 sy-msgv3 sy-msgv4.
ELSE.
  WRITE / 'Connect zum FTP-Server erfolgreich ...'
    COLOR COL_HEADING.
ENDIF.
```

Nach erfolgreicher Anmeldung kann die Dateiübertragung angestoßen werden. Der zugehörige FTP-Befehl dafür gehorcht folgender Syntax:

```
PUT <LokalerDateiname> <ZielDateiname>
```

FTP-Kommando
konstruieren

Diesen Befehl konstruieren wir uns aus den Benutzereingaben
und dem physischen, lokalen Dateinamen mittels dem Befehl
CONCATENATE zum Zusammensetzen von Strings.

```
CALL FUNCTION 'FILE_GET_NAME'
    EXPORTING
        logical_filename    = 'ZBIBEXPORTFILE'
        operating_system    = sy-opsys
        with_file_extension = 'X'
    IMPORTING
        file_name           = ftpsrc.

CONCATENATE ftpdpath ftpdfile
  INTO ftpdfile.
CONCATENATE 'put' ftpsrc ftpdfile
  INTO ftpcommand SEPARATED BY ' '.
```

Kommando
ausführen

Der Funktionsbaustein FTP_COMMAND exportiert die Rückant-
wort des FTP-Servers in einer simplen, einspaltigen Datentabelle.
Vorsicht bei der Auswertung dieser Tabelle! Sie kann je nach Betriebssystem und FTP-Version der Zielmaschine etwas anders
sein, sollte aber im großen und ganzen dem FTP-Standard genügen.

```
WRITE / 'Versuche Datei zu senden ....'
   COLOR COL_HEADING.

CALL FUNCTION 'FTP_COMMAND'
     EXPORTING
          handle        = ftphandle
          command       = ftpcommand
     TABLES
          data          = it_ftpdata
     EXCEPTIONS
          tcpip_error   = 1
          command_error = 2
          data_error    = 3
          OTHERS        = 4.
 IF sy-subrc <> 0.
   MESSAGE ID sy-msgid TYPE 'E' NUMBER sy-msgno
           WITH sy-msgv1 sy-msgv2 sy-msgv3 sy-msgv4.
 ELSE.
   LOOP AT it_ftpdata.
     WRITE / it_ftpdata-ftpline.
   ENDLOOP.
   REFRESH it_ftpdata.
 ENDIF.
```

Analog zu PUT können natürlich auch andere FTP-Kommandos ausgeführt werden. Im Folgenden wollen wir nach erfolgreicher Übertragung das Zielverzeichnis auslesen, um sicherzustellen, dass die Datei auch wirklich angekommen ist.

```
WRITE / 'Zielverzeichnis abrufen ...'
   COLOR COL_HEADING.

CONCATENATE 'dir' ftpdpath
   INTO ftpcommand SEPARATED BY ' '.

CALL FUNCTION 'FTP_COMMAND'
     EXPORTING
          handle        = ftphandle
          command       = ftpcommand
     TABLES
          data          = it_ftpdata
     EXCEPTIONS
```

```
                 tcpip_error   = 1
                 command_error = 2
                 data_error    = 3
                 OTHERS        = 4.
  IF sy-subrc <> 0.
    MESSAGE ID sy-msgid TYPE 'E' NUMBER sy-msgno
            WITH sy-msgv1 sy-msgv2 sy-msgv3 sy-msgv4.
  ELSE.
    LOOP AT it_ftpdata.
      WRITE  / it_ftpdata-ftpline.
    ENDLOOP.
  ENDIF.
```

Und zum Schluss noch ordentlich abmelden:

```
CALL FUNCTION 'FTP_DISCONNECT'
     EXPORTING
         handle = ftphandle.
```

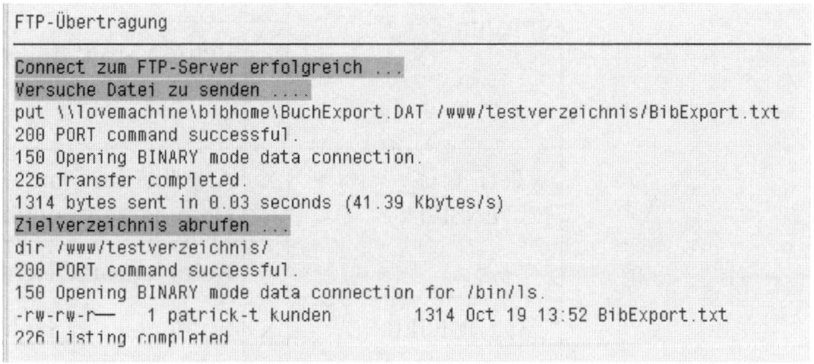

```
FTP-Übertragung

Connect zum FTP-Server erfolgreich ...
Versuche Datei zu senden ....
put \\lovemachine\bibhome\BuchExport.DAT /www/testverzeichnis/BibExport.txt
200 PORT command successful.
150 Opening BINARY mode data connection.
226 Transfer completed.
1314 bytes sent in 0.03 seconds (41.39 Kbytes/s)
Zielverzeichnis abrufen ...
dir /www/testverzeichnis/
200 PORT command successful.
150 Opening BINARY mode data connection for /bin/ls.
-rw-rw-r--   1 patrick-t kunden         1314 Oct 19 13:52 BibExport.txt
226 Listing completed
```

Abb. 2.7 © SAP AG: Output des Beispielprogramms

Im Anhang finden Sie eine tabellarische Übersicht aller gängigen FTP-Befehle. Sie lassen sich allesamt mit FTP_COMMAND so ansteuern wie im Beispiel gezeigt.

2.1.4   Funktionsbausteine im Überblick

FILE_GET_NAME		
Ermittelt unter Angabe des logischen Dateinamens den physischen Dateinamen		
Import-Parameter		
CLIENT	Mandant (optional)	
LOGICAL_ FILENAME	Logischer Dateiname (gem. Transaktion FILE)	
OPERATING_ SYSTEM	Betriebssystem (kann aus der Systemvariable SY-OPSYS übernommen werden)	
PARAMETER_1/2/3	Im logischen Dateinamen können bis zu drei Parameter hinterlegt werden, die über diese Angaben gefüllt werden.	
USE_ PRESENTATION_ SERVER	X	Betriebssystem des Anwenders als Grundlage für den Dateinamen nutzen
		Betriebssystem des Applikationsservers als Grundlage für den Dateinamen nutzen
WITH_FILE_ EXTENSION	X	Angabe der Dateiendung wird an den Dateinamen angehängt
		Keine automatische Erweiterung
USE_BUFFER	X	Datei erst am Schluss der Operation schreiben
		Schreiben ohne zu puffern
Export-Parameter		
EMERGENCY_ FLAG	X	Fehler bei der Ermittlung
		Ermittlung des Dateinamens erfolgreich
FILE_FORMAT	Hinterlegtes Format (ASC, DAT usw.)	
FILE_NAME	Physischer Dateiname	
Exceptions		

FILE_NOT_ FOUND	Logischer Dateiname nicht gefunden

FTP_CONNECT

Baut eine Verbindung zu einem FTP-Server auf

Import-Parameter		
USER	Benutzername des FTP-Accounts	
PASSWORD	Verschlüsseltes Passwort des FTP-Accounts	
ACCOUNT	Name des FTP-Accounts (optional, wird häufig nicht benötigt)	
HOST	Host-Name des FTP-Servers	
RFC_DESTINATION	SAPFTPA	Anstarten des FTP-Clients auf dem Applikationsserver
	SAPFTP	Anstarten des FTP-Clients auf dem Rechner des jeweiligen Anwenders
GATEWAY_USER	Benutzername der Firewall (falls ein Proxy-Server nötig ist)	
GATEWAY_ PASSWORD	Passwort des Firewall-Benutzers	
GATEWAY_HOST	Hostname des Proxy-Servers der Firewall	
Export-Parameter		
HANDLE	Eindeutiges Handle zur Identifikation der FTP-Verbindung	
Exceptions		
NOT_CONNECTED	Verbindung fehlgeschlagen	

FTP_COMMAND

Setzt ein FTP-Kommando ab und gibt dessen Server-Antwort zurück

Import-Parameter

HANDLE	Gültiges Handle auf eine FTP-Verbindung
COMMAND	FTP-Kommando inklusive der entsprechenden Parameter (vgl. Anhang)
Tabellent-Parameter	
DATA	Genügend große Tabelle für den Empfang der Server-Antwort (100 Zeichen Breite sollten genügen)
Exceptions	
TCPIP_ERROR	Fehler in der Kommunikation innerhalb des Netzwerkes
COMMAND_ERROR	Das übergebene Kommando ist ungültig oder hat eine ungültige Syntax in den übergebenen Parametern
DATA_ERROR	Interner Fehler in der Kommunikation zwischen SAP und dem unterlagerten FTP-Client

FTP_DISCONNECT	
Beendet die FTP-Verbindung	
Import-Parameter	
HANDLE	Gültiges Handle auf eine FTP-Verbindung

2.2 Dateien auf dem Präsentationsserver

Im vergangenen Kapitel haben wir Dateien direkt auf dem Applikationsserver abgelegt bzw. in Verzeichnissen, die vom Server aus erreichbar waren. Aus Sicht des Servers sind die Verzeichnisse auf der lokalen Festplatte des Anwenders nicht erreichbar. Es stehen uns allerdings zwei Funktionsbausteine zur Verfügung, um trotzdem Daten vom und zum lokalen Anwender zu transportieren. GUI_DOWNLOAD überträgt die Daten aus einer internen Tabellen in eine definierte Datei, die von der Präsentationsschicht aus erreichbar ist. GUI_UPLOAD erledigt die Gegenrichtung. Beide Bausteine gehören zur Funktionsgruppe SFES. Sie beinhaltet noch einige andere hilfreiche Funktionsbausteine für Operationen auf dem Rechner des Anwenders.

ZBIB_EX02

Zunächst wollen wir dem Anwender die Möglichkeit bieten, mit einem Auswahl-Dialog – wie er unter Windows-Programmen üblich ist – einen Pfad und den entsprechenden Dateinamen zu bestimmen. Der Funktionsbaustein WS_FILENAME_GET zeigt wie in Abbildung 2.8 den Dialog an. Durch den entsprechenden Parameter *mask* wird der Dateityp bestimmt, in unserem Fall eine CSV-Datei, die von Excel geladen werden kann.

Es ist zu beachten, dass die Variable *pfile*, in die der Dateiname abgelegt wird, unter Release 4.6 anders deklariert werden muss als unter 4.7.

```
*&---------------------------------------------------*
*& Report   ZBIB_EX02                                *
*& Download eines Datenbestandes in eine CSV-Datei   *
*&---------------------------------------------------*

REPORT  zbib_ex02                    .

TABLES zbibkunden.

* Rel. 4.6
* data pfile like rlgrap-filename.

* Rel. 4.7
DATA pfile TYPE string.


CALL FUNCTION 'WS_FILENAME_GET'
EXPORTING
*    DEF_FILENAME           = ' '
*    DEF_PATH               = ' '
     mask                   = ',*.csv,CSV-Dateien.'
     mode                   = 'S'
     title                  = 'Bitte Datei
     für den Export wählen'
IMPORTING
     filename               = pfile
*    RC                     =
EXCEPTIONS
     inv_winsys             = 1
```

```
    no_batch              = 2
    selection_cancel      = 3
    selection_error       = 4
    OTHERS                = 5
          .


IF sy-subrc <> 0.
  Write / 'Fehler beim Ermitteln des Dateinamens'.
  STOP.
ENDIF.
```

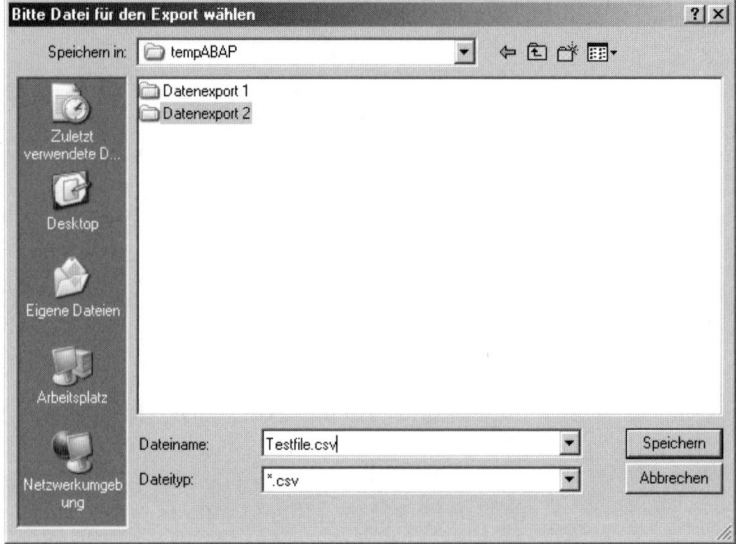

Abb. 2.8: Dateiauswahl-Dialog mittels WS_FILENAME_GET

Die Daten selber werden in der Übergabe-Tabelle *it_dat* an
GUI_DOWNLOAD übergeben. Die einzelnen Spalten sind durch
Semikolon getrennt. Dies entspricht dem CSV-Format.

```
DATA: BEGIN OF it_dat OCCURS 0,
    datenzeile(100).
DATA: END OF it_dat.

DATA zeile(100).
```

*Wir laufen einmal
durch den Daten-
bestand, verdich-
ten mittels conca-
tenate und hän-
gen die neue Zeile
an it_dat an*

```
SELECT * FROM zbibkunden.

  CLEAR it_dat-datenzeile.

  CONCATENATE zbibkunden-kundennr zbibkunden-name
    zbibkunden-strasse zbibkunden-plz zbibkunden-ort
    INTO zeile SEPARATED BY ';'.
  APPEND zeile TO it_dat.

ENDSELECT.

WRITE: / sy-dbcnt, ' Datensätze gefunden.
  Export beginnt ...'.
CALL FUNCTION 'GUI_DOWNLOAD'
  EXPORTING
*    BIN_FILESIZE                =
     filename                    = pfile
     filetype                    = 'ASC'
*    APPEND                      =
*  IMPORTING
*    FILELENGTH                  =
   TABLES
     data_tab                    = it_dat
  EXCEPTIONS
     file_write_error            = 1
     no_batch                    = 2
     gui_refuse_filetransfer     = 3
     invalid_type                = 4
     OTHERS                      = 5

       .
  .
IF sy-subrc <> 0.
  WRITE / 'Download fehlerhaft.'.
ELSE.
  WRITE / 'Datei erzeugt'.
ENDIF.
```

*GUI_DOWNLOAD
überträgt it_dat
auf den Präsenta-
tionsserver*

Der Upload

Der Upload von Dateien vom Präsentations-Server funktioniert analog. Übergabe-Parameter MODE in WS_FILENAME_GET muss dann auf O gesetzt sein, um einen *Datei Öffnen*-Dialog zu erhalten. Zum Übertragen der Datei in eine interne Tabelle wird der Baustein GUI_UPLOAD genutzt. Ein entsprechendes Beispiel kann im Zuge des BDS am Ende dieses Kapitel angesehen werden.

Die Klasse CL_GUI_FRONTEND_SERVICES bietet zu den hier vorgestellten Funktionsbausteinen das objektorientierte Pendant. Im Fall von GUI_DOWNLOAD und GUI_UPLOAD wird der gleichlautende Methodenaufruf aber auch nur an die Bausteine weitergeleitet. Allerdings bietet die Klasse noch einige weitere interessante Features. Hierzu gehören Operationen in der Windows-Registrierdatenbank (Methoden mit dem Präfix REGISTRY_) und das Schreiben und Auslesen der Windows-Zwischenablage des Anwenders (CLIPBOARD_IMPORT und CLIPBOARD_EXPORT). In jedem Fall lohnt es sich, die Klasse im Class Builder einmal genauer zu betrachten. Mit dem Wissen über die Technik, die die die hier behandelten Funktionsbausteine nutzen, sind die Klassenmethoden praktisch selbsterklärend.

2.2.1   Funktionsbausteine im Überblick

WS_FILENAME_GET		
Öffnet einen Windows-konformen Dateien-Dialog		
Import-Parameter		
DEF_FILENAME	Vorbelegung des Dateinamens	
DEF_PATH	Vorbelegung des Dateipfads	

MASK	Zulässige Datei-Extensions. Es ist jeweils die Maske und deren Klarschrift mit Komma getrennt anzugeben. Vorangestellt ebenfalls ein Komma, den Abschluss bildet ein Punkt.
	
	Beispiel: Word- und Excel-Dateien können selektiert werden:
	`mask = ',Word-Dokumente,*.doc,`
	`Excel-Dokumente,*.xls.'`
	ergibt das folgende Ergebnis im Dialog.	

MODE	O	Dialog zum Öffen von Dateien

	S	Dialog zum Speichern von Dateien
TITLE		Titel des Dialog-Fensters
Export-Parameter		
FILENAME		Name und Pfad des vom User definierten Dateinamens
Exceptions		
INV_WINSYS		Dialog konnte auf dem lokalen Windows-System nicht erzeugt werden
NO_BATCH		Programm wurde im Batch-Modus ausge-führt
SELECTION_ CANCEL		Anwender hat auf *Abbrechen* geklickt
SELECTION_ERROR		Fehler beim Erzeugen des Dialog-Fensters

GUI_DOWNLOAD

Überträgt den Inhalt einer internen Tabelle in eine Datei auf der lokalen Festplatte des Anwenders

Import-Parameter		
BIN_FILESIZE		Schreibt die Dateilänge vor und hat nur bei Binär-Dateien Relevanz
FILENAME		Zielname der Datei (inkl. Pfadangabe)
FILETYPE	ASC	Die Daten werden zeilenweise (also mit Zeilenumbruch am Ende) in die Datei übertragen. Außerdem wird die Codepage-Differenz zwischen Quell- und Zielsystem ausgeglichen.
	BIN	Binäre Übertragung
APPEND	X	An Zieldatei anhängen (falls vorhan-den)
		Zieldatei überschreiben

Export-Parameter	
FILELENGTH	Anzahl der geschriebenen Bytes
Tabellen	
DATA_TAB	Datentabelle. Die Struktur ist undefiniert, muss aber genügend groß sein.
Exceptions	
FILE_WRITE_ ERROR	Fehler beim Schreiben der Datei
INVALID_TYPE	Unzulässiger Wert im Parameter FILETYPE
NO_BATCH	Der Baustein wurde im Hintergrund aufgerufen. Dies ist unzulässig …
GUI_REFUSE_ FILETRANSFER	Der SAP-GUI, mit dem der Anwender arbeitet, unterstützt diesen Baustein nicht.

GUI_UPLOAD

Überträgt den Inhalt einer lokalen Datei von der Festplatte des Endanwenders in einer internen Tabelle zur Weiterverabeitung.

Import-Parameter		
FILENAME	Zielname der Datei (inkl. Pfadangabe)	
FILETYPE	ASC	Die Daten werden zeilenweise gelesen, außerdem werden Zeichen automatisch konvertiert, die durch die Codepage-Differenz zwischen Quell- und Zielsystem angepasst werden müssen.
	BIN	Binäre Übertragung
FILESIZE	Gibt die Anzahl der zu übertragenden Zeichen bzw. Bytes an. Falls dieser Wert nicht gesetzt ist, wird die gesamte Datei geladen.	
Export-Parameter		
FILELENGTH	Anzahl der gelesenen Bytes	

Tabellen	
DATA_TAB	Datentabelle. Die Struktur ist undefiniert, muss aber genügend groß sein.
Exceptions	
FILE_OPEN_ERROR	Datei konnte nicht geöffnet werden (z.B. weil sie nicht vorhanden ist)
FILE_READ_ ERROR	Fehler beim Lesen der Datei.
INVALID_TYPE	Unzulässiger Wert im Parameter FILETYPE
NO_BATCH	Der Baustein wurde im Hintergrund aufgerufen. Dies ist unzulässig …
GUI_REFUSE_ FILETRANSFER	Der SAP-GUI, mit dem der Anwender arbeitet, unterstützt diesen Baustein nicht.

2.3   HTML-Export und das Listen-Objekt

ZBIB_EX03

Unter dem Begriff WebRFC hat SAP eine Technologie geschaffen, die es ermöglicht, Transaktionen nicht nur auf klassische Weise mit dem SAP GUI anzusteuern, sondern auch ohne explizite Installation auf dem Client-Rechner über das Internet mit Hilfe eines handelsüblichen Web-Browsers. Basis dieser Oberflächen-Übermittlung ist die Internet-übliche Beschreibungssprache HTML. Wir werden uns nun mit einigen Funktionen, die im Zuge von WebRFC integriert wurden, vertraut machen und so diese Technik (unabhängig von der ursprünglichen WebRFC-Funktionalität) nutzen, um sehr einfach eigene Reports ins HTML-Format zu konvertieren.

Exportieren für das Intra- und Internet

Die klassische Anwendung dieser Vorgehensweise liegt im Publizieren von Auswertungen und Standard-Reports für das Firmenlokale Intranet oder sogar die internetweite Veröffentlichung. Liegen die HTML-Dateien erst einmal als physische Datei auf dem Web-Server, ist keinerlei Online-Kontakt zum R/3-System mehr notwendig, was auch aus Gründen der System-Sicherheit enorme Vorteile bietet.

Abbildung 2.9 zeigt die Ausgabe eines sehr einfachen Reports mit der Möglichkeit, die gezeigten Daten ins HTML-Format zu exportieren.

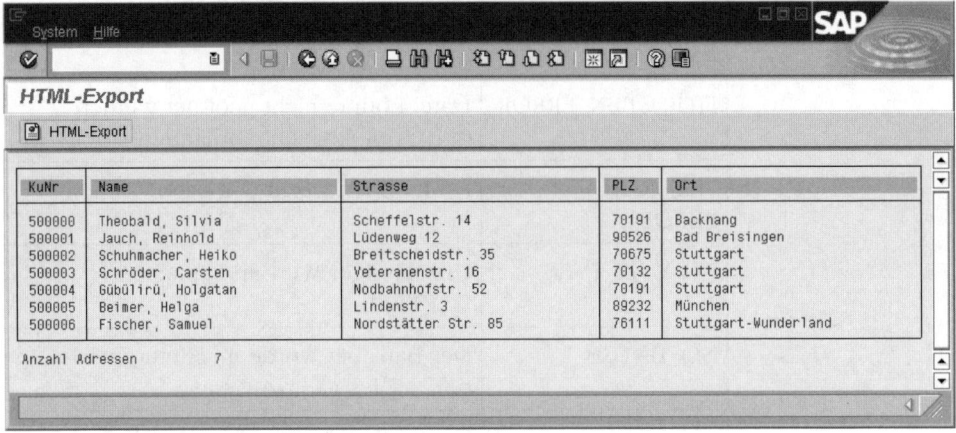

Abb. 2.9 © SAP AG: Beispielreport mit Export-Button

Sehen wir uns den zugehörigen Code für den Export des aktuellen Listenbildes an. Der Funktionsbaustein SAVE_LIST konvertiert den aktuellen Bildschirminhalt, also den Output unserer Listengenerierung, in eine interne Tabelle. Die dort abgelegten Zeilen enthalten neben dem reinen Text der Liste auch entsprechende Formatanweisungen der Farben und Linien. Der übergebene Parameter *list_index* entspricht der Schachtelungstiefe des augenblicklich angezeigten Reports. Im Fall von Verzweigungslisten ist dieser Parameter entsprechend anzupassen.

```
DATA it_list LIKE abaplist OCCURS 0.

CALL FUNCTION 'SAVE_LIST'
EXPORTING
   list_index        = 0
TABLES
   listobject        = it_list
EXCEPTIONS
   list_index_invalid = 1
   OTHERS            = 2.

IF sy-subrc <> 0.
   WRITE / 'Fehler beim Aufruf von SAVE_LIST'.
   STOP.
ENDIF.
```

Das Listobjekt selbst übergeben wir nun dem Baustein WWW_HTML_FROM_LISTOBJECT. Er konvertiert die Liste in HTML-Code und gibt diesen als Tabelle zurück. Alle Bausteine, die für den Zweck der Internet-Kommunikation erstellt wurden, beginnen mit dem Präfix WWW. In der Zusammenfassung werden noch einige andere Bausteine in diesem Zusammenhang benannt. Der übergebene Parameter *template_name* definiert die Beschaffenheit der HTML-Seite, dazu später mehr.

```
DATA it_html LIKE w3html OCCURS 0.

CALL FUNCTION 'WWW_HTML_FROM_LISTOBJECT'
EXPORTING
    report_name          = 'Kundenexport'
    template_name        = 'WEBREPORTING_REPORT'
TABLES
    html                 = it_html
    listobject           = it_list
*   LISTICONS            =.
```

Download des HTML-Codes

Nun, da der HTML-Quellcode vorliegt, ist der Rest Routine. Mittels GUI_DOWNLOAD wird die Tabelle in eine lokale Datei geschrieben und der Browser mit Hilfe von GUI_RUN gestartet. Es ist unbedingt zu beachten, das Schreiben der lokalen Datei im Binär-Modus zu erledigen. Das mag zunächst eigenartig anmuten, da HTML-Dateien ja eigentlich keine Binärdateien sind, liegt aber daran, dass die HTML-Tabelle am Zeilen-Ende ohne Rücksicht auf eventuelle HTML-Tags umbricht. Eine Übertragung im ASCII-Modus würde nun innerhalb eines Tags einen Zeilenumbruch erzeugen und somit den HTML-Code zerstören.

Bitte beachten Sie bei der Deklaration des Dateinamens *pfile* wieder die Release-Abhängigkeit.

```
*    Rel.  4.6
*    data pfile like rlgrap-filename.

*    Rel. 4.7
     DATA pfile TYPE string.

pfile = 'c:\Kunden.html'.
```

```
CALL FUNCTION 'GUI_DOWNLOAD'
EXPORTING
   filename                 = pfile
   filetype                 = 'BIN'
TABLES
data_tab                    = it_html
EXCEPTIONS
file_write_error            = 1
no_batch                    = 2
gui_refuse_filetransfer     = 3
invalid_type                = 4.


CALL FUNCTION 'GUI_RUN'
   EXPORTING
      command               = pfile
```

Start des Web-Browsers

Dem Baustein GUI_RUN wird einfach nur der Name der HTML-Datei übergeben und kein explizit zu startendes Programm. In solch einem Fall wird Windows selbst das entsprechende Programm zur Anzeige von HTML-Dateien starten (wie wenn man im Explorer auf die jeweilige Datei doppelklickt).

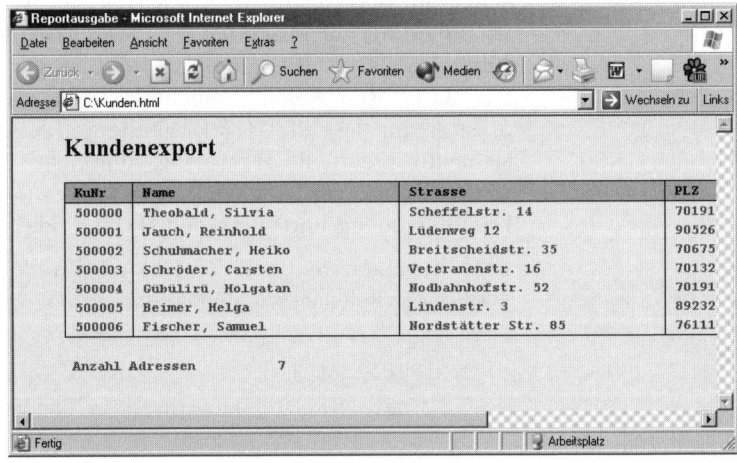

Abb. 2.10: Ausgabe der HTML-Datei im Browser

2.3.1   Das Web Repository

Im vergangenen Beispiel haben wir dem Baustein WWW_HTML_FROM_LISTOBJECT den Namen eines Templates übergeben. WEBREPORTING_REPORT ist die HTML-Vorlage, die dem Aussehen von Standard-SAP-Reports am ähnlichsten kommt. Eventuell kann es aber sinnvoll sein, das Aussehen des Reports entsprechend anzupassen, um eine optische Integration in eine Intranet-Site zu ermöglichen. Hierzu gibt es zwei Möglichkeiten. Zum einen können die Attribute des Templates verändert werden (z.B. Farben oder Beschaffenheit der Tabellen) und zum anderen kann das Template selber modifiziert werden.

Einstieg ins Web Repository

Die Transaktion SMW0 startet das Einstiegsbild in das Web Repository (Abbildung 2.11). Es können dort sowohl HTML-Templates wie auch binäre Daten hinterlegt und verwaltet werden.

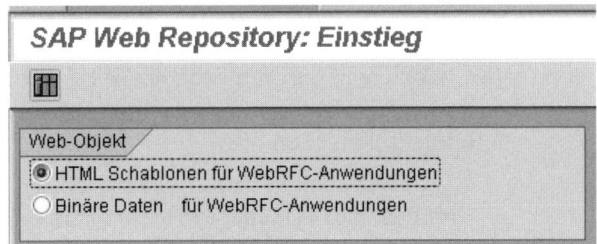

Abb. 2.11 © SAP AG: Einstieg ins Web Repository

Kopieren des Standard-templates

Wir selektieren im darauffolgenden Auswahlbild auf unser bekanntes Template WEBREPORTING_REPORT und fertigen davon eine Kopie an (Zeile markieren und auf *Kopieren* klicken, Abbildung 2.12). Der neue Name soll ZBIB_KUNDENEXPORT lauten.

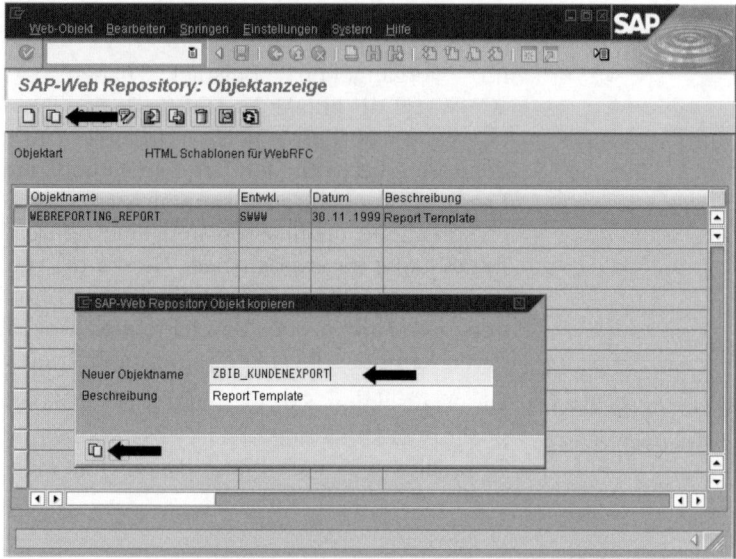

Abb. 2.12 © SAP AG: Kopieren eines HTML-Templates

*Templates
exportieren*

Nun haben wir die Möglichkeit, das soeben kopierte Template zu exportieren (Button *Exportieren*). Die so erzeugte HTML-Datei sieht folgendermaßen aus:

```
<html><head><title>!title!</title></head>
<style> table {border-collapse: collapse}
</style> <!script!> <body bgcolor="#E8EAD8">
<blockquote><p align=left><font size=+2>
<b><!listname!></b> </font></p><p align=left>
<!listbody!>
</p></blockquote></body></html>
```

*Platzhalter im
Template*

Neben den bekannten HTML-Tags erkennen wir noch weitere Platzhalter, wie beispielsweise <!listname!> oder <!listbody!>. Diese werden später beim Export durch den Report-Titel und den eigentlichen Listeninhalt ersetzt. Wir wollen den HTML-Code nun um einen Hinweis ergänzen, der später in der erzeugten HTML-Datei erscheinen soll:

```
<html><head><title>!title!</title></head>
<style> table {border-collapse: collapse}
</style> <!script!> <body bgcolor="#E8EAD8">
```

```
<blockquote><p align=left><font size=+2>
<b><!listname!></b> </font></p><p align=left>
<!listbody!><br>
<b>Bitte beachten Sie, dass die Daten der
Geheimhaltung unterliegen ...</b>
</p></blockquote></body></html>
```

Das so gesicherte Template kann nun im Web Repository wieder importiert werden und überschreibt das kopierte Original. (Button *Importieren*)

Manipulation der Template-Attribute

Neben diesen Änderungen an der Vorlage des HTML-Rahmens können noch andere Steuerparameter manipuliert werden. Markieren Sie dazu im Web Repository das Template und klicken Sie auf *Attribute*. Wir hatten unser Template ursprünglich von der Standard-Vorlage WEBREPORTING_REPORT kopiert. Aus diesem Grund sind sämtliche Attribute mitkopiert worden und können jetzt angepasst werden. Unter den Attributen befinden sich neben etlichen Farbeinstellungen noch die Definition der Tabellenelemente (*table_attributes*). Hier kann analog des HTML-Tags <table ...> die Beschaffenheit der Tabelle angepasst werden. Wir wollen den Parameter *border* für die Strichdicke der Tabellen-Zellen von 1 auf 0 verändern (Abbildung 2.13). Die Farbeinstellungen sind ebenfalls in HTML-Manier hexadezimal zu hinterlegen. Der Name des Farbattributs entspricht der FORMAT-Anweisung in ABAP.

Anpassen des Quellcodes

Jetzt ist nur noch der Quellcode geringfügig abzuändern. Dem Baustein WWW_HTML_FROM_LISTOBJECT ist als *template_name*-Parameter ZBIB_KUNDENEXPORT mitzugeben, damit unsere neue Vorlage auch entsprechend greift. Abbildung 2.14 zeigt unsere modifizierte HTML-Seite. Die Tabellenränder sind verschwunden, und unter der Summenzeile wird der im Template ergänzte Satz mitausgegeben.

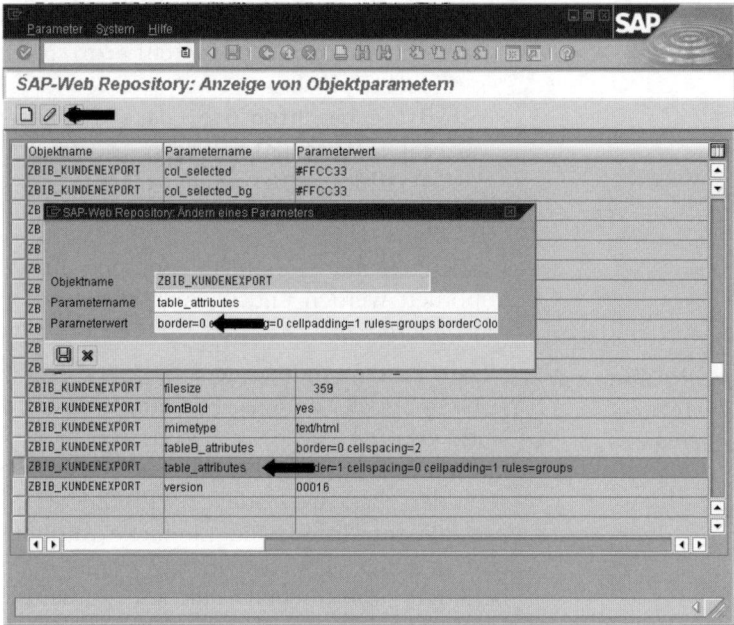

Abb. 2.13 © SAP AG: Ändern des Vorlagen-Attributs
table_attributes

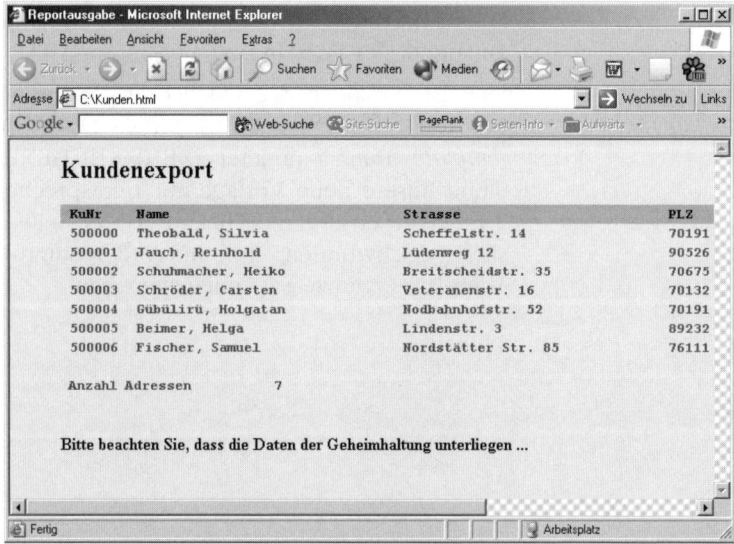

Abb. 2.14: neue HTML-Seite

2.3.2   Funktionsbausteine im Überblick

SAVE_LIST		
Erzeugt aus dem aktuellen Output eines Reports ein Listenobjekt		
	Import-Parameter	
	LIST_INDEX	Schachtelungstiefe des Reports (entspricht sy-lsind)
	Tabellen	
	LISTOBJECT	Listenobjekt. Tabelle vom Typ ABAPLIST

WWW_HTML_FROM_LISTOBJECT			
Erzeugt HTML-Code aus einem Listenobjekt			
	Import-Parameter		
	REPORT_NAME	Überschrift, die auf der HTML-Seite erscheinen soll	
	TEMPLATE_NAME	Name des im Web Repository hinterlegten Templates	
	Tabellen		
	HTML	LINE	HTML-Zeile (255 Zeichen)
	LISTOBJECT	Listenobjekt. Tabelle vom Typ ABAPLIST	

2.4   PDF-Dateien erzeugen

Im Gegensatz zu HTML ist die Verbreitung von PDF-Dokumenten völlig unabhängig vom genutzten Anzeige-Programm. Das von Adobe definierte, binäre Format enthält neben eingebetteten Bildern auch eingebettete Schriften, ebenso wie Layout-Informationen. Damit ist es prädestiniert, auch komplizierte Broschüren oder Formulare sicher und plattformübergreifend auf den Bildschirm oder Drucker des Endanwenders zu transportieren.

R/3 bietet die Möglichkeit, den Inhalt von Spool-Aufträgen mittels des Bausteins CONVERT_ABAPSPOOLJOB_2_PDF in das

PDF-Format zu konvertieren. Die Funktion, die wir Beispiel schreiben werden, kann so eins zu eins in eigene Reports übernommen werden, da sie den Inhalt einer Listenausgabe weiterverarbeitet.

Der kostenlose PDF-Viewer kann aus dem Web unter http://www.adobe.de/products/acrobat heruntergeladen werden.

2.4.1   Reports konvertieren

ZBIB_EX04

Wie bereits angesprochen muss die Reportausgabe zunächst in einen Druckauftrag umgewandelt werden, um dann diesen Auftrag per Baustein ins binäre PDF-Format zu konvertieren. Sehen wir uns den Beispielreport an, wie in Abbildung 2.15 gezeigt.

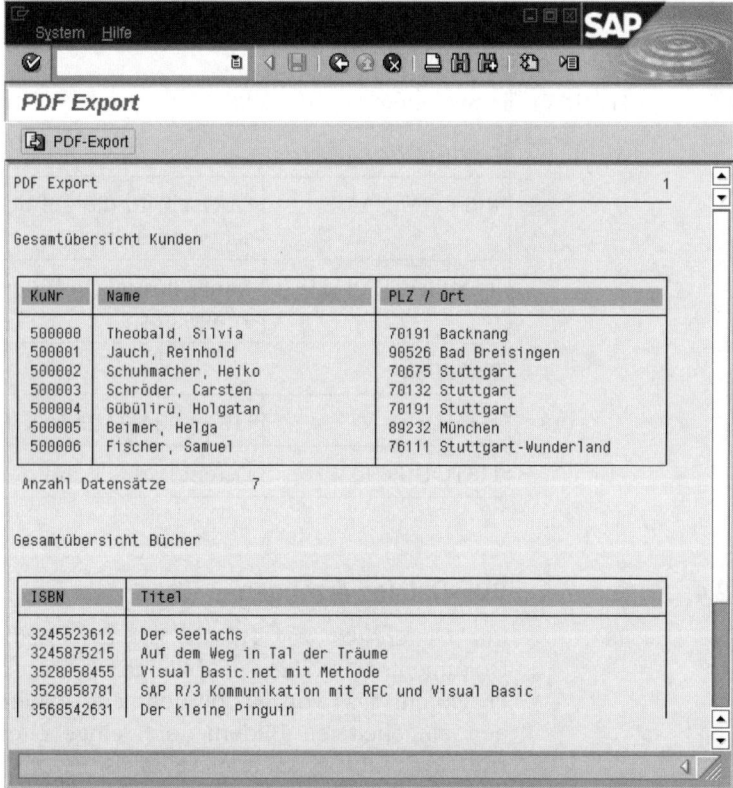

Abb. 2.15 © SAP AG: Beispielreport für den PDF-Export

Zunächst werden wir den aktuellen Bildschirminhalt mit Hilfe von SAVE_LIST in ein Listenobjekt umwandeln und so im Speicher konservieren. Diese Technik hatten wir bereits bei der Konvertierung zum HTML-Dokument genutzt.

```
TABLES tsp01.
DATA: spoolid LIKE tsp01-rqident.
DATA it_list LIKE abaplist OCCURS 0.

CALL FUNCTION 'SAVE_LIST'
TABLES
   listobject          = it_list
EXCEPTIONS
   list_index_invalid = 1
   OTHERS             = 2.

IF sy-subrc <> 0.
   WRITE / 'Fehler in SAVE_LIST'. STOP.
ENDIF.
```

Listenausgabe auf den Drucker

Mit Hilfe des Befehls NEW-PAGE PRINT ON veranlassen wir die Listenerzeugung, den Ausgabe-Modus von *Bildschirm* auf *Drucker* umzustellen. Es sind für unseren Zweck eine ganze Reihe von Parametern zu übergeben. Zum einen soll der Druckauftrag ja nicht wirklich ausgedruckt werden (IMMEDIATELY) und es soll auch kein expliziter Druckdialog mit dem Benutzer geführt werden (NO DIALOG). Der Parameter DESTINATION definiert das Ausgabegerät. Er wird auf LOCL gesetzt, also den lokalen Standard-Drucker des Anwenders, um sicherzustellen, dass das Ausgabegerät auch wirklich existiert und keine Randeffekte auftreten.

```
NEW-PAGE PRINT ON
    IMMEDIATELY ' '          " nicht ausdrucken
    COVER TEXT 'Übersicht'   " Überschrift
    KEEP IN SPOOL 'X'        " im Spool belassen
    SAP COVER PAGE ' '       " kein Deckblatt
    LIST NAME 'PDFTEMP'      " Name des Spoolauftrags
    DESTINATION 'LOCL'       " existentes Ausgabegerät
    NO DIALOG.               " keine Druckauswahl
```

Da sich die Listengenerierung nun im direkten Ausgabemodus befindet, wird ab sofort jede Ausgabe auf den Drucker geleitet, sprich jeder WRITE-Befehl wird sich später auf unserem PDF-

Dokument wiederfinden. Wir erledigen das in einem Rutsch und geben mit WRITE_LIST unser ehemals konserviertes Listenobjekt an einem Stück aus. Nach erfolgreicher Übergabe wird der Druckmodus mit Hilfe von NEW_PAGE PRINT OFF wieder abgeschaltet und so der Spoolauftrag endgültig abgesetzt.

```
CALL FUNCTION 'WRITE_LIST'
TABLES
    listobject = it_list.

IF sy-subrc <> 0.
    WRITE / 'Fehler in WRITE_LIST'.
ENDIF.
NEW-PAGE PRINT OFF.
```

Spool-Auftrag ins binäre PDF-Format konvertieren

Der Baustein CONVERT_ABAPSPOOLJOB_2_PDF, der den Spool-Job in binären PDF-Code umwandeln wird, erfordert als Übergabe-Parameter die Nummer des Auftrags. Da wir diese nicht so ohne weiteres wissen, müssen wir auf einen kleinen Trick zurückgreifen. Die Tabelle TSP01 enthält die Köpfe aller Druckaufträge. Dort werden wir nun den jüngsten Eintrag heraussuchen, der dem übergebenen Auftragsnamen PDFTEMP entspricht.

```
SELECT * FROM tsp01 WHERE rqowner = sy-uname
    AND rq2name = 'PDFTEMP'
    ORDER BY rqcretime DESCENDING.
    spoolid = tsp01-rqident.
    EXIT.
ENDSELECT.

DATA: len TYPE i.
DATA: pdfbuffer  LIKE tline
    OCCURS 0 WITH HEADER LINE.

CALL FUNCTION 'CONVERT_ABAPSPOOLJOB_2_PDF'
EXPORTING
    src_spoolid                    = spoolid
*   NO_DIALOG                      =
*   DST_DEVICE                     =
*   PDF_DESTINATION                =
IMPORTING
```

```
      pdf_bytecount                    = len
*   PDF_SPOOLID                        =
*   LIST_PAGECOUNT                     =
*   BTC_JOBNAME                        =
*   BTC_JOBCOUNT                       =
  TABLES
      pdf                              = pdfbuffer
  EXCEPTIONS
      err_no_abap_spooljob = 1 err_no_spooljob = 2
      err_no_permission = 3 err_conv_not_possible = 4
      err_bad_destdevice = 5 user_cancelled = 6
      err_spoolerror  = 7 err_temseerror = 8
      err_btcjob_open_failed  = 9
      err_btcjob_submit_failed = 10
      err_btcjob_close_failed = 11 OTHERS = 12.

  IF sy-subrc NE 0.
      WRITE / 'Fehler in CONVERT_ABAPSPOOLJOB_2_PD'.
      STOP.
  ENDIF.
```

Jetzt nur noch schnell die Tabelle mit den binären Daten auf Platte speichern. Abbildung 2.16 zeigt das so erzeugte PDF-Dokument.

```
*     Rel 4.6
*     DATA pfile LIKE rlgrap-filename.
*     Rel. 4.7
      DATA pfile TYPE string.

  pfile = 'c:\Uebersicht.pdf'.

  CALL FUNCTION 'GUI_DOWNLOAD'
  EXPORTING
      bin_filesize             = len
      filename                 = pfile
      filetype                 = 'BIN'
  TABLES
      data_tab                 = pdfbuffer
  EXCEPTIONS
      file_write_error         = 1 no_batch = 2
      gui_refuse_filetransfer = 3 invalid_type = 4.
```

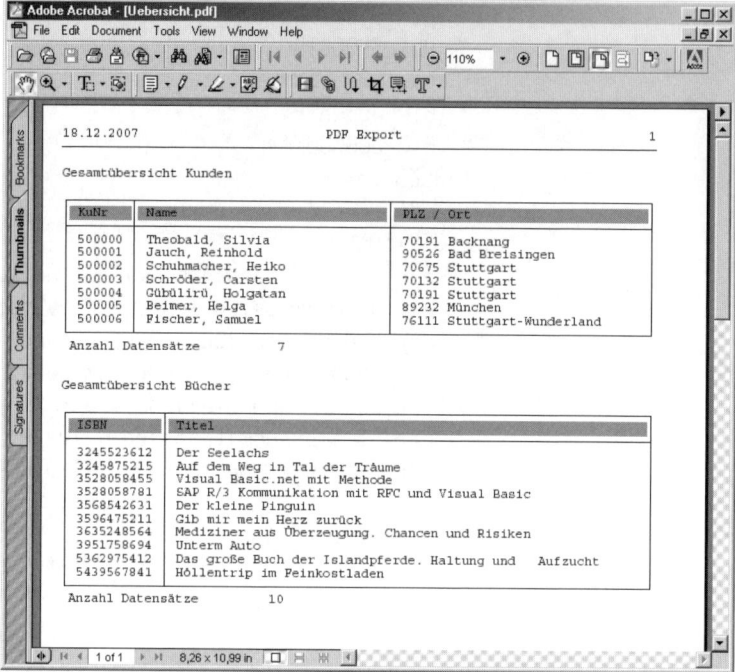

Abb. 2.16: erzeugtes PDF-Dokument

2.5 XML-Dokumente

XML hat in den letzten Jahren einen Siegeszug ohnegleichen angetreten. Insbesondere bei system- oder plattformübergreifender Datenübertragung ist XML als der Non-Plus-Ultra-Standard nicht mehr wegzudenken. Die Vorteile liegen auf der Hand: Datenstrukturen können ineinander verschachtelt werden und so eine beliebig tiefe Hierarchie bilden. Nehmen wir einen einfachen betriebswirtschaftlichen Beleg als Beispiel: Der Kundenauftrag. Er besteht aus einem Kopfsatz und beliebig vielen Positionssätzen. Um eine derartige Datenstruktur in eine möglichst einfache Datei zu packen, könnte man definieren, dass die erste Zeile immer der Kopfsatz ist und jede weitere Zeile jeweils eine Position. Eine Schnittstellenbeschreibung (die separat mitgeliefert werden muss) definiert, welche Felder in den einzelnen Zeilen mit welcher Länge nacheinander kommen. Mindestens diese Information braucht ein mögliches Zielsystem, um die Datei sinnvoll interpretieren zu können. Nicht so bei XML. Durch die Selbstbeschreibung wird die Schnittstellendefinition gleich mitgebracht.

XML ist in allen seinen Anwendungen und Ausprägungen ein sehr kompliziertes Thema, das alleine ein ganzes Buch füllen würde. Daher wollen wir uns im Folgenden auf die Abbildung einzelner ABAP-Datentypen ins XML-Format beschränken.

ABAP-Daten in XML

In ABAP unterscheiden wir im Wesentlichen drei Arten der Organisation von Daten. Skalare Werte, Strukturen und interne Tabellen. Die Übersetzung von puren ABAP-Daten nach XML nennt man Serialisierung.

Einzelwerte

Skalare Werte lassen sich einfach übersetzen. Aus

```
DATA var1(100) type c.
var1 = 'Wert'.
```

wird

```
<var1>Wert</var1>
```

Strukturen

Sehen wir uns eine gefüllte Struktur an:

```
DATA wa_Buch TYPE zbibbuecher
wa_buch-isbn = ,'3528058781'.
wa_buch-autor = ,'Theobald'.
```

Wird zu

```
<wa_buch>
   <isbn>3528058781</ishn>
   <autor> Theobald </autor>
</wa_buch>
```

Tabellen

Bleibt uns noch die interne Tabelle:

```
DATA it_buch TYPE STANDARD TABLE OF zbibbuecher.
SELECT * FROM zbibbuecher INTO TABLE it_buch.
```

Diese lässt sich in XML so darstellen:

```
<it_buch>
  <item>
    <isbn>3528058781</isbn>
    <autor>Theobald</autor>
    [ ... weitere Spalten ... ]
  </item>
  [ ... weitere Zeilen ... ]
</it_buch >
```

2.5.1   Die Programmierschnittstelle

ZBIB_XML1

Die Idee, die hinter der Erzeugung von XML-Dateien in fast jeder Programmiersprache steht, ist das so genannte DOM (Data Object Model). Es hält hierarchische Daten in einem Baum, der dann programmtechnisch angesteuert werden kann. Eine derartige Umsetzung von XML in ein DOM gibt dem Entwickler die Freiheit, sich nicht mit konkreten XML-Tags auseinander zu setzen, sondern sie zu abstrahieren. Das DOM ermöglicht so die Kapselung der konkreten Daten in einer Schicht, die für das Programm, das eine konkrete Datei erstellen möchte, nicht direkt zugänglich zu sein braucht.

Die SAP-Umgebung bietet eine Reihe von Funktionsbausteinen und Klassen, um ein DOM aus Daten zu erstellen, sie zu einem Dokument zusammenzufügen und irgendwohin zu schreiben. Die statische Klasse *cl_ixml* ist der Ausgangspunkt für unser Unternehmen. Sie bietet Methoden, verschiedenste XML-betreffende Objekte zu erzeugen. Man nennt solche Klassen deshalb auch eine Factory-Klasse. Ist diese erst instanziiert, erzeugt sie uns ein Dokument-Objekt, das die Grundlage für unsere spätere Ausgabe bildet.

SDIXML_DATA_TO_DOM liefert unter Angabe des zu serialisierenden Datenobjekts eine Referenz auf ein Objekt des Interfaces *if_ixml_element*, das einen einzelnen Knoten unseres XML-Dokuments enthält. Dieses Element hängen wir mit der Methode *append_child* unter Angabe des Dokumenten-Objekts in das Dokument ein. Somit ist das Dokument nun vollständig als abstrakte Referenz (respektive als DOM) vorhanden und wird mit Hilfe des Funktionsbausteins SDIXML_DOM_TO_XML in konkreten XML-Code konvertiert.

Der XML-Code, der in einer internen Tabelle vorliegt, kann nun einfach per GUI_DOWNLOAD gespeichert werden.

Im folgenden Beispiel nutzen wir zur Serialisierung die interne Tabelle *it_buch* mit Bücherstammdaten, um ein DOM zu erzeugen. Es könnte aber auch jedes andere Datenobjekt sein.

```
REPORT  ZBIB_XML1.
```

Datendeklaration und Datenbeschaffung

```
DATA        ixml    TYPE REF TO if_ixml.
DATA document TYPE REF TO if_ixml_document.
DATA element TYPE REF TO if_ixml_element.

DATA it_buch LIKE zbibbuecher OCCURS 0.

SELECT * FROM zbibbuecher INTO TABLE it_buch.
```

Statische Klasse cl_ixml vorladen und instanziieren

```
CLASS cl_ixml DEFINITION LOAD.
ixml = cl_ixml=>create( ).

document = ixml->create_document( ).
```

DOM aus der internen Tabelle bilden

```
CALL FUNCTION 'SDIXML_DATA_TO_DOM'
   EXPORTING
    name         = 'BUECHER'
    dataobject   = it_buch
   IMPORTING
    data_as_dom  = element
   EXCEPTIONS
    illegal_name = 1
    OTHERS       = 2.

DATA ret TYPE int4.
```

DOM in das Dokument "einhängen"

```
CALL METHOD document->append_child
   EXPORTING
    new_child = element
   RECEIVING
    rval      = ret.

DATA it_xml LIKE TABLE OF solisti1.
DATA size TYPE i.
```

Dokument in konkrete XML- Daten umwandeln ...

```
CALL FUNCTION 'SDIXML_DOM_TO_XML'
    EXPORTING
       document            = document
       pretty_print        = 'X'
    IMPORTING
*    XML_AS_STRING          =
       size                = size
    TABLES
       xml_as_table        = it_xml
    EXCEPTIONS
       no_document         = 1
       OTHERS              = 2.

IF sy-subrc <> 0.
    WRITE 'Fehler bei SDIXML_DOM_TO_XML'. STOP.
ENDIF.
```

... und auf der lokalen Platte ablegen

```
CALL FUNCTION 'GUI_DOWNLOAD'
    EXPORTING
       bin_filesize                = size
        filename                    = 'c:\Theo0101.xml'
       filetype                    = 'BIN'
    TABLES
       data_tab                    = it_xml
    EXCEPTIONS
       [ … Exceptions gekürzt … ]
                    .
IF sy-subrc <> 0.
    WRITE 'Fehler beim Schreiben der Datei'. STOP.
ENDIF.
```

Abbildung 2.17 zeigt die so erzeugte XML-Datei im Internet-Explorer.

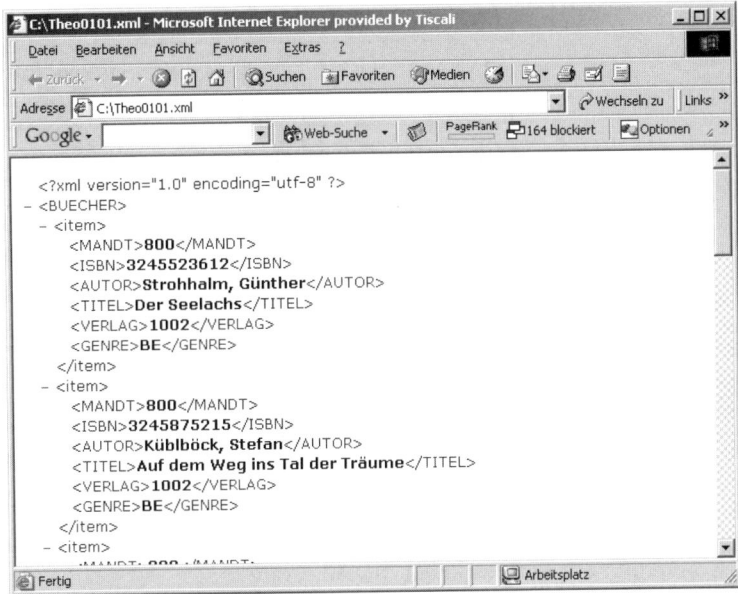

Abb. 2.17: XML-Datei mit Bücherstammdaten

2.5.2   Funktionsbausteine im Überblick

SDIXML_DATA_TO_DOM			
Konvertiert beliebige Datenobjekte in ein XML-DOM			
Import-Parameter			
NAME	Name, den das Datenobjekt später im Baum bekommen soll		
DATAOBJECT	Beliebiges, zu konvertierendes Datenobjekt		
CONTROL	Steuerungskennzeichen		
	INIT_TREAT	A	Initiale Datenelemente werden ignoriert
		N	Initiale Datenelemente werden leer angegeben
	DEC_0_CUT	K	Führende Nullen so lassen
		D	Führende Nullen entfernen

Export-Parameter	
DATA_AS_DOM	DOM-Objekt, das das Interface *if_ixml_element* implementiert
Changing-Parameter	
DOCUMENT	Dokument-Objekt vom Interface-Typ *if_ixml_document*, in das später das DOM eingehängt werden soll
Exceptions	
ILLEGAL_NAME	Der zukünftige Name des DOMs entspricht nicht den Konventionen (z.B. wegen Sonderzeichen)

SDIXML_DOM_TO_XML

Konvertiert ein fertiges DOM in XML-Code

Import-Parameter		
DOCUMENT	Dokument-Objekt, das das Interface *if_ixml_document* implementiert	
PRETTY_PRINT	X	Zeilenumbrüche erzeugen
		Keine Zeilenumbrüche
Export-Parameter		
XML_AS_STRING	XML-Code vom Typ XSTRING	
SIZE	Länge des XML-XSTRINGs	
Tables-Parameter		
XML_AS_TABLE	XML-Code in einer internen Tabelle	
Exceptions		
ILLEGAL_NAME	Der zukünftige Name des DOMs entspricht nicht den Konventionen (z.B. wegen Sonderzeichen)	

2.6   BDS – Die Dokumentenverwaltung

Der BDS (Business Document Service) bietet die Möglichkeit, Dokumente in einer festgelegten Hierarchie abzulegen. Es kann sich dabei um Dokumente unterschiedlichster Beschaffenheit handeln. Neben Web-Adressen und einfachen Notizen bietet es an, vor allem binäre Dokumente, wie Bilder, PDF-Dateien und MS Office-Dokumente dort abzulegen. Die Dokumente werden allerdings nicht einfach hineingelegt, sondern mit bestimmten Schlüsselwerten versehen, um sie leicht und eindeutig wiederfinden zu können. Wir werden zunächst das BDS aus Sicht eines administrativen Benutzers kennen lernen, also selbst Dokumente ablegen, finden und ansehen, um dann die ganze Sache so zu automatisieren, dass die BDS-Funktionalität nahtlos in die eigene Anwendung integriert werden kann.

2.6.1   OAER – Der Business Document Navigator

Über die Transaktion OAER startet sich das Einstiegsbild in den Business Document Navigator, dem zentralen Tool zur Administration der Dokumentenverwaltung (Abbildung 2.18).

Dokumente im BDS sind immer unmittelbar an Anwendungsobjekte gekoppelt und werden innerhalb des Anwendungsobjekts mit einem eindeutigen Objektschlüssel identifiziert. Ein Anwendungsobjekt kann beispielsweise ein Material sein. Der zugehörige Schlüssel wäre dann die Materialnummer, auf dessen Basis im BDS dann die zugehörige technische Zeichnung abgelegt wird.

Die ersten beiden Felder im BDN charakterisieren das Anwendungsobjekt. Neben dem Klassennamen charakterisiert der Klassentyp die Art der Klasse. Es stehen drei Alternativen zur Auswahl:

- BO
  Das Anwendungsobjekt ist als Business-Objekt im Business Object Repository hinterlegt.

- CL
  Das Anwendungsobjekt ist der Klassenbibliothek als persistente Klasse hinterlegt.

- OT
  Der angegebene Klassenname ist weder im BOR noch in der Klassenbibliothek hinterlegt und wird auch nicht gegengeprüft.

Der Business Document Navigator

Wir wollen zu Demonstrationszwecken Bilder von Bücher-Covern im BDS ablegen. Da wir weder über ein passendes Business Object, noch über eine passende Klasse verfügen, wählen wir im Klassentyp OT und im Klassennamen ZBIBBUCH. Der Klassenname ist im Fall von Klassentyp OT frei wählbar.

Der Objektschlüssel ist die ISBN-Nummer, da sie ohnehin jedes Buch eindeutig identifiziert und darüber hinaus auch noch Primärschlüssel unserer Stammdaten-Tabelle ist.

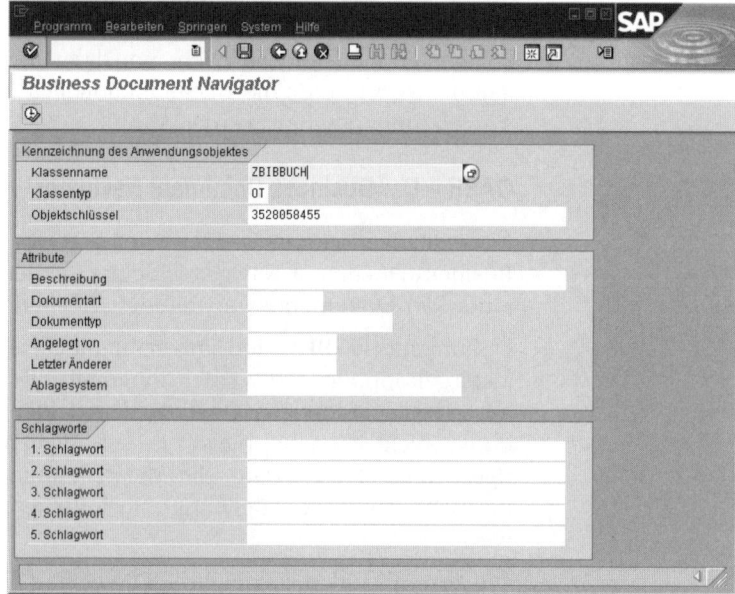

Abb. 2.18 © SAP AG: Einstieg in die Dokumentenverwaltung

Das Innenleben des BDS

Das Innenleben des Business Document Navigators gliedert sich in drei Abschnitte. Oben links sind hierarchisch alle Dokumente zu sehen, die mit dem selektierten Anwendungsobjekt verknüpft sind. Die Steuerung erfolgt über die vier Registrierkarten unten links. Dort können beispielsweise Versionsinformationen des jeweils ausgewählten Dokuments angesehen werden, und die Schlagwörter sind dort dokumentenbezogen zu hinterlegen, falls es nötig sein sollte, außer dem eigentlichen Objektschlüssel auf alternative Suchkriterien zurückzugreifen. Der letzte Reiter *Anlegen* bietet die Funktionalität, Dokumente mit dem soeben selektierten Objektschlüssel zu verknüpfen und im BDS abzulegen. Wir wollen das Cover des Buches mit der angegebenen ISBN-

Nummer nun entsprechend ablegen (Doppelklick auf *Bild* im
Anlegen-Reiter). Die jpg-Datei kann ausgewählt und mit einer
Beschreibung versehen werden (siehe Abbildung 2.19).

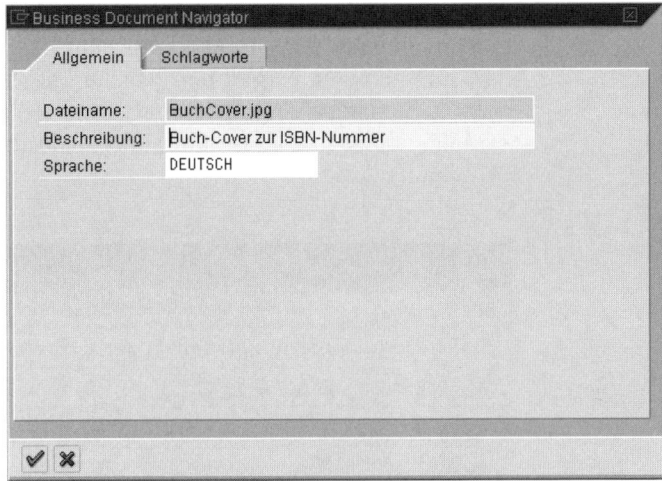

Abb. 2.19 © SAP AG: Binärdatei dem BDS hinzufügen

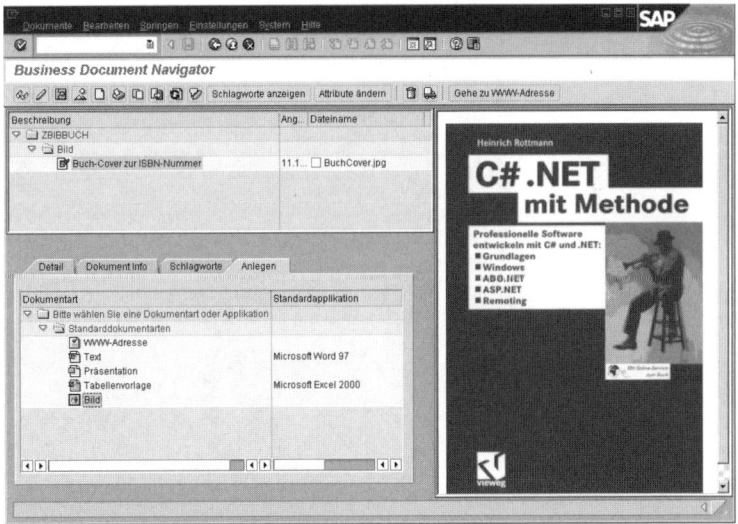

Abb. 2.20 © SAP AG: BDS mit Dokumentenanzeige

Abbildung 2.20 zeigt nun das verknüpfte Dokument. Im rechten
Bereich des Fensters wird es angezeigt. Dieser Viewer funktio-

niert für alle Standarddokumentenarten, wie zum Beispiel Word-Dokumente, Excel-Tabellen oder Internet-Seiten.

2.6.2   Dokumentenarten und Dokumententypen

Wir haben im vorangegangenen Beispiel eine ipg-Datei unter der Dokumentenart BDS_IMAGE abgelegt (Klartext *Bild*). Welche Dokumentenarten es gibt und welche im Navigator als Standard-dokumentenarten eingestellt sind, ist in der Customizing-Tabelle TOAVE abgelegt. Sie ist über die Transaktion OAC2 pflegbar (Abbildung 2.21).

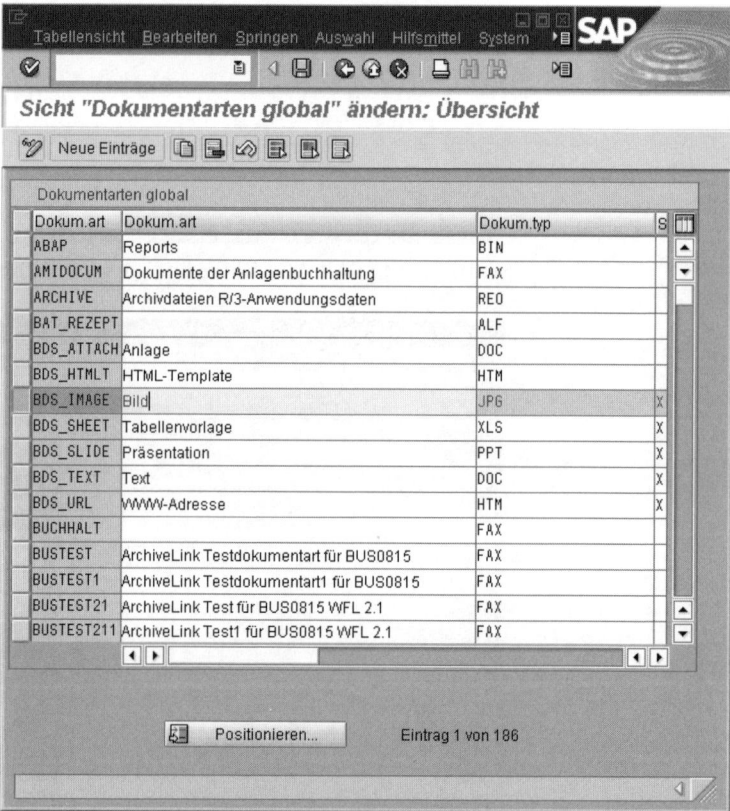

Abb. 2.21 © SAP AG: Customizing der Dokumentenarten

Hinter jeder Dokumentenart steht ein Dokumententyp. Der Dokumententyp definiert die technischen Eigenschaften eines Dokuments. Sehen wir uns die zugehörige Pflege der Dokumententypen über die Transaktion OAD2 an. Für jeden Dokumententyp ist ein MIME-Typ hinterlegt. Der Begriff des MIME-Typs ist keine Erfindung von SAP, sondern kommt ursprünglich aus dem Header von Emails (MIME = Multipurpose Internet Mail Extensions) und definiert dort, welchen Inhalt die Mail mit sich bringt (z.B. ein html-Attachment). Daraus kann der Email-Client ableiten, wie mit dem Inhalt zu verfahren ist. Genauso funktioniert es mit unseren Dokumententypen. Der MIME-Typ *image/jpg* wird auf dem Zielrechner bei Bedarf ein Bildbearbeitungsprogramm öffnen, um die Datei anzuzeigen. Welches Programm konkret geöffnet wird, ist in der Windows-Registry des jeweiligen Clients hinterlegt.

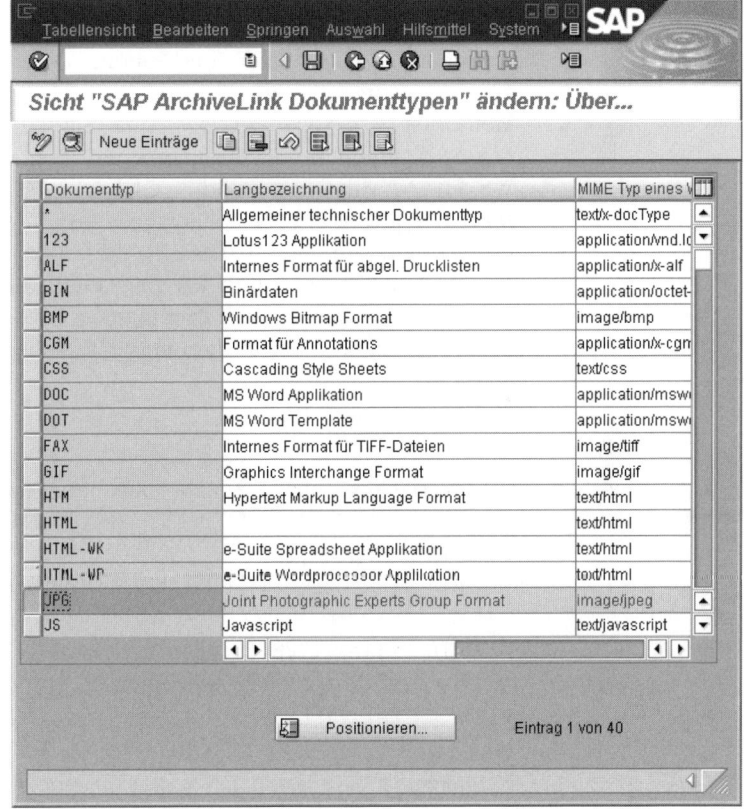

Abb. 2.22 © SAP AG: Pflegetransaktion zu Dokumententypen

2.6.3   **Programmgesteuert Dokumente anlegen**

ZBIB_BDS1

In Bezug auf den BDS dreht sich sämtliche Programmsteuerung um die Klasse *cl_bds_document_set*, die eine Reihe von statischen Methoden bereitstellt, um Dokumente ins BDS einzubringen, abzurufen, zu ändern oder anzuzeigen. Intern werden die Methodenaufrufe auf Funktionsbausteine gemappt, die sich in den Funktionsgruppen BDS_BAPI, BDS_CONNECTIONS, BDS_METHODS und BDS_TOOLS befinden. Wir wollen in unseren Beispielen aber bei der objektorientierten Variante bleiben und bei der Gelegenheit auch gleich die Klasse *cl_gui_frontend_services* kennen lernen.

Das folgende Beispielprogramm wird unter Angabe einer ISBN-Nummer den Benutzer mit einem Datei-öffnen-Dialog nach einem entsprechenden Bild des Buchcovers fragen. Die beiden Methoden *file_open_dialog* und *gui_upload* der Klasse *cl_gui_frontend_services* entsprechen den Funktionsbausteinen WS_FILENAME_GET und GUI_UPLOAD. Lediglich bei *file_open_dialog* ist zu beachten, dass die Methode mehrere Dateinamen zurückgeben kann (bei einer Mehrfachselektion). Aus diesem Grund laufen wir mit LOOP durch die Tabelle und nehmen uns den ersten Dateinamen, der dort drinsteht. Die Datei wird dann binär in die interne Tabelle *it_content* abgelegt.

```
REPORT  zbib_bds1                          .

parameters isbn like zbibbuecher-isbn.

DATA flength TYPE i.
DATA it_content TYPE STANDARD TABLE OF bapiconten.

DATA: files TYPE filetable,
      filename TYPE string,
      ret TYPE i.


CLASS cl_gui_frontend_services DEFINITION LOAD.

CALL METHOD
    cl_gui_frontend_services=>file_open_dialog
    EXPORTING
        window_title = 'Cover-Datei wählen'
```

Datei-öffnen-Dialog

```
                          file_filter  = '.jpg-Dateien,*.jpg.'
                    CHANGING
                          file_table   = files
                          rc           = ret.


              IF ret < 1. STOP. ENDIF.


              LOOP AT files INTO filename.
                 EXIT.
              ENDLOOP.
```

Datei in interne
Tabelle einlesen

```
              CALL METHOD cl_gui_frontend_services=>gui_upload
                    EXPORTING
                          Filename            = filename
                          filetype            = 'BIN'
                    IMPORTING
                          Filelength             = flength
                    CHANGING
                          data_tab            = it_content
                    EXCEPTIONS
                          file_open_error        = 1
                          file_read_error        = 2
                          no_batch               = 3
                          gui_refuse_filetransfer = 4
                          invalid_type           = 5
                          OTHERS                 = 6.


              IF sy-subrc <> 0.  STOP. ENDIF.
```

Zusatzangaben
zum Dokument

Die statische Methode *create_with_table* der Klasse *cl_bds_document_set* verlangt neben einer Tabelle, die den binären Inhalt des Dokuments beinhaltet, noch zwei weitere Tabellen. In der *components*-Tabelle sind technische und administrative Einstellungen zu hinterlegen, die den Dateiinhalt betreffen. Hierzu gehören der Mime-Typ, die Dateigröße und die Komponenten-ID. Diese ID wird später im BDS als interner Dateiname verwendet, deshalb setzen wir sie im Folgenden pauschal auf *Cover.jpg*. Darüber hinaus ist noch eine Signaturtabelle namens *signature* nötig. In der Signaturtabelle werden ebenfalls Detailparameter (wie Versionsnummer, Sprachenzuordnung und Beschreibungstext) angegeben.

Dokumenten-
nummer

Der Methodenaufruf könnte auch mehrere Dokumente gleichzeitig in den BDS einspielen. Um die übergebenen Zusatzparameter dann noch eindeutig einem Dokument zuordnen zu können, muss immer die laufende Dokumentennummer *doc_count* gesetzt werden (in unserem Fall immer 1).

```
DATA wa_signature LIKE bapisignat.
DATA wa_components LIKE bapicompon.
DATA it_signature TYPE STANDARD TABLE OF bapisignat.
DATA it_components TYPE STANDARD TABLE OF bapicompon.
```

Komponenten-
tabelle füllen

```
REFRESH it_components.
wa_components-doc_count = 1.
wa_components-comp_count = 1.
wa_components-comp_id = 'Cover.jpg'.
wa_components-mimetype = 'image/jpeg'.
wa_components-comp_size = flength.
APPEND wa_components TO it_components.
```

Signaturtabelle
füllen

```
REFRESH it_signature.
wa_signature-doc_count = 1.
wa_signature-prop_name = 'DESCRIPTION'.
wa_signature-prop_value = 'Frontcover'.
APPEND wa_signature TO it_signature.
wa_signature-prop_name = 'BDS_DOCUMENTCLASS'.
wa_signature-prop_value = 'JPG'.
APPEND wa_signature TO it_signature.
wa_signature-prop_name = 'BDS_DOCUMENTTYPE'.
wa_signature-prop_value = 'BDS_IMAGE'.
APPEND wa_signature TO it_signature.
wa_signature-prop_name = 'LANGUAGE'.
wa_signature-prop_value = sy-langu.
APPEND wa_signature TO it_signature.

CLASS cl_bds_document_set DEFINITION LOAD.

DATA key TYPE sbdst_object_key.
key = isbn.
```

Dokument end-
gültig ablegen

```
CALL METHOD cl_bds_document_set=>create_with_table
    EXPORTING
        classname               = 'ZBIBBUCH'
```

```
        classtype              = 'OT'
        components             = it_components
        content                = it_content
     CHANGING
        object_key             = key
        signature              = it_signature.


  IF sy-subrc <> 0.
     write: / 'Fehler beim Hochladen. subrc=',sy-subrc.
  ENDIF.
```

Dieses kleine Beispielprogramm ließe sich noch etwas sauberer programmieren: Streng genommen müsste man nämlich zunächst mit *get_info* überprüfen, ob unter der angegebenen Nummer bereits ein Dokument eingespielt wurde. In diesem Fall wäre dann *create_with_table* durch *update_with_table* zu ersetzen.

2.6.4   Dokumente abrufen und anzeigen

ZBIB_BDS2

So wie das Dokument im letzten Beispiel mit Hilfe einer binären Tabelle in den BDS hineintransportiert wurde, könnte man es auch wieder abrufen und lokal beim Anwender speichern (die entsprechende Methode heißt *get_with_table*). Wir wollen aber im folgenden Beispiel einen anderen Weg gehen und es innerhalb eines Dynpros mit dem Picture-Control anzeigen. Die zugehörige GUI-Klasse heißt *cl_gui_picture*. An Instanzen dieses Controls lassen sich nicht so einfach binäre Daten direkt übergeben, sondern hier bedarf es einer anderen Technik. Der SAP DataProvider lässt sich als eine Art Dienst innerhalb von R/3 sehen, der beliebige Ressourcen zur Verfügung stellt, die sich unter Angabe einer URL abrufen lassen. Die URLs des DataProviders beginnen nicht wie im Internet-Explorer mit *http://...* sondern mit *sapr3://...* Aber im Prinzip funktionieren sie genauso; sie verweisen eindeutig auf eine Ressource, die irgendwo über das Netzwerk erreichbar ist.

Programm-komponenten

Wir benötigen für das folgende Beispielprogramm einen GUI-Status namens LEISTE mit einem Funktionscode EXIT hinter dem roten Exit-Knopf. Außerdem ein Dynpro mit der Nummer 100, auf dem sich ein Steuerelement vom Typ *Custom Control* (namens CONT1) und ein E/A-Feld der Länge 10 mit dem Namen ISBN befindet. Jedes Mal wenn der Benutzer eine ISBN-Nummer in das Textfeld eingibt, soll das entsprechende Bild des Buch-Covers in das Picture-Control geladen werden.

Das Rahmenprogramm bringt nicht viel Neues. Wir benötigen die üblichen Referenzen für die Control-Programmierung:

```
REPORT  zbib_bds2.

DATA: ok_code LIKE sy-ucomm,
      isbn LIKE zbibbuecher-isbn.
DATA: cont1 TYPE REF TO cl_gui_custom_container,
      pic TYPE REF TO cl_gui_picture.

START-OF-SELECTION.
  CALL SCREEN 100.
```

Die Ablauflogik koordiniert drei Module. Das Modul *pic_holen* wird aufgerufen, wenn der Benutzer die ISBN-Nummer eingibt.

```
PROCESS BEFORE OUTPUT.
  MODULE STATUS_0100.

PROCESS AFTER INPUT.
  FIELD isbn MODULE pic_holen ON REQUEST.
  MODULE USER_COMMAND_0100.
```

Instanziierung im *status_0100*-Modul und Zerstörung im *user-Command_0100* sollten ebenso aus der Control-Programmierung bekannt sein:

```
MODULE status_0100 OUTPUT.
  SET PF-STATUS 'LEISTE'.
  IF cont1 IS INITIAL.
    CREATE OBJECT cont1
      EXPORTING container_name = 'CONT1'.
  ENDIF.
  IF pic IS INITIAL.
    CREATE OBJECT pic EXPORTING parent = cont1.
  ENDIF.
ENDMODULE.
```

```
MODULE user_command_0100 INPUT.
    CASE ok_code.
        WHEN 'EXIT'.
            CALL METHOD cont1→free.
            FREE cont1. FREE pic.
            LEAVE PROGRAM.
    ENDCASE.
ENDMODULE
```

URL ermitteln und azeigen

Sehen wir uns nun das Modul *pic_holen* an. Die statische Methode *get_with_url* der BDS-Klasse liefert eine interne Tabelle mit URLs zurück, die den übergebenen Kriterien entsprechen (Klassenname, Klassentyp und Objektschlüssel). Den ersten Eintrag der internen Tabelle fischen wir uns mit READ TABLE heraus und übergeben ihn an *load_picture_from_url* der Picture-Control-Instanz.

```
MODULE pic_holen INPUT.

    CLASS cl_bds_document_set DEFINITION LOAD.

    DATA: wa_url TYPE bapiuri,
          it_url TYPE STANDARD TABLE OF bapiuri.
    DATA: key TYPE sbdst_object_key.

    key = isbn.

    CALL METHOD cl_bds_document_set=>get_with_url
        EXPORTING
            classname       = 'ZBIBBUCH'
            classtype       = 'OT'
            object_key      = key
*           URL_LIFETIME    =
        CHANGING
            uris            = it_url
*           SIGNATURE       =
*           COMPONENTS      =
        EXCEPTIONS
            nothing_found   = 1
            error_kpro      = 2
            internal_error  = 3
            parameter_error = 4
```

```
              not_authorized  = 5
              not_allowed     = 6
              OTHERS          = 7
                .
    IF sy-subrc <> 0.
       MESSAGE e007(zbib). " kein Bild gefunden
    ENDIF.

    READ TABLE it_url INTO wa_url INDEX 1.

    CALL METHOD pic->load_picture_from_url
       EXPORTING
          url     = wa_url-uri.

  ENDMODULE.
```

Abbildung 2.23 zeigt das Ergebnis. *get_with_url* gibt im Übrigen bei Bedarf wieder die Komponenten- und die Signaturtabelle zurück, die wir bereits im letzten Beispiel kennen gelernt haben. Falls es nötig sein sollte, könnte man durch Auswerten dieser Tabellen gleich Details zu den Bildern mit auswerten.

Neben *load_piucture_from_url* gibt es auch die asynchrone Variante *load_picture_from_url_async*. Sie macht im Prinzip dasselbe, ist aber im Verbindung mit anderen Funktionen performanter, weil sie nicht wartet, bis das Bild auch wirklich vom Picture-Control geladen wurde.

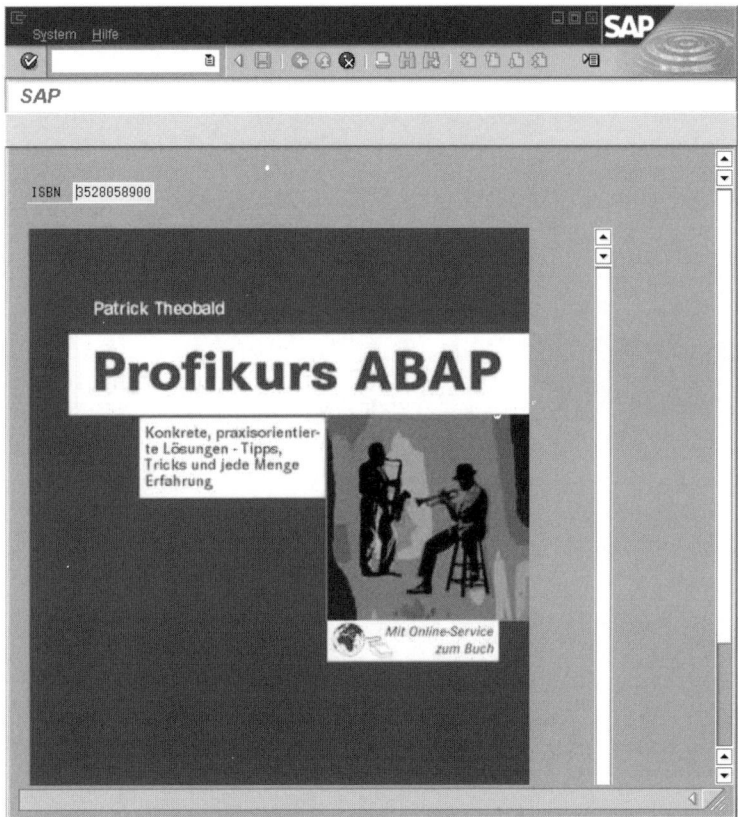

Abb. 2.23 © SAP AG: Beispielprogramm in Aktion

2.6.5   Den SAP-Standard nutzen

ZBIB_BDS3

Sehen wir uns als letzten Aspekt zum BDS noch ein kleines Beispiel an, das die bestehende Peripherie nutzt und ein ausgewähltes Dokument direkt im Business Document Navigator anzeigt. Es kann durchaus sinnvoll sein, in der eigenen Anwendung dem Anwender nur einen einfachen Absprung in den SAP-Standard zu bieten, statt sämtliche Funktionen selbst zu programmieren. Die Methode *call_navigaor* arrangiert solch einen Absprung. Durch die Übergabe von *display_single_doc* = 'X' wird das gerufene Dokument gleich angezeigt.

```
REPORT  zbib_bds3.

PARAMETERS isbn LIKE zbibbuecher-isbn.

START-OF-SELECTION.

  CLASS cl_bds_document_set DEFINITION LOAD.

  DATA key TYPE sbdst_object_key.
  key = isbn.

  CALL METHOD cl_bds_document_set=>call_navigator
    EXPORTING
      classname          = 'ZBIBBUCH'
      classtype          = 'OT'
      display_single_doc = 'X'
    CHANGING
      objkey             = key
    EXCEPTIONS
      parameter_error    = 1
      internal_error     = 2
      nothing_found      = 3
      error_kpro         = 4
      not_allowed        = 5
      not_authorized     = 6
      OTHERS             = 7.

IF sy-subrc <> 0.
  WRITE: / 'Fehler beim Aufruf. subrc=', sy-subrc.
ENDIF.
```

2.6.6   Funktionen im Überblick

CL_BDS_DOCUMENT_SET   Klasse für Funktionen des BDS

	CALL_NAVIGATOR springt unter Angabe von Klassenname, Klassentyp und Objektschlüssel in den BDS-Navigator ab
	CREATE_WITH_URL legt ein Dokument unter Angabe der URL an
	DOCUMENT_ENQUEUE / DOCUMENT_DEQUEUE sperrt / entsperrt ein Dokument für die Bearbeitung (vgl. auch Kapitel 5)
	DELETE löscht ein Dokument
	GET_WITH_TABLE ruft den Dokumenteninhalt in einer internen, binären Tabelle ab
	GET_WITH_URL ruft den Dokumenteninhalt unter Rückgabe einer URL des SAP DataProviders ab
	UPDATE_WITH_TABLE / UPDATE_WITH_URL tauscht ein bestehendes gegen ein neues Dokument mit demselben Schlüssel aus (entweder über binäre Tabelle oder über URL)
	COPY kopiert ein bestehendes Dokument auf einen anderen Objektschlüssel

CL_GUI_PICTURE	
Klasse für Funktionen des Picture-Controls	
	FREE
	zerstört das Objekt, erledigt Aufräumarbeiten und gibt den Speicher frei
	LOAD_PICTURE_FROM_SAP_ICONS
	lädt ein Standard-SAP-Icon
	LOAD_PICTURE_FROM_URL
	lädt ein Bild unter Angabe der URL (z.B. vom SAP DataProvider, aber es sind andere URLs möglich)
	LOAD_PICTURE_FROM_URL_ASYNC
	Analog zu LOAD_PICTUR_FROM_URL, allerdings wartet der Aufruf nicht, bis das Bild geladen ist

3 Benutzeroberfläche

„Die Kunst braucht den Betrachter. Der Betrachter braucht die Kunst" – Was für Kunst gilt, gilt für die Symbiose zwischen Anwender und Anwendung schon lange. Dieses Zusammenspiel zu fördern, ist wesentlicher Inhalt des folgenden Kapitels. Wir als Entwickler sollten uns ständig vor Augen halten, dass die Gestaltung der Programm-Oberfläche und damit die Schnittstelle zwischen Anwender und Anwendung nahezu denselben Stellenwert genießen sollte, wie die eigentliche codierte Geschäftslogik.

Produktivität und somit Kosteneffizienz sind wesentliche Erfolgsfaktoren eines Unternehmens. Um so mehr erstaunt es, dass viele Entscheidungsträger im IT-Bereich sich offensichtlich zuwenig Gedanken über Produktivitätssteigerungen machen, die allein durch eine effizientere Benutzeroberfläche erreicht werden könnten. Diese Effizienz kann im ersten Schritt auch nur durch Standardisierung erreicht werden. Die SAP-Entwicklungsumgebung erzwingt bereits einen gewissen Grad an Standardisierung im Gegensatz zu anderen Programmiersprachen, aber dennoch kann in diesem Bereich viel getan werden.

3.1 Standarddialoge

ZBIB_STDDIA

In jeder Applikation ist es nötig, den Benutzer über gewisse Aktivitäten des Programms mehr oder minder nachdrücklich zu informieren oder vor Entscheidungen zu stellen, die getroffen werden müssen. Ersteres kann entweder durch die Nachrichtenausgabe mittels MESSAGE erfolgen oder durch kleinere Dialog-Boxen, die sich als eigenes Fenster öffnen und mit entsprechenden Knöpfen versehen sind. Es ist für den halbwegs geübten Programmierer mit Sicherheit kein Hexenwerk, derartige Dialogboxen selbst zu erstellen, jedoch sieht SAP eine Reihe von Funktionsbausteinen vor, die die Arbeit sehr erleichtern. Im Folgenden sind alle gebräuchlichen Standard-Dialoge mit Beispiel-Code, Screen-Shot und Schnittstellenbeschreibung erläutert. Mit Hilfe des Beispielreports ZBIB_STDDIA (vgl. Abbildung 3.1) können die Dialoge nach Herzenslust ausprobiert werden.

```
Doppelklick, um einen Dialog-Baustein zu testen

POPUP_TO_CONFIRM_STEP
POPUP_TO_CONFIRM_WITH_MESSAGE
POPUP_TO_CONFIRM_WITH_VALUE
POPUP_TO_CONFIRM_LOSS_OF_DATA
POPUP_TO_CONFIRM_DATA_LOSS

POPUP_TO_DECIDE
POPUP_TO_DECIDE_WITH_MESSAGE

POPUP_DISPLAY_TEXT

POPUP_GET_VALUES
POPUP_GET_VALUES_DB_CHECKED
```

Abb. 3.1 © SAP AG: Beispielreport zu Demozwecken

3.1.1   Ja, Nein, WeißNicht

Um den Benutzer mit Fragen zu konfrontieren, die er lediglich mit Ja oder Nein beantworten kann, stehen drei wichtige Dialogbausteine zur Verfügung, die im Folgenden vorgestellt werden. POPUP_TO_CONFORM_STEP zeigt lediglich einen zweizeiligen Text, was aber weitestgehend ausreichen sollte. Bei allen drei Bausteinen kann der Standard-Button vorgegeben werden, also der Knopf, auf dem der Eingabefokus steht. Wenn der Anwender dann direkt auf *Enter* drückt, wird dieser Knopf betätigt. Es ist ein kleiner, aber feiner Unterschied, welcher Knopf dieses Attribut erhält. Anwender neigen dazu, derartige Meldungsboxen nicht so genau zu lesen, wie der Programmierer sich das gewünscht hätte. Aus diesem Grund sollte der Knopf, der eine kritische Aktion auslöst, nicht als Standard definiert sein.

```
DATA i_answer.
CALL FUNCTION 'POPUP_TO_CONFIRM_STEP'
EXPORTING
*  DEFAULTOPTION  = 'Y'
   TEXTLINE1      = 'Hallo Anwender,'
TEXTLINE2      = 'wollen Sie das wirklich so haben??'
   TITEL          = 'wirklich so machen??'
*  CANCEL_DISPLAY = 'X'
IMPORTING
   ANSWER         = I_ANSWER
EXCEPTIONS
   OTHERS         = 1.
```

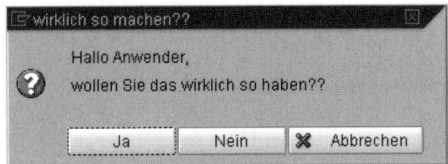

Abb. 3.2 © SAP AG: POPUP_TO_CONFIRM_STEP

Ist mehr Text als die beiden Zeilen nötig, kann POPUP_TO_CONFIRM_WITH_MESSAGE herangezogen werden. Es stehen zwei weitere Textzeilen zur Verfügung, und im linken Bereich des Dialogs erscheint ein grünes Fragezeichen.

```
DATA i_answer.
CALL FUNCTION 'POPUP_TO_CONFIRM_WITH_MESSAGE'
EXPORTING
*   DEFAULTOPTION   = 'Y'
    DIAGNOSETEXT1   = 'Ihre Angaben entsprechen'
    DIAGNOSETEXT2   = 'nicht den hinterlegten
        Stammdaten.'
    TEXTLINE1       = 'Sollen die Eingaben jetzt mit'
    TEXTLINE2       = 'den Stammdaten abgeglichen
        werden?'
    TITEL           = 'ungünstige Angaben'
*   CANCEL_DISPLAY  = 'X'
IMPORTING
    ANSWER          = I_ANSWER
EXCEPTIONS OTHERS       = 1.
```

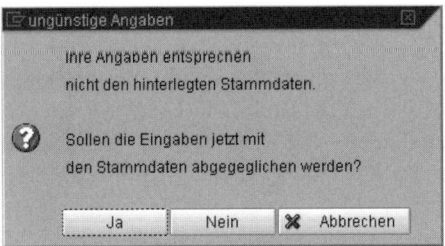

Abb. 3.3 © SAP AG: POPUP_TO_CONFIRM_WITH_MESSAGE

POPUP_TO_CONFIRM_STEP/ POPUP_TO_CONFIRM_WITH_MESSAGE(*)		
Import-Parameter		
DEFAULTOPTION	J	*Ja*-Button ist Default-Knopf
	N	*Nein*-Button ist Default-Knopf
DIAGNOSETEXT1/2	Zusätzlicher Text	
TEXTLINE1/2	Text, der die Frage enthält	
TITEL	Titel der Dialogbox (oberer, blauer Rand)	
START_COLUMN	Horizontaler Abstand zum linken Rand des Elternfensters	
START_ROW	Vertikaler Abstand zum oberen Rand des Elternfensters	
CANCELDISPLAY	X	*Abbrechen*-Button wird angezeigt
		Abbrechen-Button wird nicht angezeigt
Export-Parameter		
ANSWER	J	*Ja* geklickt
	N	*Nein* geklickt
	A	*Abbrechen* geklickt

Verwerfen und Löschen eingegebener Daten

Eine weitere, häufige Anwendung besteht in Sicherheitsabfragen, falls der Anwender einen begonnenen Vorgang abbrechen möchte, z.B. über ein *Exit*-Kommando. Bereits eingegebene Daten werden dann verworfen. Hierzu eignet sich der Baustein POPUP_TO_CONFIRM_DATA_LOSS. Es sind keine weiteren Textzeilen zu übergeben, da der Standard-Text für diese Situation angezeigt wird (vgl. Abbildung 3.4).

```
DATA i_answer.
CALL FUNCTION 'POPUP_TO_CONFIRM_DATA_LOSS'
EXPORTING
*   DEFAULTOPTION = 'J'
    TITEL         = 'Programm-Ausstieg ....'
*   START_COLUMN  = 25
```

```
*  START_ROW      = 6
IMPORTING
   ANSWER         = I_ANSWER
EXCEPTIONS OTHERS        = 1.
```

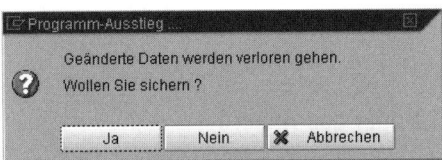

Abb. 3.4 © SAP AG: POPUP_TO_CONFIRM_DATA_LOSS

Alternativ kann auch POPUP_TO_CONFIRM_LOSS_OF_DATA genutzt werden. Er ähnelt den bereits vorher diskutierten Bausteinen, enthält aber zusätzlich noch ein schickes, orangefarbenes Ausrufezeichen.

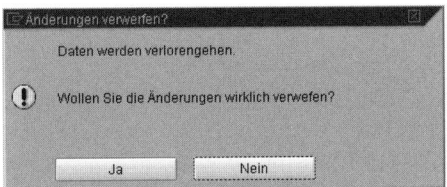

Abb. 3.5 © SAP AG: POPUP_TO_CONFIRM_LOSS_OF_DATA

POPUP_TO_CONFIRM_DATA_LOSS		
Import-Parameter		
DEFAULTOPTION	J	*Ja*-Button ist Default-Knopf
	N	*Nein*-Button ist Default-Knopf
TITEL		Titel der Dialogbox (oberer, blauer Rand)
START_COLUMN		Horizontaler Abstand zum linken Rand des Elternfensters
START_ROW		Vertikaler Abstand zum oberen Rand des Elternfensters

Export-Parameter		
ANSWER	J	*Ja* geklickt
	N	*Nein* geklickt
	A	*Abbrechen* geklickt

3.1.2 Das Eine oder das Andere

Im vorangegangenen Teilkapitel haben wir Anwender-Entscheidungen diskutiert, die entweder mit Ja oder Nein zu beantworten waren. Das muss natürlich nicht immer so sein. Die folgenden zwei Bausteine lassen die beiden Entscheidungsalternativen frei definieren. Es ist zu beachten, dass die Beschriftung der Buttons nicht beliebig lang sein darf (max. 20 Zeichen). Sehen wir uns zunächst den Baustein POPUP_TO_DECIDE an. Der angezeigte Text kann bis zu 3 Zeilen à 35 Zeichen lang sein.

```
DATA i_answer.
CALL FUNCTION 'POPUP_TO_DECIDE'
EXPORTING
*   DEFAULTOPTION   = '1'
    TEXTLINE1       = 'Bitte entscheiden Sie sich
        jetzt ...'
    TEXT_OPTION1    = 'für das hier ...'
    TEXT_OPTION2    = 'oder für das andere ...'
    TITEL           = 'Entscheidung'
*   CANCEL_DISPLAY  = 'X'
IMPORTING
ANSWER            = I_ANSWER
EXCEPTIONS OTHERS          = 1.
```

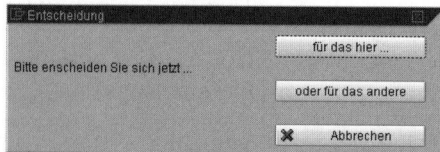

Abb. 3.6 © SAP AG: POPUP_TO_DECIDE

Die Erweiterung POPUP_TO_DECIDE_WITH_MESSAGE lässt noch einen zusätzlichen, dreizeiligen Diagnosetext zu. Es ist al-

lerdings immer zu raten, die Länge des Textes kritisch zu hinter-
fragen. Kurze und prägnante Zeilen sind allererste Voraussetzung
dafür, dass ein Durchschnittsanwender in der Alltagshektik des
Produktionsbetriebs in der Lage ist, den Inhalt zu verstehen und
nicht einfach wegzuklicken.

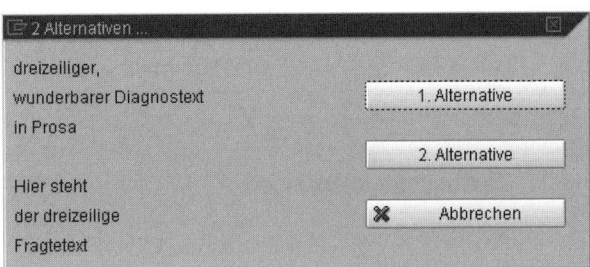

Abb. 3.7 © SAP AG: POPUP_TO_DECIDE_WITH_MESSAGE

POPUP_TO_DECIDE/ POPUP_TO_DECIDE_WITH_MESSAGE(*)		
Import-Parameter		
DEFAULTOPTION	1	1. Button ist Default-Knopf
	2	2. Button ist Default-Knopf
DIAGNOSETEXT1/2/3(*)	Dreizeiliger Zusatztext	
TEXTLINE1/2/3	Dreizeiliger Text	
TEXT_OPTION1/2	Beschriftung der beiden Knöpfe für die beiden Entscheidungsalternativen	
ICON_TEXT_OPTION1/2	Icon für den 1. bzw. 2. Knopf	
TITEL	Titel der Dialogbox (oberer, blauer Rand)	
START_COLUMN	Horizontaler Abstand zum linken Rand des Elternfensters	
START_ROW	Vertikaler Abstand zum oberen Rand des Elternfensters	
CANCEL_DISPLAY	X	*Abbrechen*-Button wird angezeigt

		Abbrechen-Button wird nicht angezeigt	
Export-Parameter			
ANSWER	J	*Ja* geklickt	
	N	*Nein* geklickt	
	A	*Abbrechen* geklickt	

3.1.3   Textbausteine anzeigen

Es wird immer wieder nötig sein, dem Benutzer Texte anzuzeigen, die über einige wenige Zeilen hinausgehen. Das größte Anwendungsgebiet hierfür wird mit Sicherheit der Hilfetext sein, der jedem Benutzer zusteht, den erfahrungsgemäß allerdings die Wenigsten bekommen. In den SAP-Standard-Programmen kann in praktisch jedem Fenster bzw. jedem Eingabe-Feld mit dem Shortcut F1 ein solches Hilfe-Fenster angezeigt werden.

Jede selbstgeschriebene Applikation sollte dem Standard genügen, dass übersetzungsrelevante Texte niemals im Code selber stehen, sondern in separaten, sprachenabhängigen Containern. Solche Container sieht die Laufzeitumgebung in vielerlei Gestalt vor. Im Fall von Nachrichten werden diese beispielsweise über die Transaktion SE91 gepflegt.

Textbausteine in der SE61

Sehen wir uns nun die Transaktion SE61 an, sie dient zum sprachenabhängigen Ablegen von mehrzeiligem Text, so genannten Textbausteinen. Abbildung 3.8 zeigt das Einstiegsbild. Wir wollen einen neuen Textbaustein namens ZBIB_TB01 anlegen. Auch Textbausteine sind Programmobjekte und müssen transportiert werden. Es ist zu beachten, dass wir für unser späteres Vorgehen einen Textbaustein der Dokumentenklasse *Text im Dialog* benötigen.

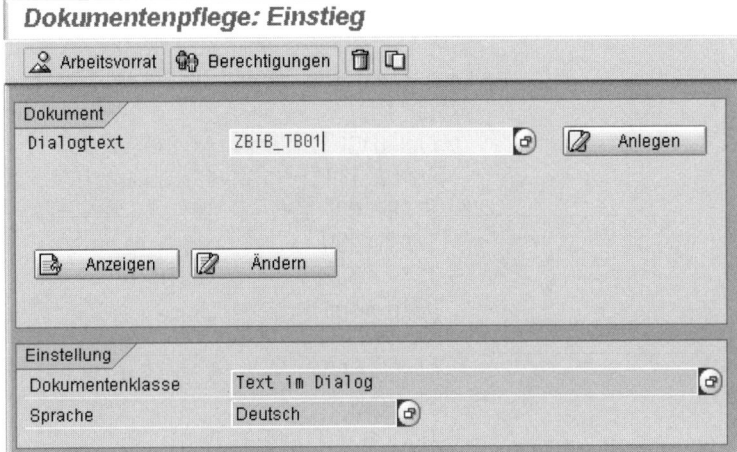

Abb. 3.8 © SAP AG: Einstieg in die Dokumentenpflege

Abbildung 3.9 zeigt das Innenleben unseres Textbausteins. Neben dem reinen Text können noch verschiedenste Formatierungen, Verweise auf andere Bausteine und Ikonen mit eingepflegt werden.

Abb. 3.9 © SAP AG: Dialogtext mit Formatierungen

Ist der Dialogtext definiert, kann er mithilfe des Funktionsbausteins POPUP_DISPLAX_TEXT angezeigt werden. Es öffnet sich dann ein modales Fenster, das den definierten Textbaustein anzeigt.

```
DATA I_ANSWER.

CALL FUNCTION 'POPUP_DISPLAY_TEXT'
EXPORTING
*   LANGUAGE        = SY-LANGU
    POPUP_TITLE     = 'Pelzmäntel ...'(027)
*   START_COLUMN    = 10
*   START_ROW       = 3
    TEXT_OBJECT     = 'ZBIB_TB01'
*   help_modal      = 'X'
IMPORTING
    CANCELLED       = i_answer
EXCEPTIONS
    TEXT_NOT_FOUND  = 1 OTHERS      = 2.
```

Über den Rückgabewert kann abgefragt werden, ob der Benutzer mit *OK* (das grüne Häkchen) oder mit *Abbrechen* (das rote Kreuz) quittiert. Das ermöglicht, diese Technik nicht nur für Hilfetexte, sondern auch für Entscheidungen einzusetzen, so wie wir sie auf den letzten Seiten bereits diskutiert haben.

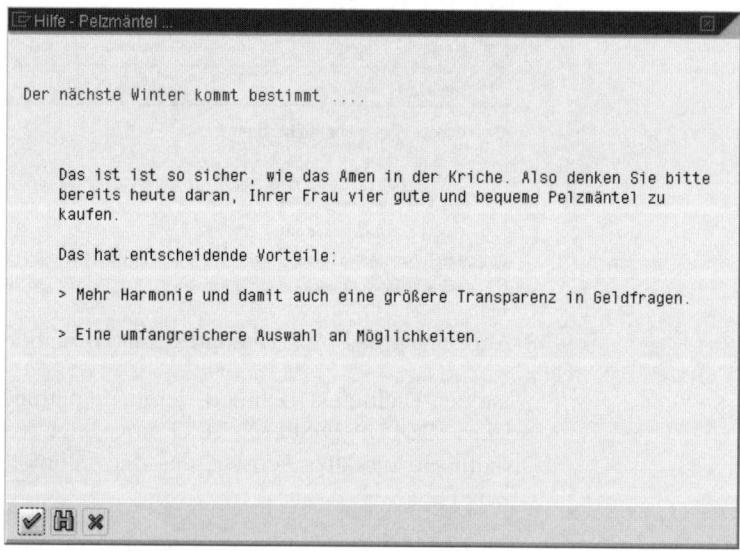

Abb. 3.10 © SAP AG: modal angezeigter Textbaustein

POPUP_DISPLAY_TEXT		
Import-Parameter		
LANGUAGE		Sprache des hinterlegten Textbausteins
POPUP_TITLE		Titel der Dialogbox (oberer, blauer Rand)
START_COLUMN		Horizontaler Abstand zum linken Rand des Elternfensters
START_ROW		Vertikaler Abstand zum oberen Rand des Elternfensters
TEXT_OBJECT		Name des anzuzeigenden Textobjekts
HELP_MODAL	X	Das Fenster wird modal angezeigt.
		Das Fenster wird nicht-modal angezeigt.
Export-Parameter		
CANCELLED	X	Der Benutzer hat auf *Abbrechen* geklickt.
		Der Benutzer hat auf *OK* geklickt.
Exceptions		
TEXT_NOT_FOUND		Der angegebene Textbaustein ist nicht oder nicht in der vorgegebenen Sprache vorhanden.

3.1.4   Dateneingabe

Im letzten Teil des Abschnitts über Standarddialoge werden wir uns Dialog-Bausteine ansehen, die es erlauben, Daten vom Benutzer abzufragen. Sie lassen sich an vielerlei Stellen ansetzen, insbesondere wenn es darum geht, vom Benutzer mehrere Datenfelder zu füllen. Dies kann beispielsweise bei der Neuanlage von Stammdaten erfolgen. Bevor der Benutzer überhaupt in das Pflege- oder Bearbeitungsbild wechseln kann, muss er erst alle schlüsselrelevanten Angaben eingeben. Sehen wir uns das Beispiel in Abbildung 3.11 an. Zwei Felder werden dort angegeben:

der Mandant und der Benutzername. Ersteres kann vom Benutzer abgeändert werden, das zweite Feld hingegen ist schreibgeschützt und wird nur zu Informationszwecken angezeigt.

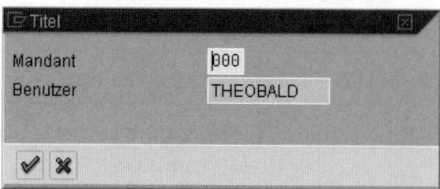

Abb. 3.11 © SAP AG: Eingabe via POPUP_GET_VALUES

Automatische Prüfung der Datentypen

Der Baustein POPUP_GET_VALUES empfängt als Übergabe-Tabelle eine interne Tabelle, die alle abzufragenden Felder enthält. Neben den Anzeigeoptionen (Element FIELD_ATTR) können noch andere Attribute wie die Möglichkeit einer Wertehilfe oder die Definition, ob der Benutzer ein Feld füllen muss oder nicht, eingestellt werden. Standardmäßig werden die einzugebenden Felder auf Ihre Gültigkeit gemäß den im Data Dictionary hinterlegten Regeln geprüft (Import-Parameter NO_VALUE_CHECK). Vorsicht! Dies hat nichts mit der Existenz des jeweiligen Wertes in der hinterlegten Tabelle zu tun, sondern nur mit der Gültigkeit des Typs.

Die Feldbezeichner werden dynamisch aus dem Data Dictionary gezogen und sind auf dem Datenelement hinterlegt. Hinter dem Dialog, der in Abbildung 3.11 gezeigt ist, steht folgendes Coding:

```
DATA I_ANSWER.
DATA IT_FIELDS LIKE SVAL OCCURS 0 WITH HEADER LINE.

IT_FIELDS-TABNAME = 'T000'.
IT_FIELDS-FIELDNAME = 'MANDT'.
IT_FIELDS-VALUE = SY-MANDT.
APPEND IT_FIELDS.
IT_FIELDS-TABNAME = 'USR03'.
IT_FIELDS-FIELDNAME = 'BNAME'.
IT_FIELDS-VALUE = SY-UNAME.
IT_FIELDS-FIELD_ATTR = '02'.
APPEND IT_FIELDS.

CALL FUNCTION 'POPUP_GET_VALUES'
EXPORTING
```

```
*  NO_VALUE_CHECK  = ' '
   POPUP_TITLE     = 'Titel'
IMPORTING
   RETURNCODE      = I_ANSWER
TABLES
   FIELDS          = IT_FIELDS
EXCEPTIONS ERROR_IN_FIELDS = 1.
```

Automatische Prüfung gegen Datenbanktabellen

Die übergebene Tabelle wird bei der Rückgabe mit den Benutzereingaben gefüllt.

Eine äußerst praktische Erweiterung des eben erläuterten Bausteins bildet POPUP_GET_VALUES_DB_CHECKED. Er kann bei Bedarf gleich in der entsprechenden Tabelle auf Existenz (Parameter CHECK_EXISTENCE = 'X') oder explizit auf nicht-Existenz (CHECK_EXISTENCE = ' ') abprüfen. Das folgende Beispiel soll den Eingangsdialog in die Neuanlage eines Buches bilden. Die ISBN-Nummer ist zwingend vorzugeben, darf in der Tabelle ZBIBBUECHER aber nicht vorhanden sein.

```
DATA I_ANSWER.
DATA IT_FIELDS LIKE SVAL OCCURS 0 WITH HEADER LINE.

IT_FIELDS-TABNAME = 'ZBIBBUECHER'.
IT_FIELDS-FIELDNAME = 'ISBN'.
IT_FIELDS-FIELD_OBL = 'X'.
APPEND IT_FIELDS.

CALL FUNCTION 'POPUP_GET_VALUES_DB_CHECKED'
EXPORTING
   CHECK_EXISTENCE         = ' '
   POPUP_TITLE             = 'Neuanlage ...'
IMPORTING
RETURNCODE         = I_ANSWER
TABLES
   FIELDS                  = it_fields
EXCEPTIONS ERROR_IN_FIELDS      = 1.
```

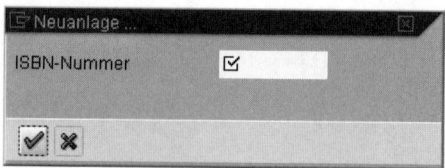

Abb. 3.12 © SAP AG: nicht-vorhandene ISBN als Pflichtfeld

POPUP_GET_VALUES(*)/POP_GET_VALUES_DB_CHECKED(**)			
Import-Parameter			
NO_VALUE_CHECK (*)	X	Die Überprüfung des Datentyps der Benutzereingabe gegen das Data Dictionary ist ausgeschaltet.	
		Die Überprüfung ist aktiv.	
CHECK_EXISTENCE (**)	X	Der eingegebene Wert muss in der darunterliegenden DB-Tabelle vorhanden sein.	
		Der eingegebene Wert darf in der darunterliegenden DB-Tabelle **nicht** vorhanden sein.	
POPUP_TITLE		Titel der Dialogbox (oberer, blauer Rand)	
START_COLUMN		Horizontaler Abstand zum linken Rand des Elternfensters	
START_ROW		Vertikaler Abstand zum oberen Rand des Elternfensters	
Export-Parameter			
RETURNCODE	A	Der Benutzer hat auf *Abbrechen* geklickt.	
		Der Benutzer hat auf *OK* geklickt und die Daten entsprechen den Anforderungen.	
Tabellen			
FIELDS		TABNAME	Name der DB-Tabelle
		FIELDNAME	Feldname der DB-Tabelle

	VALUE		Benutzereingabe bzw. Voreinstellung
	FIELD_ATTR		Normal
		01	Eingabebereit, aber mit farbiger Schrift
		02	Nur Anzeige
		03	Nur Anzeige, aber mit farbiger Schrift
		04	ausgeblendet
	FIELD_OBL	X	Feld muss gefüllt sein
			Kein Pflichtfeld
	COMP_CODE (**)		Vergleichoperator für Gegenprüfung (vgl. Anhang)
	FIELDTEXT		Bezeichnungstext, falls er nicht automatisch aus dem Data Dictionary gezogen werden soll
	COM_TAB (**)		DB-Tabelle für die Gegenprüfung des Wertes
	COM_FIELD (**)		Feldname der DB-Tabelle für die Gegenprüfung
	NOVALUE HELP	X	F4-Hilfe unterdrückt
			F4-Hilfe anzeigen
Exceptions			
ERROR_IN_FIELDS			FIELDS-Tabelle enthält ungünstige Angaben

3.2 Tabellenpflege

Mit der standardisierten Tabellenpflege bietet R/3 sowohl den Endanwendern als auch den Programmierern die Möglichkeit, einheitlich und einfach Tabelleneinträge zu erfassen und zu editieren. Oftmals ist es nicht nötig, ein aufwendiges Dialog-Programm selbst zu entwickeln. In unserem Beispielszenario soll bei der Erfassung von Verlagsdaten diese Technik zum Einsatz kommen. Es ist abzusehen, dass die Verlags-Tabelle selbst im produktiven Einsatz niemals mehr als ein paar hundert Datensätze beinhalten wird, und dass es bei der Erfassung immer nur darum gehen wird, eine Nummer und die Verlagsbezeichnung zu hinterlegen. Beste Voraussetzungen also, sich die Realisierung so einfach wie möglich zu machen. Ein weiteres Anwendungsgebiet der Tabellenpflege sind natürlich auch die Customizing-Tabellen, die es zu tausenden in jeder produktiven R/3-Umgebung gibt und die in der Regel alle über standardisierte Dialoge mit Leben gefüllt werden. Es ist zu beachten, dass nur Datenbanktabellen mit der Tabellenpflege bearbeitet werden können, die in Ihrer Definition die Tabellenpflege erlauben (im Data Dictionary im Reiter *Auslieferung und Pflege* → *Tabellenpflege erlaubt*).

3.2.1 Generieren der Pflegebausteine

Die Transaktion SE54 bildet den Einstieg in die automatische Generierung der Pflegedialoge. Alle generierten Objekte sind unmittelbar mit der zu pflegenden Tabelle verknüpft, aus diesem Grund ist der Tabellenname der eindeutige Einstieg.

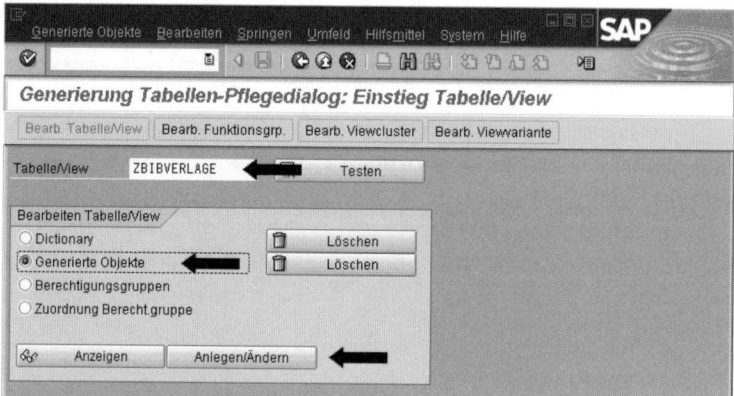

Abb. 3.13 © SAP AG: Einstieg in die Generierung

Wir wählen nach der Eingabe des Tabellennamens die Option *Generierte Objekte* und bestätigen mit *Anlegen*.

Die Generierungs-umgebung

Abbildung 3.14 zeigt die Generierungsumgebung. Da sich der generierte Dialog selbst um die Benutzerberechtigung kümmert, muss eine Berechtigungsgruppe angegeben werden (oder &NC& für *ohne Berechtigungsgruppe*). Darüber hinaus ist die zugehörige Funktionsgruppe anzugeben. Da die Pflege-Generierung neben den Dynpros und einigen Funktionsbausteinen auch eine große Zahl an Includes und Modulen mitbringt, ist es unbedingt zu empfehlen, eine absolut leere Funktionsgruppe zu wählen (Sie kann über die Transaktion SE37 angelegt werden. *Springen → Frgruppenverwaltung → Gruppe anlegen*).

Ein- und zwei-stufige Pflege

Zwei Arten von Pflegedialogen werden unterschieden: Die einstufige enthält nur eine editierbare Tabelle und die zweistufige eine Tabelle mit einem Absprung in die Detailansicht des jeweiligen Datensatzes. In jedem Fall müssen Dynpro-Nummern angegeben werden, die in der jeweiligen Funktionsgruppe noch nicht belegt sind (der Button *Bildnummern suchen* hilft).

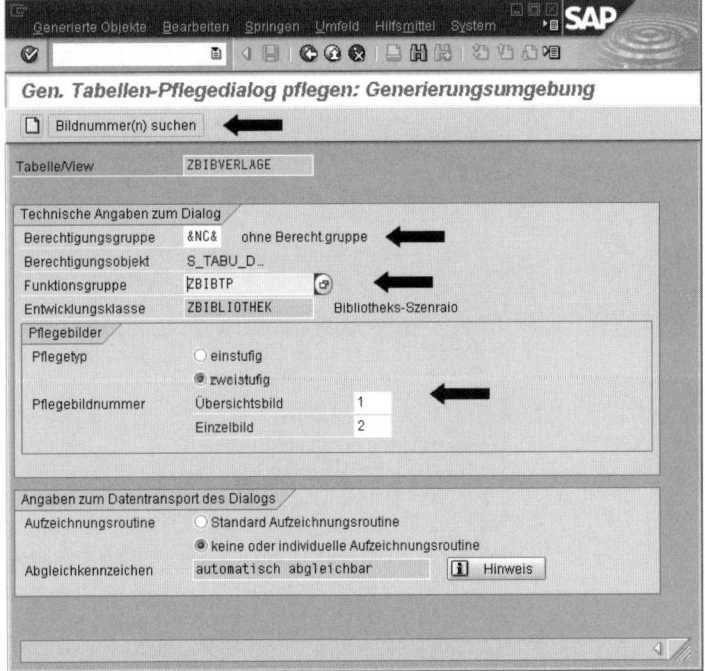

Abb. 3.14 © SAP AG: Generierungsumgebung

Automatischer Transport

Im unteren Teil des Bildes gibt es die Möglichkeit, den Pflege-baustein gleich den Transport der Tabelleninhalte mit erledigen zu lassen. Im Fall von Customizing-Tabellen werden die Daten-inhalte im Entwicklungs-System eingegeben und per Transport in die Produktivumgebung überführt.

Nun kann die Generierung der Pflegebausteine erfolgen. Im Prinzip haben wir jetzt schon die Arbeit beendet; der generierte Dialog lässt sich bereits über die Transaktion SM30 aufrufen (Abbildung 3.15). Die Tabellenansicht (Abbildung 3.16) zeigt alle Datensätze und bietet die Möglichkeit, Sätze zu löschen, zu än-dern und neu anzulegen. Ein Doppelklick auf die jeweilige Zeile springt in die Detailansicht (Abbildung 3.17) ab.

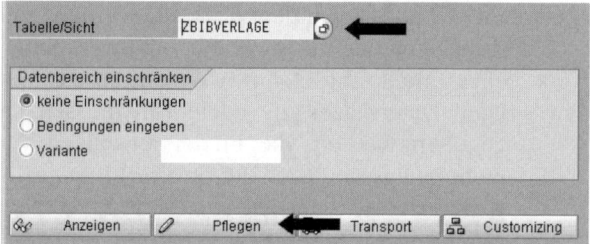

Abb. 3.15 © SAP AG: Aufruf des Pflegedialogs über SM30

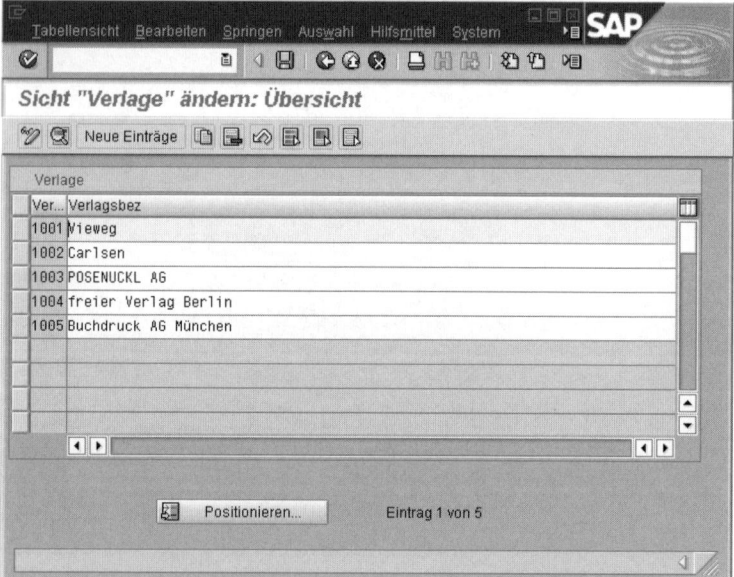

Abb. 3.16 © SAP AG: Tabellensicht des Pflegedialogs

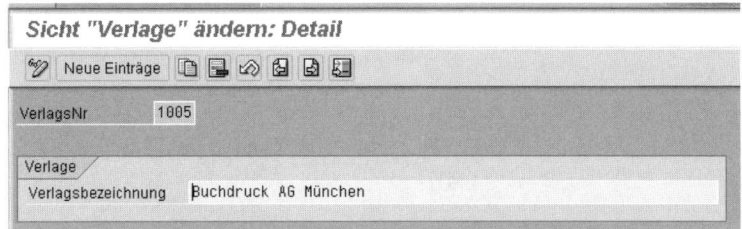

Abb. 3.17 © SAP AG: Detailansicht des Pflegedialogs

3.2.2   Programmierschnittstelle

Die ABAP-seitige Steuerung bzw. der Aufruf des generierten Pflegedialoges kann in verschiedenster Weise geschehen. Wir werden zunächst den Dialog mit einem einzelnen Funktionsbaustein-Aufruf zum Leben erwecken und sehen, welche vielfältigen Gestaltungsmöglichkeiten sich bereits hiermit bieten.

Programmgesteuerter Aufruf

ZBIB_TP1

Sehen wir uns den Baustein VIEW_MAINTENANCE_CALL an. Der *action*-Parameter steuert den Einstieg in den Dialog. Analog zur SM30 wird zwischen Anzeigen (S), Ändern (U) und Transportieren (T) unterschieden. Im Falle des Transports erledigt der Dialog alle Formalitäten (Transportauftrag usw.) gleich mit. Die Tabelleneinträge werden automatisch gesperrt, und die Berechtigungsprüfung wird gemäß den Vorgaben bei der Generierung ebenfalls durchgeführt.

```
CALL FUNCTION 'VIEW_MAINTENANCE_CALL'
EXPORTING
    action                        = 'U'
    view_name                     = 'ZBIBVERLAGE'
EXCEPTIONS
    client_reference              = 1
    foreign_lock                  = 2
    invalid_action                = 3
    no_clientindependent_auth     = 4
    no_database_function          = 5
    no_editor_function            = 6
    no_show_auth                  = 7
    no_tvdir_entry                = 8
    no_upd_auth                   = 9
    only_show_allowed             = 10
    system_failure                = 11
    unknown_field_in_dba_sellist  = 12
```

```
view_not_found                    = 13
OTHERS                            = 14.


IF sy-subrc <> 0.
   MESSAGE e006(zbib). " Fehler beim Aufruf
ENDIF.
```

Deaktivieren von Funktionen

Darüber hinaus bietet der Baustein die Möglichkeit, die Pflege-oberfläche in ihrer Funktionalität einzuschränken. Hierfür steht die Übergabe-Tabelle *excl_cua_funct* zur Verfügung. Sie enthält alle zu deaktivierenden Funktionscodes des Dialogs. Um den richtigen Code herauszufinden, klicken Sie mit der rechten Maustaste auf den jeweiligen Menü-Eintrag und drücken Sie F1. Es öffnet sich ein System-Fenster mit dem dahinterliegenden Funktionscode. Im nachfolgenden Beispiel soll der Benutzer keine Einträge hinzufügen oder löschen können, aus diesem Grund werden die Funktionscodes NEWL (Neuanlage), KOPE (Kopieren) und DELE (Löschen) deaktiviert. Den Knopf für das Wechseln vom Änderungs- in den Anzeigemodus (ANZG) deaktivieren wir gleich mit.

Einschränkung der Datensätze

Die Tabelle *dba_sellist* enthält die Einschränkungen der Datensätze. Unter Angabe des entsprechenden Felds (*viewfield*), eines Operators (*operator*) und des Wertes (*value*) kann die Ergebnismenge eingeschränkt werden. Es sind natürlich mehrere Zeilen zulässig. Die einzelnen Zeilen sind mit der Angabe OR oder AND im Feld *and_or* logisch untereinander verknüpft. Alle gültigen Operatoren sind im Anhang aufgelistet.

ZBIB_TP2

```
DATA it_exkl LIKE vimexclfun
   OCCURS 0 WITH HEADER LINE.
DATA it_sellist LIKE vimsellist
   OCCURS 0 WITH HEADER LINE.
```

Definieren der Selektions-bedingung

```
it_sellist-viewfield = 'VERLAG'.
it_sellist-operator = 'GT'.
it_sellist-value = '1002'.
APPEND it_sellist.
```

Definieren der zu deaktivierenden Funtionscodes

```
it_exkl-function = 'NEWL'. APPEND it_exkl.
it_exkl-function = 'ANZG'. APPEND it_exkl.
it_exkl-function = 'KOPE'. APPEND it_exkl.
it_exkl-function = 'DELE'. APPEND it_exkl.
```

```
CALL FUNCTION 'VIEW_MAINTENANCE_CALL'
EXPORTING
    action                          = 'U'
    view_name                       = 'ZBIBVERLAGE'
TABLES
    dba_sellist                     = it_sellist
    excl_cua_funct                  = it_exkl
EXCEPTIONS
    [...]

IF sy-subrc <> 0.
    MESSAGE e006(zbib). " Fehler beim Aufruf
ENDIF.
```

Abbildung 3.18 zeigt den aufgerufenen Pflegedialog. Die Buttons der deaktivierten Funktionen sind verschwunden. Außerdem werden nur die Datensätze gezeigt, die den vorgegebenen Bedingungen entsprechen.

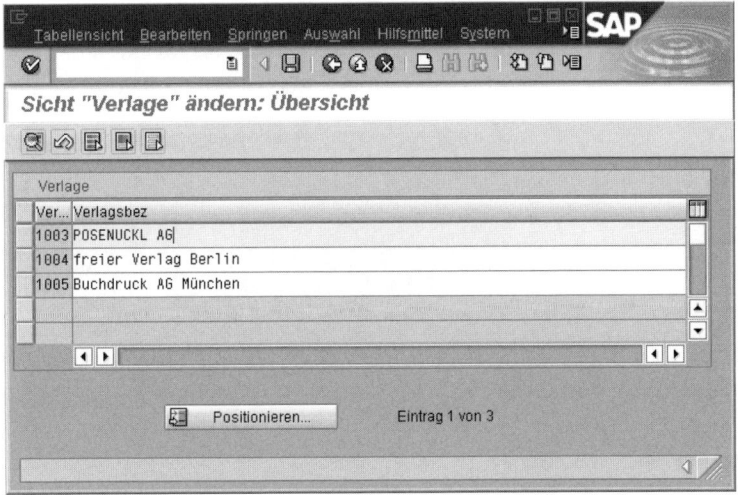

Abb. 3.18 © SAP AG: modifizierter Pflegedialog

ZBIB_TP3

Sehen wir uns zuletzt noch den Parameter *show_selection_popup* an. Mit seiner Hilfe kann ein standardisierter Benutzer-Dialog für die Dateneinschränkung veranlasst werden. Der Benutzer kann zunächst auswählen, welche Felder er einschränken möchte, um im nächsten Schritt die konkreten Werte einzugeben.

```
CALL FUNCTION 'VIEW_MAINTENANCE_CALL'
EXPORTING
    action                          = 'U'
    view_name                       = 'ZBIBVERLAGE'
    show_selection_popup            = 'X'
EXCEPTIONS
    [...]

IF sy-subrc <> 0.
    MESSAGE e006(zbib). " Fehler beim Aufruf
ENDIF.
```

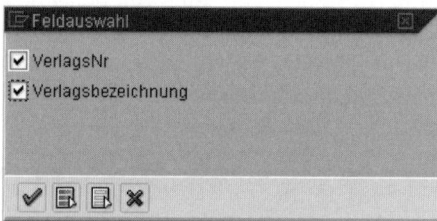

Abb. 3.19 © SAP AG: Benutzerdialog Feldeinschränkung

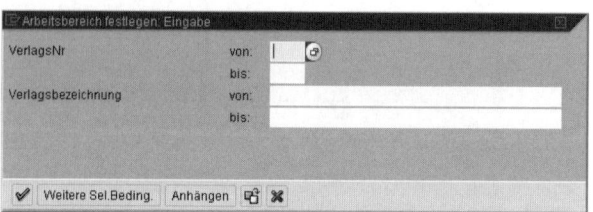

Abb. 3.20 © SAP AG: Benutzerdialog Werteinschränkung

3.2.3   Erweiterte Low-Level-Funktionen

ZBIB_TP4

Im vergangen Teilkapitel haben wir das Abspeichern der gepflegten Daten den Baustein erledigen lassen. Das muss nicht immer gewünscht sein. Insbesondere wenn die Neuanlage oder Löschung von Datensätzen mit weiteren Aktionen verknüpft ist, müssen wir uns von VIEW_MAINTENACE_CALL verabschieden. R/3 bietet dazu den Baustein VIEW_MAINTENANCE_ LOW_LEVEL an. Er dient lediglich dem Aufruf der Pflegeoberfläche. Alles (!) andere muss selbst erledigt werden. Hierzu gehört

- die Berechtigungsprüfung (mit VIEW_AUTHORITY_CHECK)

- das Sperren der Datensätze (mit VIEW_ENQUEUE)

- die Beschaffung und Speicherung der Daten selbst

- die Beschaffung aller nötigen Informationen aus dem Data Dictionary (mit VIEW_GET_DDIC_INFO)

Die Datenübergabe erfolgt in zwei Tabellen. *total* enthält alle zu pflegenden Datensätze und *extract* wird vom Baustein zurückgegeben. Sie enthält die modifizierten Datensätze. Die Struktur beider Tabellen weist neben allen Feldern der zu pflegenden Tabelle zwei zusätzliche Spalten auf: *mark* ist gesetzt, falls der Benutzer die Spalte markiert hat, *action* enthält ein entsprechendes Flag, ob der Datensatz geändert, gelöscht oder neuangelegt wurde. Wählt der Benutzer eine bestimmte Aktion, springt der Programm-Thread zurück in den eigenen Code. Sämtliche Verarbeitung der Benutzeranforderungen müssen manuell programmiert werden. Der folgende Beispielcode kann als Rahmenprogramm genutzt werden. Es ist nur die Aktion SAVE ausprogrammiert.

```
REPORT  zbib_tp4 .

TABLES zbibverlage.

DATA it_exkl LIKE vimexclfun
   OCCURS 0 WITH HEADER LINE.
DATA it_sellist LIKE vimsellist
   OCCURS 0 WITH HEADER LINE.
DATA it_header LIKE vimdesc
```

```
                    OCCURS 0 WITH HEADER LINE.
             DATA it_namtab LIKE vimnamtab
                    OCCURS 0 WITH HEADER LINE.
```

Konstruktion der
Übergabe-
Tabellen aus der
eigentlichen
Tabelle und den
beiden angehäng-
ten Flags

```
             DATA BEGIN OF wa_inout.
                INCLUDE STRUCTURE zbibverlage.
                INCLUDE STRUCTURE vimflagtab.
             DATA END OF wa_inout.

             DATA it_total LIKE wa_inout
                OCCURS 0 WITH HEADER LINE.
             DATA it_extract LIKE wa_inout
                OCCURS 0 WITH HEADER LINE.

             DATA it_e071k LIKE e071k OCCURS 0 WITH HEADER LINE.

             DATA command LIKE sy-ucomm.
```

Datenbeschaffung

```
             SELECT * FROM zbibverlage
                INTO CORRESPONDING FIELDS OF TABLE it_total.
```

Exklusives Sperren
des Pflegeviews

```
             CALL FUNCTION 'VIEW_ENQUEUE'
             EXPORTING
             *   ACTION                    = 'E'
                 enqueue_mode              = 'E'
                 view_name                 = 'ZBIBVERLAGE'
             *   ENQUEUE_RANGE             = ' '
             *   TABLES
             *   SELLIST                   =
             EXCEPTIONS
                 [...]

             IF sy-subrc <> 0.
                MESSAGE e008(zbib). " Fehler bei Sperren ....
             ENDIF.
```

Beschaffung der
Informationen
aus dem Data
Dictionary

```
             CALL FUNCTION 'VIEW_GET_DDIC_INFO'
             EXPORTING
                 viewname                  = 'ZBIBVERLAGE'
             *   VARIANT_FOR_SELECTION     = ' '
             TABLES
                 sellist                   = it_sellist
```

```
        x_header                        = it_header
        x_namtab                        = it_namtab
    EXCEPTIONS
        [...]

    IF sy-subrc <> 0.
        MESSAGE e007(zbib). " Fehler bei VIEW_GET_....
    ENDIF.
```

Aufruf des Pflege-dialogs

```
    CALL FUNCTION 'VIEW_MAINTENANCE_LOW_LEVEL'
    EXPORTING
    *   CORR_NUMBER                     = ' '
    *   FCODE                           = 'RDED'
        view_action                     = 'U'
        view_name                       = 'ZBIBVERLAGE'
    *   RFC_DESTINATION_FOR_UPGRADE     = ' '
    *   CLIENT_FOR_UPGRADE              = ' '
    *   COMPLEX_SELCONDS_USED           = ' '
    *   NO_WARNING_FOR_CLIENTINDEP      = ' '
    *   OC_INST                         =
    IMPORTING
    *   LAST_ACT_ENTRY                  =
        ucomm                           = command
    *   UPDATE_REQUIRED                 =
    *   CORR_NUMBER                     =
    *   ACTION_OUT                      =
    TABLES
        corr_keytab                     = it_e071k
        dba_sellist                     = it_sellist
        dpl_sellist                     = it_sellist
        cxcl_cua_funct                  = it_exkl
        extract                         = it_extract
        total                           = it_total
        x_header                        = it_header
        x_namtab                        = it_namtab
    EXCEPTIONS
        [...]

    IF sy-subrc <> 0.
        MESSAGE e006(zbib). " Fehler beim Aufruf
    ENDIF.
```

```
                      IF command = 'SAVE'.
                        LOOP AT it_extract WHERE action = 'U'.
                          MOVE-CORRESPONDING it_extract TO zbibverlage.
                          UPDATE zbibverlage.
                        ENDLOOP.
                        LOOP AT it_extract WHERE action = 'N'.
                        MOVE-CORRESPONDING it_extract TO zbibverlage.
                          INSERT zbibverlage.
                        ENDLOOP.
                      ENDIF.
```

Entsperren der
Pflegeobjekte
```
                      CALL FUNCTION 'VIEW_ENQUEUE'
                      EXPORTING
                        action       = 'D'
                        enqueue_mode = 'E'
                        view_name    = 'ZBIBVERLAGE'.
```

3.2.4   Funktionsbausteine im Überblick

VIEW_MAINTENANCE_CALL		
ruft einen Pflegedialog analog zur Transaktion SM30 auf. (Hinweis: Es sind hier nur die wichtigsten Parameter angegeben. Da der Baustein sehr alt ist, existieren obsolete Parameter, die nicht mehr genutzt werden können / sollen)		
Import-Parameter		
ACTION	S	Nur anzeigen
	U	Änderungen zulassen
	T	Geänderte Einträge transportieren
SHOW_SELECTION_POPUP	X	Das PopUp mit Selektionsbedingungen wird angezeigt
		Kein PopUp
VIEW_NAME		Name der Tabelle, die gepflegt werden soll
CHECK_DDIC_MAINFLAG	X	Überprüfung, ob Pflegeflag für diese Tabelle im Data Dictionary gesetzt ist
		Überprüfung auf Pflegeflag umgehen

Tabellen-Parameter			
DBA_SELLIST	Schränkt die zu pflegenden Zeilen ein		
	VIEWFIELD	Name des Feldes	
	NEGATION	Negiert mit der Angabe NOT die Bedingung	
	OPERATOR	Vergleichsoperator (vgl. Anhang)	
	VALUE	Wert	
	AND_OR	Verknüpft die Bedingung dieser Zeile mit der nächsten Zeile (AND oder OR)	
EXCL_CUA_FUNCT	Liste mit Funktionen, die ausgeblendet werden sollen		
	FUNCTION	Funktionscode, der ausgeblendet werden soll	
Exceptions			
FOREIGN_LOCK	Die Pflegeview ist gesperrt		
VIEW_NOT_FOUND	Zur angegebenen Tabelle gibt es keine Pflegeview		
MAINTENANCE_PROHIBITED	Die Einstellungen im Data Dictionary für diese Tabelle erlauben keine Pflege		
NO_SHOW_AUTH	Keine Berechtigung zum Lesen der Tabelle		
NO_UPD_AUTH	Keine Berechtigung zum Ändern der Tabelle		

VIEW_ENQUEUE		
sperrt / entsperrt zu pflegende Tabelleneinträge		
Import-Parameter		
ACTION	E	Sperren
	D	Entsperren

ENQUEUE_MODE	S	Nicht-exklusive Sperre
	E	Exklusive Sperre
VIEW_NAME		Name der Tabelle, die gepflegt werden soll
ENQUEUE_RANGE	X	Nur einzelne Zeilen (gem. Selektionseinschränkung)
		Komplette Tabelle sperren

Tabellen-Parameter	
SELLIST	Wie DBA_SELLIST bei VIEW_MAINTENANCE_CALL

Exceptions	
FOREIGN_LOCK	Die Pflegeview ist bereits gesperrt
TABLE_NOT_FOUND	Zur angegebenen Tabelle gibt es keine Pflegeview

---

VIEW_GET_DDIC_INFO

Erstellt die nötigen DDIC-Tabellen für die Low-Level-Funktion

Import-Parameter	
VIEW_NAME	Name der Tabelle, die gepflegt werden soll

Tabellen-Parameter	
SELLIST	Wie DBA_SELLIST bei VIEW_MAINTENANCE_CALL
X_HEADER	Tabelle zur Weitergabe an die Low-Level-Funktion
X_NAMTAB	Tabelle zur Weitergabe an die Low-Level-Funktion

Exceptions	
TABLE_NOT_FOUND	Tabelle nicht vorhanden

Übersicht zur UCOMM-Spalte in VIEW_MAINTENANCE_LOW_LEVEL

Sie steuert, auf welchen Knopf bzw. welches Menü der Benutzer gedrückt hat

SAVE	*Speichern*-Knopf
ORGL	Abbrechen
ANZG	Wechsel des Modus nach *Anzeigen*
AEND	Wechsel des Modus nach *Ändern*
TRSP	Wechsel des Modus nach *Transportieren*
ENDE	Ende der Bearbeitung
ATAB	Anfordern einer anderen View
BACK	Gelber *zurück*-Knopf

3.3   Das ALV-Grid

Mit dem ALV-Grid hat SAP das umfangreichste aller Enjoy-Controls ins Leben gerufen. Es wird bereits in zahlreichen SAP-Standard-Transaktionen genutzt und dient primär dazu, tabellarische oder hierarchische Daten anzuzeigen. Abbildung 3.21 beispielsweise zeigt eine Datenbanktabelle in der Transaktion SE16N. Der große Vorteil für den Anwender sind neben der schicken und zeitgemäßen Darstellung eine ganze Reihe von Standard-Funktionen, die der Entwickler sich in einem klassischen Table Control hart erarbeiten müsste: Hierunter fallen beispielsweise das Sortieren, Suchen und Filtern der Datensätze. Außerdem bietet es umfangreiche Möglichkeiten des Datenexports, so zum Beispiel nach Excel, HTML, Lotus oder Crystal Reports.

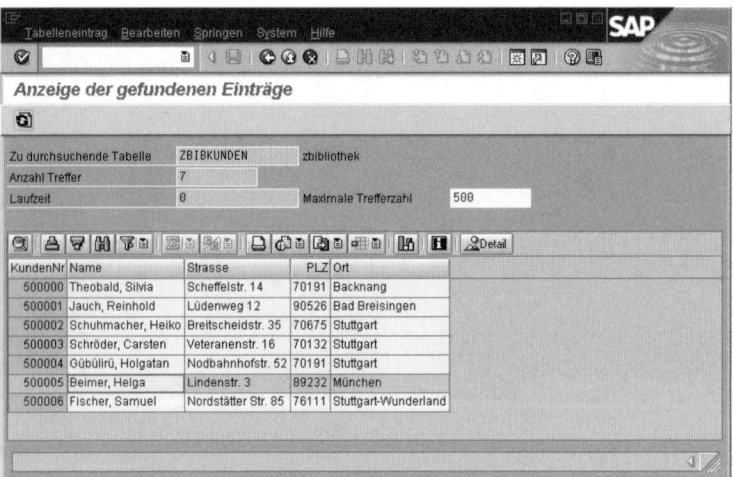

Abb. 3.21 © SAP AG: Transaktion SE16N mit ALV

Table Control vs. ALV

Auch wenn das ALV-Grid sehr großen Anklang bei Entwicklern und Anwendern findet, ist das klassische Table Control keineswegs vom Aussterben bedroht. Das liegt in der internen Technik der Ansteuerung. Beim Table Control hat das aufrufende Programm sehr viel Kontrolle über die angezeigten Datensätze. Es werden immer nur genau die Datensätze zum GUI transportiert, die auch wirklich benötigt werden. Für das Scrollen ist das Programm selbst zuständig. Anders beim ALV. Als Enjoy-Control läuft ein Großteil der Bedienlogik auf dem lokalen Anwender-Frontend. Das bedingt, dass alle Datensätze, die durch Scrollen möglicherweise angezeigt werden könnten, auch komplett zum Anwender transportiert werden müssen. Bei großen Tabellen fällt das sehr schnell ins Gewicht, somit ist das ALV für mehr als einige tausend Datensätze nicht mehr geeignet.

Wir werden uns in den folgenden Beispielen zunächst ein einfaches ALV auf ein Dynpro zaubern, um dann einige Layout- und Spalteneigenschaften zu verändern.

3.3.1   ALV als Steuerelemente im Dynpro

ZBIB_ALV01

Das ALV ist ja eigentlich nicht mehr und nicht weniger als eines der Enjoy-Controls, so wie wir sie bereits einige Male im Verlauf des Buches diskutiert haben. Es wird über die Gui-Klasse *cl_gui_alv_grid* angesteuert. Sie ist sehr umfangreich, was bei den gebotenen Möglichkeiten nicht verwundern mag. Allerdings lässt sich mit wenig Aufwand schon einiges erreichen. Die Methode *set_table_for_first_display* initialisiert das ALV mit Daten. Neben einer internen Tabelle, die die Daten enthält, verlangt diese Methode auch nach einer Data-Dictionary-Struktur, die die übergebenen Daten genau spezifiziert. Falls die Daten in der internen Tabelle genau einer transparenten Datenbanktabelle entsprechen, entspricht der Name der Struktur der Tabelle. Falls dem nicht so ist (weil die Daten zum Beispiel aus einem Join von zwei Datenbank-Tabellen erzeugt wurden) gibt es zwei Möglichkeiten: Entweder man legt im Data Dictionary (Transaktion SE11) eine gewünschte Struktur an oder wir bauen uns einen so genannten Feldkatalog selbst. Es sei an dieser Stelle dringend die erstere Möglichkeit empfohlen. Der enge Bezug zum Data Dictionary ist beim ALV dadurch begründet, dass das ALV sich bei seiner Anzeige etliche Einstellungen selbst aus dem Data Dictionary besorgt: Eventuelle Werte- oder Suchhilfen, die Spaltenüberschriften usw.

Für unser erstes Beispiel benötigen wir wieder ein Dynpro 100 mit einem Custom Control namens CONT1; außerdem einen GUI-Status namens LEISTE bei dem hinter dem roten Funktionsknopf der Code EXIT hinterlegt ist.

Das Rahmen ist nicht sehr spektakulär. Die Referenzen werden deklariert, die Daten vorbereitet und das Dynpro aufgerufen.

```
REPORT  zbib_alv01.

TABLES zbibverlage.

DATA  ok_code LIKE sy-ucomm.
DATA: cont1 TYPE REF TO cl_gui_custom_container,
      alv1 TYPE REF TO cl_gui_alv_grid.
DATA  it_verlag TYPE STANDARD TABLE OF zbibverlage.

START-OF-SELECTION.

  SELECT * FROM zbibverlage INTTO TABLE it_verlag.
  CALL SCREEN 100.
```

Wir nutzen die Standardablauflogik, also *status_0100* als PBO und *user_command_0100* als PAI. Für die Erstinitialisierung wird an *set_table_for_first_display* die interne Tabelle und die Angabe DDIC-Strukur übergeben, außerdem wird gleich mit *set_gridtitle* ein Titel für das ALV gesetzt.

```
MODULE status_0100 OUTPUT.
  SET PF-STATUS 'LEISTE'.
  IF cont1 IS INITIAL.
    CREATE OBJECT cont1
      EXPORTING container_name = 'CONT1'.
  ENDIF.
  IF alv1 IS INITIAL.
    CREATE OBJECT alv1
      EXPORTING i_parent = cont1.

    CALL METHOD alv1->set_table_for_first_display
      EXPORTING
        i_structure_name = 'ZBIBVERLAGE
      CHANGING
        it_outtab        = it_verlag

    CALL METHOD alv1->set_gridtitle
      EXPORTING
        i_gridtitle = 'Verlage

  ENDIF.
ENDMODULE.
```

user_command_0100 sorgt beim Beenden lediglich für das nötige Aufräumen im Speicher.

```
MODULE user_command_0100 INPUT.
  CASE ok_code.
    WHEN 'EXIT'.
      CALL METHOD alv1->free.
      CALL METHOD cont1->free.
      FREE cont1.
      FREE alv1.
      LEAVE PROGRAM.
  ENDCASE.
ENDMODULE.
```

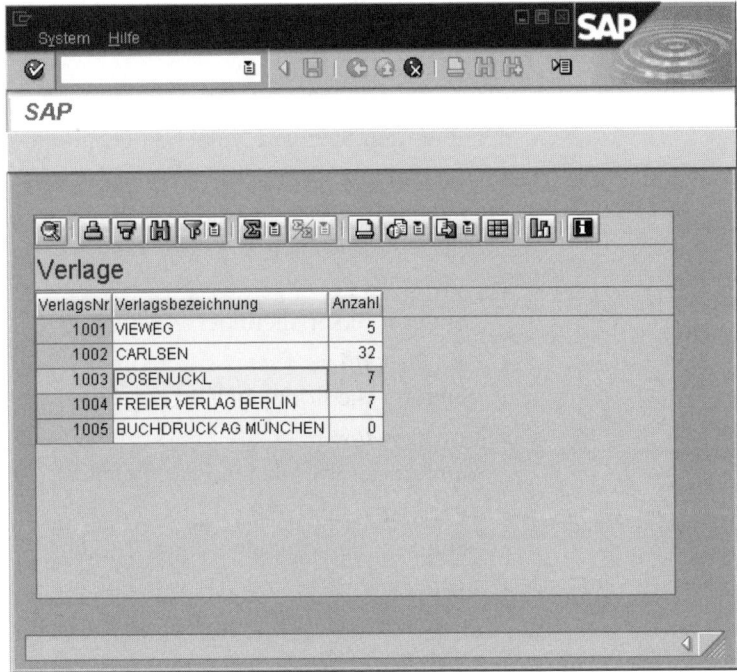

Abb. 2.22 © SAP AG: Resultat des ersten Beispiels

3.3.2   Layout-Anpassung

ZBIB_ALV02

Standardmäßig wird das ALV so wie im vorhergehenden Beispiel mit einem definierten Aussehen dargestellt. Es bietet aber zahlreiche Möglichkeiten, dieses Aussehen programmgesteuert zu beeinflussen. Dreh- und Angelpunkt ist die Struktur *lvc_s_layo*. Sie enthält alle Konfigurationsmöglichkeiten als ihre Elemente und könnte der bereits erwähnten Methode *set_table_for_first_display* gleich zu Anfang mitgegeben werden. Sie enthält allerdings so viele Elemente, die vorab gesetzt werden müssten, dass sich eine andere Methode anbietet. Nach *set_table_for_first_display* rufen wir zunächst mit *get_frontend_layout* die Struktur ab. Sie enthält alle Parameter, so wie sie dem Standard-Aussehen entsprechen (*flush* nicht vergessen !!). Ausgehend von dieser Basis setzen wir dann die gewünschten Elemente um und übergeben das geänderte Layout mit *set_frontend_layout* wieder ans ALV zurück.

Folgende Layout-Einstellungen werden im Beispielcoding gegenüber dem Standard-Aussehen geändert:

- *cwidth_opt*
  veranlasst das ALV, die Spalten nur so breit zu machen, dass der breiteste Wert genau hineinpasst

- *no_headers*
  entfernt die Spaltenüberschriften

- *no_hgridln*
  entfernt die horizontalen Gitterlinien

- *no_vgridln*
  entfernt die vertikalen Gitterlinien

- *no_toolbar*
  entfernt die komplette obere Toolbar

- *zebra*
  definiert, ob die Zeilen in alternierenden Farben angezeigt werden sollen

Die obigen Parameter sind nur eine kleine Auswahl der Möglichkeiten. Eine Komplettübersicht kann man sich über das Data Dictionary beschaffen, indem man einfach die Struktur *lvc_s_layo* betrachtet. Die meisten Elemente sind durch Ihren Kurztext selbsterklärend.

```
IF alv1 IS INITIAL.

    CREATE OBJECT alv1
       EXPORTING i_parent = cont1.

    CALL METHOD alv1->set_table_for_first_display
       EXPORTING
          i_structure_name = 'ZBIBVERLAGE'
       CHANGING
          it_outtab        = it_verlag.

    DATA layout TYPE lvc_s_layo.
```

Layout abrufen …
```
    CALL METHOD alv1->get_frontend_layout
       IMPORTING
          es_layout = layout.

    CLASS cl_gui_cfw DEFINITION LOAD.

    CALL METHOD cl_gui_cfw=>flush.
```

… umsetzen …
```
    layout-cwidth_opt = 'X'.
    layout-no_headers = 'X'.
    layout-no_hgridln = 'X'.
    layout-no_vgridln = 'X'.
    layout-no_toolbar = 'X'.
    layout-zebra = ' '.
```

… und zurück-
speichern
```
    CALL METHOD alv1->set_frontend_layout
       EXPORTING
          is_layout = layout.

ENDIF.
```

Abbildung 2.23 zeigt das so modifizierte ALV. Insbesondere durch das Ausblenden der Toolbar und der Titelleiste ist nicht mehr viel, außer der Datenanzeige, übrig geblieben.

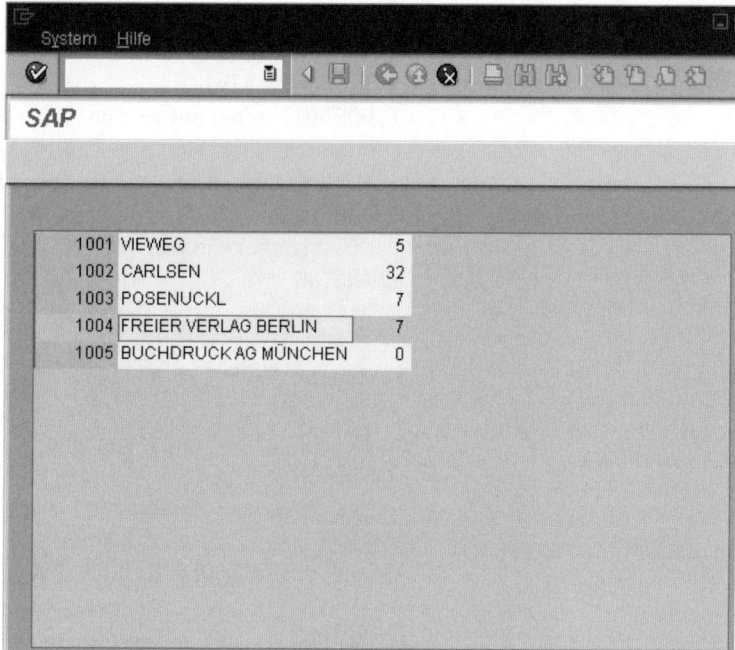

Abb. 2.23 © SAP AG: modifizierte ALV-Grid

3.3.3   Der Feldkatalog

Die Layout-Struktur aus dem letzten Beispiel bot Anpassungen, die das ganze ALV betrafen. Analog dazu gibt es die Möglichkeit, Parameter einer einzelnen Spalte zu modifizieren. Wie eingangs erwähnt, erfordert *set_table_for_first_display* einen so genannten Feldkatalog, der die einzelnen Spalten in ihrer Beschaffenheit genau beschreibt. Da es recht kompliziert ist, sich solch einen Katalog manuell zusammen zu bauen, bot das ALV die Möglichkeit, nur eine Struktur zu übergeben. Da wir aber im Folgenden den Feldkatalog vor (!) *set_table_for_first_display* modifizieren möchten, müssen wir ihn uns auf anderem Wege beschaffen. Dazu soll uns der Funktionsbaustein LVC_FIELDCATALOG_ MERGE gute Dienste leisten. Er empfängt ebenfalls eine Data Dictionary-Struktur und gibt den Feldkatalog in Form einer Tabelle des Typs *lvc_t_fcat* zurück. Nun können wir diesen entsprechend unseren Wünschen anpassen und dann an *set_table_for_first_display* übergeben.

Folgende Aufzählung beinhaltet einige gängige Spalten des Feldkatalogs, deren Modifikation sinnvoll ist:

- *do_sum*
  bildet eine Summe der Spalte

- *no_sum*
  verbietet dem Benutzer, eine Summe über die Spalte zu ziehen

- *no_out*
  unterdrückt den Output der Spalte

- *no_merging*
  unterdrückt die Zusammenfassung mehrer Zeilen mit demselben Wert

- *lowercase*
  ermöglicht die Ausgabe von Groß-/Kleinschreibung

- *emphasize*
  gibt die Spalte hervorgehoben aus (X) oder sogar farbig aus (Cx, wobei x eine Farbnummer ist, vgl. Farbübersicht im Anhang)

Alle Parameter des Feldkatalogs können im Data Dictionary unter Anzeige der Struktur *lvc_s_fcat* angesehen werden.

Das folgende Coding ändert unser ALV dahingehend ab, dass die Verlagsnummer nicht mehr ausgegeben wird (*no_out*), die Verlagsbezeichnung rot erscheint (*emphasize*) und eine Summe unter die Anzahl-Spalte gezogen wird (*do_sum*).

```
IF alv1 IS INITIAL.
    CREATE OBJECT alv1
        EXPORTING i_parent = cont1.

    DATA it_fieldcat TYPE  lvc_t_fcat.
    DATA wa_fieldcat LIKE LINE OF it_fieldcat.
```

Feldkatalog holen

```
    CALL FUNCTION 'LVC_FIELDCATALOG_MERGE'
        EXPORTING
            i_structure_name = 'ZBIBVERLAGE'
        CHANGING
            ct_fieldcat      = it_fieldcat.
```

Summe unter die Anzahl-Spalte

```
    CLEAR wa_fieldcat.
    wa_fieldcat-do_sum = 'X'.
    MODIFY it_fieldcat FROM wa_fieldcat
        TRANSPORTING do_sum
```

```
                    WHERE fieldname = 'ANZAHL'.
```

Verlagsnummern-
Spalte unter-
drücken

```
CLEAR wa_fieldcat.
wa_fieldcat-no_out = 'X'.
MODIFY it_fieldcat FROM wa_fieldcat
    TRANSPORTING no_out
    WHERE fieldname = 'VERLAG'.
```

Verlagsbezeich-
nung rot färben

```
CLEAR wa_fieldcat.
wa_fieldcat-emphasize = 'C6'.
MODIFY it_fieldcat FROM wa_fieldcat
TRANSPORTING emphasize
    WHERE fieldname = 'VERLAGBEZ'.

CALL METHOD alv1->set_table_for_first_display
    CHANGING
        it_outtab       = it_verlag
        it_fieldcatalog = it_fieldcat.

ENDIF.
```

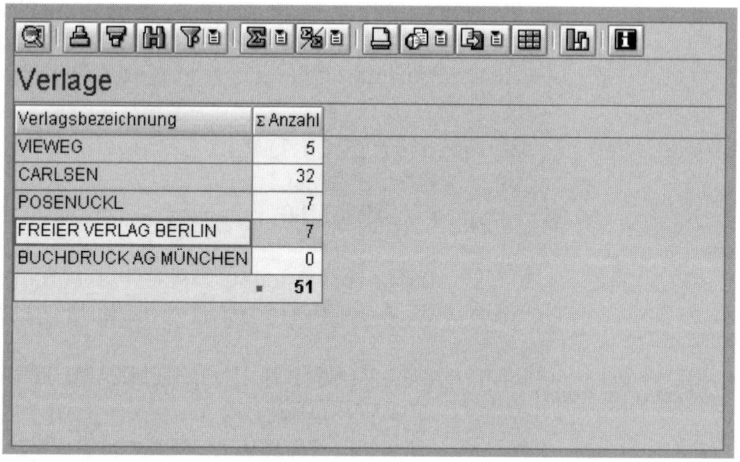

Verlagsbezeichnung	Σ Anzahl
VIEWEG	5
CARLSEN	32
POSENUCKL	7
FREIER VERLAG BERLIN	7
BUCHDRUCK AG MÜNCHEN	0
■	51

Verlage

Abb. 2.24: © SAP AG: modifiziertes ALV mit Summenzeile

3.3.4   Funktionen im Überblick

CL_GUI_ALV_GRID
Klasse für Funktionen des ALV
FIX_COLUMNS fixiert die ersten X Spalten (standardmäßig werden alle Schlüsselspalten fixiert)
GET_CURRENT_CELL gibt die aktuell markierte Grid-Zelle zurück
GET_FIRST_VISIBLE_COL/ GET_FIRST_VISIBLE_ROW gibt die laufende Nummer und den Namen der ersten sichtbaren Spalte / Zeile zurück
GET_FRONTEND_FIELDCATALOG **SET_FRONTEND_FIELDCATALOG** ruft den aktuellen Feldkatalog ab bzw. setzt ihn
GET_SELECTED_COLUMNS / GET_SELECTED_ROWS gibt die vom Benutzer selektierten Spalten / Zeilen zurück
GET_SORT_CRITERIA /SETT_SORT_CRITERIA holt bzw. setzt die Sortierkriterien
GET_FRONTEND_LAYOUT **SET_FRONTEND_LAYOUT** holt bzw. setzt das aktuelle Grid-Layout

4 Nummernkreise und lange Texte

In diesem Kapitel werden wir zwei Aspekte der Anwendungs-
entwicklung diskutieren, die in fast jedem betriebswirtschaftlichen Standard-Programm genutzt werden: Nummernkreise und
Textobjekte. In beiden Themen werden wir zunächst mit einigen
administrativen Vorgängen (Definieren der Objekte) beginnen,
um dann in Beispielen und Anwendungsfällen deren Einsatz im
eigenen Programm zu diskutieren.

4.1 Nummernkreise

Jedes betriebswirtschaftliche Objekt (z.B. ein Buch in unserem
Beispielszenario) oder jeder betriebswirtschaftliche Vorgang (z.B.
eine Bestandsbuchung) muss innerhalb der Datenbank durch einen eindeutigen Schlüssel identifizierbar sein. Alles andere würde verständlicherweise ins Chaos führen. Es besteht zum einen
die Möglichkeit, diesen eindeutigen Schlüssel vom Anwender
vorgeben zu lassen (z.B. die ISBN-Nummer bei der Anlage eines
neuen Buches) oder aber das System eine fortlaufende Nummer
vergeben zu lassen. Letztere Funktionalität soll Inhalt dieses Teilkapitels sein.

Hinter jedem Vorgang, der mit Nummernkreisen zu tun hat, steht
ein Nummernkreisobjekt. Es korrespondiert logisch mit dem jeweiligen Vorgang. Das Nummernkreisobjekt ZBIBKUNDE beispielsweise verwaltet die Vergabe von Kundennummern. Hinter
jedem Nummernkreisobjekt wiederum sind beliebig viele Nummernkreise hinterlegt. Ein Nummernkreis beinhaltet dann das
konkrete Intervall und den aktuellen Zählstand. Der Grund, warum Nummernkreisobjekte mehrere Nummernkreise enthalten,
wird in einen späteren Beispiel klarer. Zunächst wollen wir uns
mit der einfachsten Version zufrieden geben.

Der Einsteig in die Nummernkreis-Pflege bildet die Transaktion
SNUM (Abbildung 4.1). Nummernkreisobjekte sind ebenfalls
Programmobjekte und müssen somit auch einer Entwicklungsklasse (bzw. einem Paket) zugeordnet werden. Sie werden auch
transportiert.

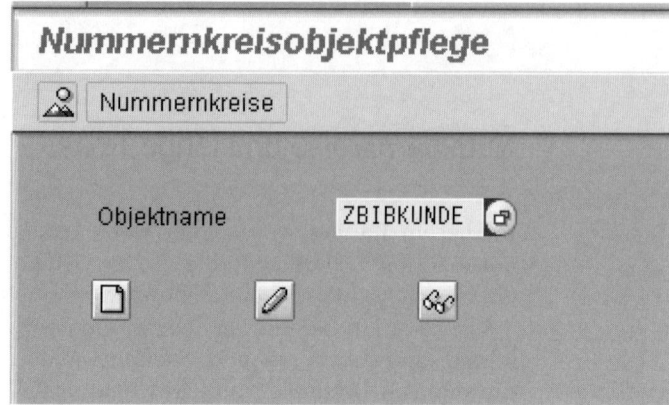

Abb. 4.1 © SAP AG: Einstieg in die Nummernkreisobjektpflege

Definition des Nummernkreis- objekts und die Pufferungs- Problematik

Abbildung 4.2 zeigt das Innenleben unseres neuanzulegenden Nummernkreisobjekts. Die Domäne für die Nummernlänge muss genauso lauten, wie die KundenNr-Spalte in der Kunden-Tabelle, außerdem ist eine Prozentgrenze für die Warnung einzutragen. Wenn sich im produktiven Betrieb der Nummernkreis immer mehr füllt, wird bei Erreichen dieser Grenze ein System-Alert ausgelöst, um den Administrator rechtzeitig vor dem überlaufenden Nummernkreis zu warnen. Die Nummernkreisverwaltung erlaubt die Pufferung von neuen Nummern. Das bedeutet, dass sich die einzelnen Applikationsserver einen definierbaren Range an Nummern reservieren und im Hauptspeicher halten. Der daraus erzielte Performance-Gewinn wird allerdings damit bezahlt, dass zum einen innerhalb der Nummern Lücken entstehen können, zum anderen die Nummern nicht zwingenderweise fortlaufend vergeben werden, wenn mehrere Applikationenserver bei der Nummernvergabe unterschiedlich beansprucht werden. Bei Finanzbelegen, bei denen eine lückenlose und zeitlich sauber aufsteigende Nummernvergabe unerlässlich ist, muss die Pufferung ausgeschaltet werden. Die anderen Felder sollen uns im ersten Schritt egal sein, wir werden später bei der Diskussion um komplexere Nummernkreisobjekte näher darauf eingehen.

Abb. 4.2 © SAP AG: Angaben in der SNUM

Nummernkreise
einpflegen

Nach dem Speichern steht der Button *Nummernkreise* zur Verfügung, um die unter dem Nummernkreisobjekt liegenden Intervalle zu pflegen. Abbildung 4.3 zeigt das Einfügen eines neuen Intervalls. Unsere Kundennummern sollen sich zwischen 600000
und 700000 bewegen und mit 600000 beginnen. Jedes Intervall
wird mit einer zweistelligen Nummer (in unserem Fall 01) gekennzeichnet. Es gibt die Möglichkeit, ein Nummernkreisintervall
als *extern* zu kennzeichnen. In solch einem Fall erfolgt die
Nummernvergabe nicht vom System sondern vom Anwender.
Dies kann beispielsweise bei Materialnummern sinnvoll sein, die
von einem Lieferanten und nicht vom eigenen Unternehmen
vergeben werden.

Abb. 4.3 © SAP AG: Anlage eines Intervalls

Transport

Es ist zu beachten, dass Nummernkreisobjekte zwar transportiert werden, Intervalle dagegen nicht. Der Transport von Intervallen kann zwar manuell angestoßen werden, es ist aber sinnvoll, das Intervall im Produktivsystem von Hand anzulegen.

4.1.1   Programmierschnittstelle

Sehen wir uns das Beispielprogramm ZBIB_02 an. Wenn ein neu angelegter Kunde gespeichert wird (KUNDENNR ist initial), wird mit Hilfe des Funktionsbausteins NUMBER_GET_NEXT eine neue Nummer aus dem Puffer gezogen (zum besseren Verständnis: Die Kundendaten vom Dynpro sind in der Struktur *wa_kunden* abgelegt).

```
DATA ret.

[...]

IF wa_kunden-kundennr IS INITIAL.

    CLEAR ret.
    CALL FUNCTION 'NUMBER_GET_NEXT'
    EXPORTING
        nr_range_nr              = '01'
        object                   = 'ZBIBKUNDE'
    IMPORTING
        number                   = wa_kunden-kundennr
        returncode               = ret
    EXCEPTIONS
        interval_not_found  = 1
        number_range_not_intern = 2
```

Neue Nummer holen

```
                    object_not_found   = 3 quantity_is_0    = 4
                    quantity_is_not_1  = 5 interval_overflow = 6
                    OTHERS  = 7.


                    IF sy-subrc <> 0 OR NOT ret IS INITIAL..
                       MESSAGE e003(zbib). "   Problem beim Speichern
                    ENDIF.
```

Endgültig
speichern

```
                    MOVE-CORRESPONDING wa_kunden TO zbibkunden.
                    INSERT zbibkunden.


                    IF sy-subrc <> 0 OR NOT ret IS INITIAL..
                       MESSAGE e003(zbib). "   Problem beim Speichern
                       ENDIF.
                    ENDIF.
```

4.1.2   Komplexe Nummernkreise mit Unterobjekten

Im vergangen Teilkapitel haben wir die einfachste Version einer Nummernkreisvergabe diskutiert. Die möglichen Methoden gehen aber weit darüber hinaus, pro Nummernkreisobjekt ein einzelnes Intervall anzusteuern. Die Tabelle ZBIBBESTAND enthält den aktuellen Bücher-Bestand einer Bibliothek. Der Primärschlüssel dieser Tabelle, also die Bestandsnummer, ist nicht alleine eine fortlaufende Nummer, sondern soll zugleich auch als Bestimmungsort dienen, das Buch physisch wieder zu finden. Die Bücher sind in der Bibliothek nach Genre geordnet. Man könnte also pro Genre ein Nummernkreisintervall definieren und irgendwo hinterlegen, welches Intervall zu welchem Genre gehört. Die Bestandsnummer setzt sich dann aus dem Kürzel des Genres und der fortlaufenden Nummer pro Genre zusammen. Es ist zu beachten, dass nur die Kombination aus beiden Angaben eindeutig ist. Die Nummernkreisverwaltung sieht eine derartige Vorgehensweise bereits vor, nämlich in der Form von Unterobjekten. Abbildung 4.4 zeigt das hinterlegte Unterobjekt in der Nummernkreisverwaltung. Das Einpflegen der Intervalle erfordert dadurch zunächst die Eingabe eines gültigen Genre-Kürzels (Abbildung 4.5). Für jedes Genre ist ein eigenes Intervall zu hinterlegen. Diese dürfen sich natürlich überlappen.

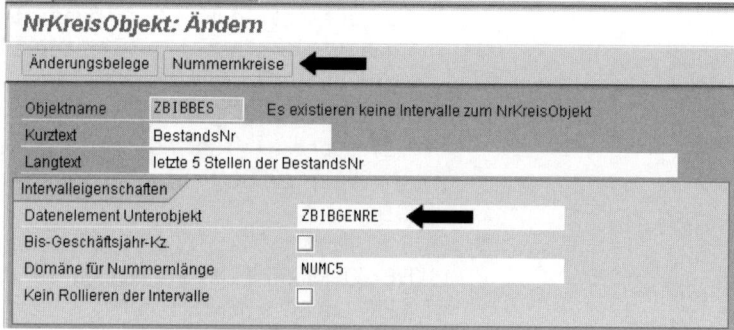

Abb. 4.4 © SAP AG: Unterobjekt

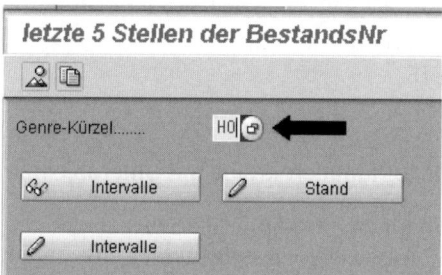

Abb. 4.5 © SAP AG: bei der Intervallpflege ist die Angabe des
Wertes des Unterobjekts Pflicht

Das Beispielprogramm ZBIB_BES01 dient dem Benutzer zum
Anlegen von neuen Buch-Beständen. Er gibt die ISBN-Nummer
ein und die gewünschte Anzahl der Neuanlagen (Abbildung 4.6).

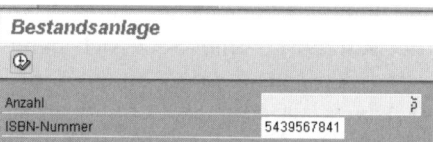

Abb. 4.6 © SAP AG: Selection-Screen der Beispielanwendung

Im Programm-Coding wird nun zunächst ein kompletter
Schwung an Nummern gezogen, um dann die Inserts in die Bestandstabelle zu erledigen. Der Primärschlüssel der Bestandstabelle wird mit Hilfe des Genre-Kürzels und der gezogenen Nummer zusammengebastelt.

```
*&--------------------------------------------------*
*& Report   ZBIB_BES01                             *
*& Anlage von Bücherbeständen                       *
*&--------------------------------------------------*

REPORT   zbib_bes01.

TABLES: zbibbestand, zbibbuecher.
DATA ret.
DATA teilnr TYPE numc5.

PARAMETERS anzahl LIKE inri-quantity.
PARAMETERS pisbn TYPE zbibbuecher-isbn.

AT SELECTION-SCREEN.

  SELECT SINGLE * FROM zbibbuecher
     WHERE isbn = pisbn.

  IF NOT anzahl > 0 OR sy-dbcnt = 0.
    MESSAGE e005(zbib). " ungültige Parameter
  ENDIF.

START-OF-SELECTION.

CLEAR ret.

CALL FUNCTION 'NUMBER_GET_NEXT'
EXPORTING
   nr_range_nr                    = '01'
   object                         - 'ZBIBBES'
   quantity                       = anzahl
   subobject                      = zbibbuecher-genre
*  TOYEAR                         = '0000'
*  IGNORE_BUFFER                  = ' '
IMPORTING
   number                         = teilnr
*  QUANTITY                       =
   returncode                     = ret
   EXCEPTIONS
      interval_not_found  = 1
      number_range_not_intern = 2
```

Überprüfen der Benutzereingaben auf Gültigkeit

Einmalig wird die erforderliche Anzahl an freien Nummern geholt

163

```
                        object_not_found    = 3 quantity_is_0    = 4
                        quantity_is_not_1   = 5 interval_overflow = 6
             OTHERS  = 7.

             IF sy-subrc <> 0 OR NOT ret IS INITIAL..
                MESSAGE e006(zbib). "schwerer Fehler
             ENDIF.

             teilnr = teilnr - anzahl.
             zbibbestand-isbn = zbibbuecher-isbn.

             DO anzahl TIMES.
                CLEAR zbibbestand-bestandsnr.
                CONCATENATE zbibbuecher-genre teilnr
                    INTO zbibbestand-bestandsnr.

                INSERT zbibbestand.
                IF sy-subrc = 0.
                    WRITE: / 'BestandsNr ', zbibbestand-bestandsnr,
                         ' angelegt mit ISBN ', zbibbestand-isbn.
                ELSE.
                    WRITE: / 'Fehler beim Anlegen von BestandsNr ',
                        zbibbestand-bestandsnr.
                ENDIF.

                teilnr = teilnr + 1.
             ENDDO.
```

Für jeden Bestandssatz wird die Bestandsnummer zusammengebaut und in die Datenbank gespeichert

```
Bestandsanlage

BestandsNr   H000000   angelegt mit ISBN   5439567841
BestandsNr   H000001   angelegt mit ISBN   5439567841
BestandsNr   H000002   angelegt mit ISBN   5439567841
BestandsNr   H000003   angelegt mit ISBN   5439567841
BestandsNr   H000004   angelegt mit ISBN   5439567841
```

Abb. 4.7 © SAP AG: Output der Beispielanwendung

4.1.3   Komplexe Nummernkreise mit Gruppenabhängigkeit

Nummernkreise in der Materialwirtschaft

Im vorangegangenen Teilkapitel haben wir die Möglichkeit kennen gelernt, dass das Konzept der Nummernkreisobjekte über das reine Hochzählen einer Zahl wesentlich hinausgeht. Wir wollen uns nun ein wenig im SAP-Standard umsehen, um genauer zu sein, in der Materialwirtschaft. Jedes Mal, wenn in einem SAP-verwalteten Lager in irgendeiner Form Ware bewegt wird, resultiert dies in einem Materialbeleg, der diesen Vorgang dokumentiert. Jeder Materialbeleg ist nur in Verbindung mit dem jeweiligen Geschäftsjahr, in dem der Vorgang stattgefunden hat, eindeutig identifizierbar.

Nummernkreis in Abhängigkeit von Gruppen

Abbildung 4.8 zeigt das zugehörige Nummernkreisobjekt MATBELEG. Zunächst erkennen wir die Abhängigkeit zu einem Geschäftsjahr (entsprechendes Kennzeichen ist gesetzt). Es muss also für jedes Geschäftsjahres-Intervall (mehrere Jahre können zusammengefasst werden) mindestens ein Nummernkreisintervall vorhanden sein. Darüber hinaus erkennen wir im unteren Rahmen, dass das Objekt einer Gruppen-Logik gehorcht. Die Bildung von Gruppen ist die Erweiterung des vorhergehenden Beispiels, denn die Nummernvergabe soll neben dem Geschäftsjahr auch in Abhängigkeit der jeweiligen Vorgangsart des Materialbeleges sein. Man unterscheidet in der Materialwirtschaft mehr als 20 verschiedene Vorgangsarten. WA beispielsweise ist die Warenlieferung an einen Kunden, IB dagegen steht für einen Inventurbeleg, um nur zwei zu nennen. Die Tabelle T003M (wie in der Maske eingetragen) stellt nun eine Verbindung zwischen den Vorgangsarten und den Nummernkreisen her. Abbildung 4.9 zeigt den Inhalt dieser Tabelle. Im Nummernkreisobjekt ist anzugeben, in welchem Feld der Gruppentabelle das Gruppenelement (VGART als Vorgangsart) und die Nummer des Nummernkreises (NUMKR) zu finden sind.

Pflege der gruppenabhängigen Nummernkreise

Das Hinterlegen der Gruppentabelle hat nun auch Konsequenzen in der Pflege der Nummernkreise. Wie in Abbildung 4.10 gezeigt, muss zuerst eine Gruppe ausgewählt werden (die einzelnen Kürzel für die Vorgangsarten sind informativ angegeben), danach werden die einzelnen Nummernkreise unter Angabe des Geschäftsjahres eingetragen (Abbildung 4.11). Wie man sieht, entfällt die Pflege der Nummernkreis-Nummern, da diese durch die hinterlegte Gruppentabelle implizit vorgegeben ist.

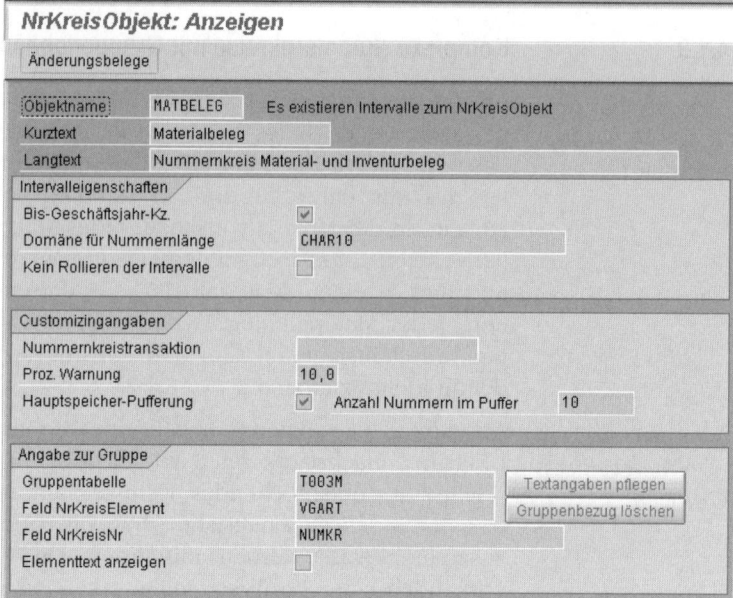

NrKreisObjekt: Anzeigen

Änderungsbelege

Objektname   MATBELEG   Es existieren Intervalle zum NrKreisObjekt
Kurztext   Materialbeleg
Langtext   Nummernkreis Material- und Inventurbeleg

Intervalleigenschaften
Bis-Geschäftsjahr-Kz.   ☑
Domäne für Nummernlänge   CHAR10
Kein Rollieren der Intervalle   ☐

Customizingangaben
Nummernkreistransaktion
Proz. Warnung   10,0
Hauptspeicher-Pufferung   ☑   Anzahl Nummern im Puffer   10

Angabe zur Gruppe
Gruppentabelle   T003M   [Textangaben pflegen]
Feld NrKreisElement   VGART   [Gruppenbezug löschen]
Feld NrKreisNr   NUMKR
Elementtext anzeigen ☐

Abb. 4.8 © SAP AG: Nummernkreisobjekt MATBELEG

Tabelle: T003M
Angezeigte Felder: 3 von 3

MANDT	VGART	NUMKR
800	IB	01
800	ID	01
800	IN	01
800	IZ	01
800	SI	04
800	WA	02
800	WE	03
800	WF	03
800	WH	02
800	WI	02
800	WL	02
800	WO	03
800	WQ	02
800	WR	02
800	WS	02
800	WV	01
800	WW	03
800	WZ	02

Abb. 4.9 © SAP AG: Inhalt der Tabelle T003M, in der die Zuord-
        nung zwischen Vorgangsart und Nummern-
        kreis-Nummer gepflegt wird.

```
┌──────────────────────────────────────────────────────────────┐
│ Nummernkreisgruppen pflegen                                     │
├──────────────────────────────────────────────────────────────┤
│  ⌀   ⬚ Element/Gruppe   ⬚                                       │
├──────────────────────────────────────────────────────────────┤
│ Nummernkreisobjekt Materialbeleg                                │
│ Gruppierung.......                                              │
│                                                                 │
│                                                                 │
│ ☐ Inventurbelege                                                │
│   IB ID IN IZ WV                                                │
│                                                                 │
│ ☑ Materialbelege zu Warenbewegungen und Inventurdifferenzen     │
│   WA WH WI WL WQ WR WS WZ                                        │
│                                                                 │
│ ☐ Materialbelege zu Wareneingängen                              │
│   WE WF WO WW                                                    │
│                                                                 │
│ ☐ Stichprobeninventurnummer                                     │
│   SI                                                            │
│                                                                 │
├──────────────────────────────────────────────────────────────┤
│ nicht zugeordnet                                                │
└──────────────────────────────────────────────────────────────┘
```

Abb. 4.10 © SAP AG: Gruppenauswahl bei der Pflege von Nummernkreisen

```
┌──────────────────────────────────────────────────────────────┐
│ Nummernkreisintervalle pflegen                                  │
├──────────────────────────────────────────────────────────────┤
│  ⬚                                                              │
│                                                                 │
│ Nummernkreisobjekt  Materialbeleg                               │
│                                                                 │
│ Gruppe..........    Materialbelege zu Warenbewegungen und Inventurdifferenzen │
│ ┌─────────────────────────────────────────────────────────┐   │
│ │ Intervalle                                               │   │
│ │ ┌────┬───────────┬───────────┬───────────┬────┬──┐       │   │
│ │ │Jahr│Von Nummer │Bis Nummer │Nummern    │Ext │▦ │       │   │
│ │ │1999│0049000000 │0049999999 │49022898   │ ☐  │▲ │       │   │
│ │ │2000│4900000000 │4999999999 │490000/261 │ ☐  │▼ │       │   │
│ │ │2010│4900008000 │4999999999 │4900026770 │ ☐  │  │       │   │
│ │ │    │           │           │           │    │  │       │   │
│ │                                          ...            │   │
│ │                                                    ▲     │   │
│ │                                                    ▼     │   │
│ └─────────────────────────────────────────────────────────┘   │
│                                      Eintrag    1   / 3         │
└──────────────────────────────────────────────────────────────┘
```

Abb. 4.11 © SAP AG: Nummernkreisintervall für eine Gruppe

4.1.4   Funktionsbausteine im Überblick

NUMBER_GET_NEXT		
Import-Parameter		
NR_RANGE_NR	Nummer des Intervalls	
OBJECT	Name des Nummernkreisobjekts	
QUANTITY	Anzahl der geforderten Nummern	
SUBOBJECT	Wert des Unterobjekts	
TOYEAR	Bis-Geschäftsjahr	
IGNORE_BUFFER	X	Die eingestellte Pufferung wird umgangen. Die neue Nummer wird direkt aus der Datenbank gezogen
		Pufferung gemäß Einstellung
Export-Parameter		
NUMBER	Neue Nummer, im Fall von mehreren Nummern jeweils die größte	
QUANTITY	Anzahl der gezogenen Nummern	
RETURNCODE		Kein Fehler, alles in Ordnung
	1	Der Füllgrad des Nummernkreisintervalls hat die kritische Prozentgrenze überschritten
	2	Es wurde die letzte mögliche Nummer vergeben
	3	Es konnte nicht die geforderte Anzahl an neuen Nummern geliefert werden, sondern weniger
Exceptions		
INTERVAL_NOT_FOUND	Das Intervall ist nicht vorhanden	
NUMBER_RANGE_NOT_INTERN	Das Intervall ist als *extern* gekennzeichnet	

OBJECT_NOT_FOUND	Nummernkreisobjekt nicht vorhanden
QUANTITY_IS_0	Die geforderte Anzahl ist 0
QUANTITY_IS_NOT_1	Die eingestellte Pufferung erlaubt nur, eine Nummer pro Aufruf zu ziehen
INTERVAL_OVERFLOW	Intervall ausgeschöpft

4.1.5   Ausblicke

In den vorangegangenen Teilkapiteln haben wir zwar schon einige Features von Nummernkreis-Objekten kennen gelernt, aber das war noch lange nicht alles. Es ist beispielsweise auch möglich, das jeweilige Geschäftsjahr mit in die Ermittlung eines Primärschlüssels einzubeziehen. Es fungiert dann logisch ebenfalls als Unterobjekt.

Außerdem ist es möglich, die komplette Nummernkreispflege schon programmseitig zu automatisieren. Man könnte beispielsweise bei Neuanlage eines Genre-Kürzels gleich das entsprechende Intervall mit anlegen. Aus diesem Grund sind in der nachfolgenden Liste noch einige ergänzende Funktionsgruppen für die weitere Recherche angegeben. Sie enthalten alle Funktionsbausteine, die R/3 von Haus aus für das Handling von Nummernkreisen zur Verfügung stellt.

Funktionsgruppen	
SNR0	Dialogbausteine für die Nummernkreispflege für einen direkten Programmsprung
SNR1/2	Bausteine für die Pflege von Nummernkreisobjekten, Unterobjekten, Intervallen und Gruppen ohne Dialog

4.2   Texte und Textobjekte

Es wird immer nötig sein, dem Benutzer mehr als nur einzeilige Felder anzubieten, in die definierte Parameter eingetragen werden können. So können beispielsweise in der Auftragserfassung des MM-Moduls (Transaktion VA01) zu jedem Auftragskopf noch verschiedenste Langtexte hinterlegt werden. Sie enthalten Infos zum Kunden oder zum Auftrag selbst (z.B. Bestellinformationen). Neben diesen Texten, die mit einem betriebswirtschaftlichen Vorgang oder Objekt verknüpft sind, gibt es auch noch so genannte Standard-Texte. Sie enthalten Textbausteine, die unabhängig eines Vorgangs immer gleich sind und sich nur selten ändern (z.B. die Angabe von Öffnungszeiten, sie werden auf allen Formularen mit ausgedruckt).

R/3 bringt unter dem Namen SAPScript eine komplette Textverarbeitung mit sich, die beide Arten von Texten verwalten kann. Wir werden im Folgenden auch alle nötigen Funktionsbausteine näher beleuchten, um die volle Funktionalität einer mächtigen Textverarbeitung in der eigenen Anwendung integrieren zu können.

4.2.1   Textobjekte und Text-IDs

Das oberste Ordnungskriterium bei der Ablage von Texten bildet das Textobjekt. Es korrespondiert mit dem jeweiligen betriebswirtschaftlichen Objekt oder Vorgang. In unserem Fall ein einzelnes Buch. Der oberste Schlüssel für die Textablage wird also analog zur Datenbank-Tabelle die ISBN-Nummer werden. Wir wollen pro Buch zwei Texte hinterlegen, nämlich den Umschlagtext und das Inhaltsverzeichnis. Diese beiden Texte unterscheiden sich in der Text-ID (vgl. Abbildung 4.12).

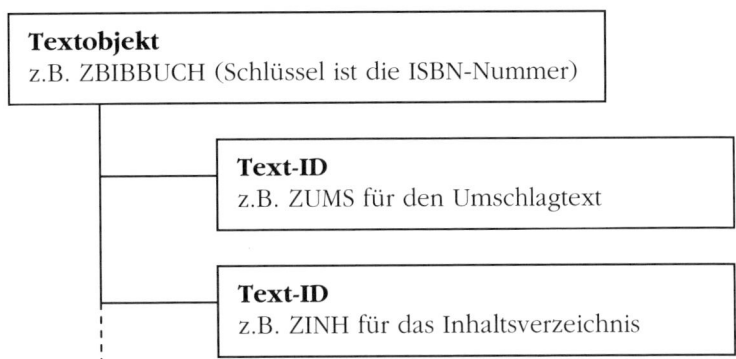

Abb. 4.12: Zusammenhang von Textobjekt und Text-ID

Einrichten des
Text-Gerüsts

Die zentrale Verwaltung dieser Hierarchie bildet die Transaktion SE75. Wir wählen dort *Textobjekte und Text-IDs* und wählen *Ändern*.

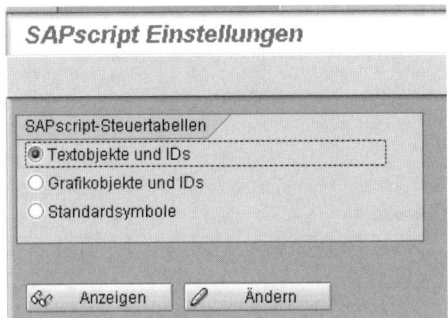

Abb. 4.13 © SAP AG: Einstieg in die Textobjekt-Verwaltung

Definieren des
Textobjekts

Das Innenleben der Transaktion bietet uns eine Liste aller angelegten Textobjekte. Die Liste soll nun um das Textobjekt ZBIBBUCH ergänzt werden (Button *Neu*, Abbildung 4.14). Wir wählen als Editor-Oberfläche TN. Dies hat zur Folge, dass der später zu imlementierende Editor-Absprung von sich aus einen *Speichern*-Button mitbringt und wir uns somit nicht mehr um das Speichern des Texts kümmern müssen. Die Zeilenbreite entspricht mit 72 Zeichen dem ABAP-Editor. Es kann auch eine größere Zeilenbreite gewählt werden. Darüber hinaus ist noch der Sicherungsmodus anzugeben:

Dialog	Beim Speichern des Textes wartet die aufrufende Anwendung, bis der Text vollständig in der Datenbank angekommen ist
Verbuchung	Das Speichern erfolgt asynchron in einem separaten Verbuchungsprozess
Nicht in Textdatei	Der Text wird überhaupt nicht gespeichert.

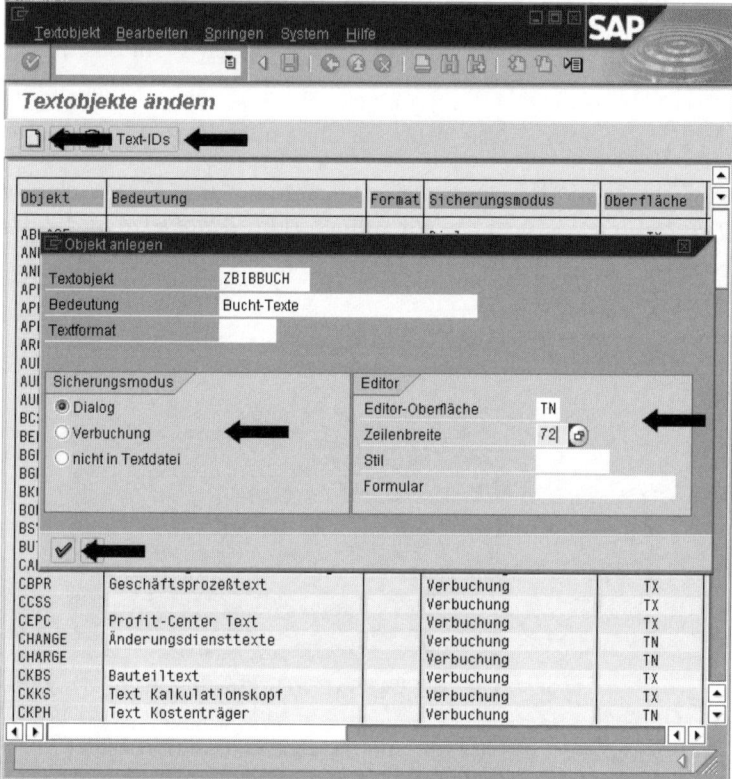

Abb. 4.14 © SAP AG: Textobjekt anlegen

Definieren der Text-IDs

Nun gilt es nur noch, die beiden unterlagerten Text-IDs anzulegen (Button *Text-IDs → Neu*, Abbildung 4.15), dann sollte das Gerüst unserer Texthierarchie soweit gediehen sein, dass mit der Implementierung in der Anwendung begonnen werden kann.

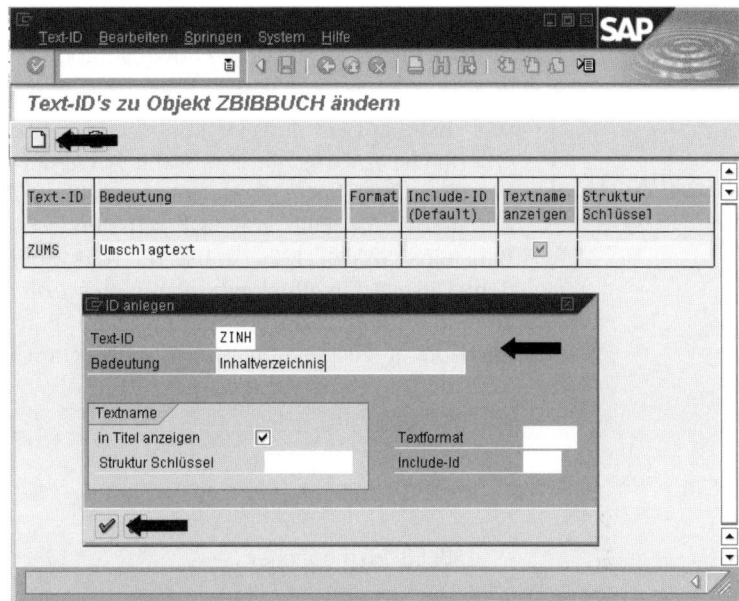

Abb. 4.15 © SAP AG: Anlegen der Text-IDs

4.2.2 Programmgesteuerter Editorabsprung

Grundsätzlich kann die Einbindung der Texteditoren in die Anwendung auf zwei Arten geschehen. Wir wollen zunächst die ältere, dafür aber gängigere Methode begutachten und einen Absprung vom Programm in den Standard-Text-Editor erzeugen. R/3 bietet für die Bearbeitung von Text-Objekten eine ganze Reihe von Funktionsbausteinen an. READ_TEXT liest ein Textobjekt unter Angabe des Schlüssels, in unserem Fall die ISBN-Nummer, in eine interne Tabelle des Typs *tdline*. Oftmals sind in der Praxis die Schlüssel auch zusammengesetzt. Im Fall von Texten zu Positionen eines Kundenauftrags entsteht der Schlüssel aus der Auftragsnummer und der Positionsnummer. Beide werden dann einfach via CONCATENATE hintereinander gehängt und identifizieren somit eine Auftragsposition eindeutig. READ_TEXT wirft eine Exception (sy-subrc=4), wenn es zum angegebenen Schlüssel noch keinen erfassten Text gibt. In solch einem Fall muss die Header-Struktur *thead* mit Hilfe des Bausteins INIT_TEXT vorinitialisiert werden. *thead* enthält neben den Schlüsselangaben noch einige weitere, administrative Elemente zum jeweiligen Text. Zum Beispiel wer ihn (*tdfuser*), wann (*tdfdate*) erstellt oder geändert hat (*tdsuser* und *tdldate*).

Der Editor wird mit EDIT_TEXT aufgerufen. Dies kann im Änderungs- (*display* = ' ') oder Anzeigemodus (*display* = 'X') erfolgen.

Wir hatten bei der Definition des Textobjekts als Editor-Oberfläche *TN* angegeben. Somit sorgt der Editor selbst für das korrekte Speichern, und wir brauchen uns darum nicht zu kümmern. Im Fall von *TA* müssten wir uns mit Hilfe des Bausteins SAVE_TEXT selbst um das Speichern kümmern. In dem Fall ist dem Rückgabe-Parameter *function* von EDIT_TEXT zu entnehmen, was der Benutzer im Edit-Modus gemacht hat (also ob er gespeichert oder abgebrochen hat). Abbildung 4.16 zeigt den Editor, so wie er durch das folgende Beispielprogramm aufgerufen wird.

```
REPORT  zbib_tx1 .

TABLES zbibbuecher.

PARAMETERS isbn LIKE zbibbuecher-isbn OBLIGATORY.

DATA: lines TYPE STANDARD TABLE OF tline,
      wa_header TYPE thead.

MOVE isbn TO wa_header-tdname.

CALL FUNCTION 'READ_TEXT'
    EXPORTING
        id                = 'ZUMS'
        language          = sy-langu
        name              = wa_header-tdname
        object            = 'ZBIBBUCH'
    IMPORTING
        header            = wa_header
    TABLES
        lines             = lines
    EXCEPTIONS
        id                = 1
        language          = 2
        name              = 3
        not_found         = 4
        object            = 5
        reference_check   = 6
```

ISBN-Nummer von Anwender abfragen

Text lesen

```
                   wrong_access_to_archive      = 7
                   OTHERS                       = 8
                          .
               IF sy-subrc = 4.
                 CALL FUNCTION 'INIT_TEXT'
                   EXPORTING
                     id       = 'ZUMS'
                     language = sy-langu
                     name     = wa_header-tdname
                     object   = 'ZBIBBUCH'
                   IMPORTING
                     header   = wa_header
                   TABLES
                     lines    = lines
                   EXCEPTIONS
                     id       = 1
                     language = 2
                     name     = 3
                     object   = 4
                     OTHERS   = 5.

                 IF sy-subrc <> 0.
                   WRITE: / 'Fehler in INIT_TEXT!! sy-subrc=', sy-
               subrc.
                   STOP.
                 ENDIF.
               ELSEIF sy-subrc <> 0.
                 WRITE: / 'Fehler in READ_TEXT!! sy-subrc=', sy-
               subrc.
                 STOP.
               ENDIF.

               CALL FUNCTION 'EDIT_TEXT'
                 EXPORTING
                   header              = wa_header
                 IMPORTING
               *   FUNCTION            =
                   newheader           = wa_header
               *   RESULT              =
                 TABLES
                   lines               = lines
                 EXCEPTIONS
```

```
ID                  = 1
LANGUAGE            = 2
LINESIZE           = 3
NAME               = 4
OBJECT             = 5
TEXTFORMAT         = 6
COMMUNICATION      = 7
OTHERS             = 8
            .

IF sy-subrc <> 0.
   WRITE: / 'Fehler in EDIT_TEXT!! sy-subrc=',
          sy-subrc.
 STOP.
ENDIF.
```

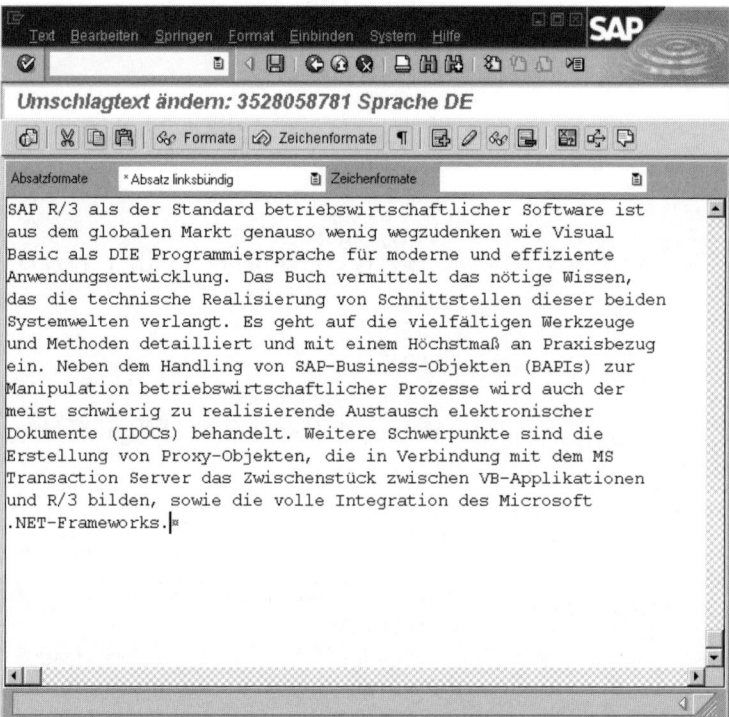

Abb. 4.16 © SAP AG: Editor-Absprung

4.2.3 Funktionsbausteine im Überblick

INIT_TEXT		
Initialisiert die THEAD-Struktur		
Import-Parameter		
ID	Text-ID	
LANGUAGE	Sprachenschlüssel	
NAME	Schlüssel	
OBJECT	Textobjekt	
Export-Parameter		
THEAD	Header-Struktur	
Tabellen		
TLINE	Texttabelle bestehend aus zwei Spalten	
	TFORMAT	2 Zeichen mit Formatierung
	TDLINE	132 Zeichen mit Text

READ_TEXT
liest unter Angabe derselben Import-Parameter wie INIT_TEXT den Text in die interne Tabelle. Alle anderen Parameter entsprechen ebenfalls INIT_TEXT.

SAVE_TEXT	
Speichert den Text in der TLINE-Tabelle	
Import-Parameter	
ID	Text-ID
LANGUAGE	Sprachenschlüssel
NAME	Schlüssel
OBJECT	Textobjekt

Export-Parameter		
THEAD	Header-Struktur	
Tabellen		
TLINE	Texttabelle bestehend aus zwei Spalten	
	TFORMAT	2 Zeichen mit Formatierung
	TDLINE	132 Zeichen mit Text

EDIT_TEXT
ruft den Editor auf.

Import-Parameter		
DISPLAY	X	Nur Anzeigemodus
		Änderungsmodus
EDITOR_TITLE	Titelüberschrift für den Editor	
HEADER	THEAD-Struktur (gefüllt von READ_TEXT oder INIT_TEXT)	
SAVE	X	Der Editor speichert den Text bei Bedarf von sich aus
		Das aufrufende Programm ist für das Speichern zuständig
LINE_EDITOR	Struktur ITCED zur Kontrolle von Funktionen innerhalb des Editor (X = Funktion vorhanden, ' ' = Funktion versteckt).	
	USERTITLE	Anzeige der Titelleiste
	SCROLLEND	Zum Textende scrollen
	APP_PREV	Button *voriger Text*
	APP_NEXT	Button *nächster Text*
	CHANGEMODE	Wechsel zwischen Anzeige- und Änderungsmodus

Export-Parameter		
FUNCTION		Text wurde nicht geändert
	I	Text wurde neu angelegt
	U	Text wurde geändert
	D	Text wurde gelöscht
RESULT		Relevant ist nur das Element USEREXIT der Struktur ITCER
	E	Button *beenden*
	B	Button *zurück*
	C	Button a*bbrechen*
	P	Button *voriger Text*
	N	Button *nächster Text*
NEWHEADER		Neue THEAD-Struktur
Tabellen		
TLINE		Wie bei INIT_TEXT

Struktur THEAD Wichtigste Elemente		
	TDNAME	Objektschlüssel
	TDSPRAS	Sprachenschlüssel
	TDFUSER	Name des Ersterfassers
	TDFDATE / TDFTIME	Erstellungsdatum / -uhrzeit
	TDLUSER	Name des letzten Änderers
	TDLDATE / TDLTIME	Änderungsdatum / -uhrzeit
	TDLINESIZE	Zeilenbreite
	TDTXTLINES	Anzahl Zeilen

4.2.4 Edtior im Dynpro

ZBIB_TE01

Als Alternative zum externen Editor ist es mit Hilfe der *Enjoy SAP*-Controls auch möglich, eine Textverarbeitung direkt ins Dynpro zu integrieren. Dazu benötigen wir analog der anderen Beispielprogramme mit Controls ein Dynpro 100 und einen Status namens LEISTE mit EXIT als Funktionscode hinter dem roten Exit-Button. Nachfolgende Tabelle zeigt die weiteren Elemente des Dynpros. In das Textfeld soll der Benutzer eine ISBN-Nummer eingeben können, um den Text dann mit den entsprechenden Buttons laden und speichern zu können.

Name	Typ	Bemerkung
CMD_LOAD	Pushbutton	Beschriftung „laden"; Funktionscode LOAD
CMD_SAVE	Pushbutton	Beschriftung „speichern"; Funktionscode SAVE
LBL_TEXT	Text	Beschriftung „ISBN"
ISBN	E/A-Feld	
CONT1	Custom Control	Container
OK_CODE	OK-Code	

Das Rahmenprogramm bietet wenig Neues. Die Klasse *cl_gui_textedit* wird die Ansteuerung des Editors übernehmen. Darüber hinaus brauchen wir noch eine interne Tabelle für den Text (*lines*) und eine Header-Struktur (*wa_header*), die die Eigenschaften des Textobjekts hält.

```
REPORT  zbib_te01.

TABLES zbibbuecher.

DATA: ok_code LIKE sy-ucomm,
      isbn LIKE zbibbuecher-isbn.
DATA: cont1 TYPE REF TO cl_gui_custom_container,
      te TYPE REF TO cl_gui_textedit.
DATA: lines TYPE STANDARD TABLE OF tline,
      wa_header TYPE thead.

START-OF-SELECTION.
  CALL SCREEN 100.
```

Instanziierung des Control-Objekts

Die Ablauflogik gliedert sich in zwei Module *status_0100* als PBO und *user_command_0100* als PAI. Bei der Instanziierung des Text-Control-Objekts *te* ist es hier allerdings nicht mehr damit getan, einfach nur das umschließende Custom Control-Objekt mit zu übergeben. Wir müssen dem Text-Control gleich zu Beginn Anweisungen über die Zeilenbeschaffenheit mitgeben. Das Attribut *wordwrap_at_fixed_position* enthält eine Konstante, die bestimmt, dass das Control nicht einfach am Ende des Fensters umbrechen soll, sondern nach einer definierten Zeilenbreite. Der Parameter *wordwrap_position* definiert, wie breit eine Zeile konkret sein soll. Wir wählen 72, weil wir diese Breite bei der Definition des Textobjekts im Customizing bereits so bestimmt haben.

```
MODULE status_0100 OUTPUT.

  SET PF-STATUS 'LEISTE'.

  IF cont1 IS INITIAL.
    CREATE OBJECT cont1
      EXPORTING container_name = 'CONT1'.
  ENDIF.

  IF te IS INITIAL.
  CREATE OBJECT te
    EXPORTING
      parent = cont1
      wordwrap_mode =
        te->wordwrap_at_fixed_position
      wordwrap_position = 72.
  ENDIF.

ENDMODULE.
```

Sehen wir uns die Routinen an, die Benutzeraktivität auf dem Dynpro behandeln. Im Fall von LOAD wird zunächst mit demselben INIT_TEXT / READ_TEXT-Konstrukt wie im letzten Beispiel geprüft, ob der Text schon vorhanden ist oder nur initialisiert werden muss. Wenn der Text bereits vorhanden ist, schreibt die Methode *set_status_text* eine Information darüber in die Status-Leiste des Text-Controls. Unabhängig davon, ob die Text-

Tabelle *lines* gefüllt ist, wird sie mit *set_text_as_r3table* an das Control übergeben.

```
MODULE user_command_0100 INPUT.

  CASE ok_code.
    WHEN 'LOAD'.
      MOVE isbn TO wa_header-tdname.
```

Text holen

```
      CALL FUNCTION 'READ_TEXT'
        [ READ_TEXT-Parameter analog
          vorhergehendes Beispiel ]

  IF sy-subrc = 4.
```

Falls der Text noch nicht vorhanden ist, ...

```
      CALL METHOD te->set_status_text
        EXPORTING
          status_text = 'Text wird neu angelegt'.
```

... mit INIT_TEXT die Kopf-Struktur initialisieren

```
      CALL FUNCTION 'INIT_TEXT'
        [ INIT_TEXT-Parameter analog
          vorhergehendes Beispiel ]

  IF sy-subrc <> 0.
    MESSAGE e008(zbib).
  ENDIF.
ELSEIF sy-subrc = 0.


      CALL METHOD te->set_status_text
        EXPORTING
          status_text = 'Text bereits vorhanden'.

ELSEIF sy-subrc <> 0.
  MESSAGE e008(zbib).
ENDIF.
```

Tabelle an Control zur Anzeige übergeben

```
CALL METHOD te->set_text_as_r3table
  EXPORTING
    table = lines.
```

Der Code, der für den Funktionscode SAVE zuständig ist, erledigt fast dasselbe rückwärts. Zunächst wird mit *get_text_as_r3table* der Inhalt des Controls zurück in die interne Tabelle gespeichert (Flush nicht vergessen !!), um dann mit SAVE_TEXT gespeichert zu werden, wenn er geändert wurde (Parameter *is_modified*). Im Fall eines Editors im Dynpro gibt es keine Funktion der automatischen Speicherung.

Das Verlassen des Programms mit EXIT funktioniert analog der anderen Control-Beispiele.

Text abrufen ...

... und im Bedarfsfall weg-speichern

```
WHEN 'SAVE'.

    DATA im TYPE i.

    CALL METHOD te->get_text_as_r3table
        IMPORTING
            table     = lines
            is_modified = im.

    CLASS cl_gui_cfw DEFINITION LOAD.

    CALL METHOD cl_gui_cfw=>flush.

    IF im = te->true.

        CALL FUNCTION 'SAVE_TEXT'
            EXPORTING
                header              = wa_header
            IMPORTING
                newheader           = wa_header
            TABLES
                lines               = lines.
    ENDIF.
WHEN 'EXIT'.
    CALL METHOD cont1->free.
    FREE cont1.
    FREE te.
    LEAVE PROGRAM.
ENDCASE.

CLEAR ok_code.
ENDMODULE.
```

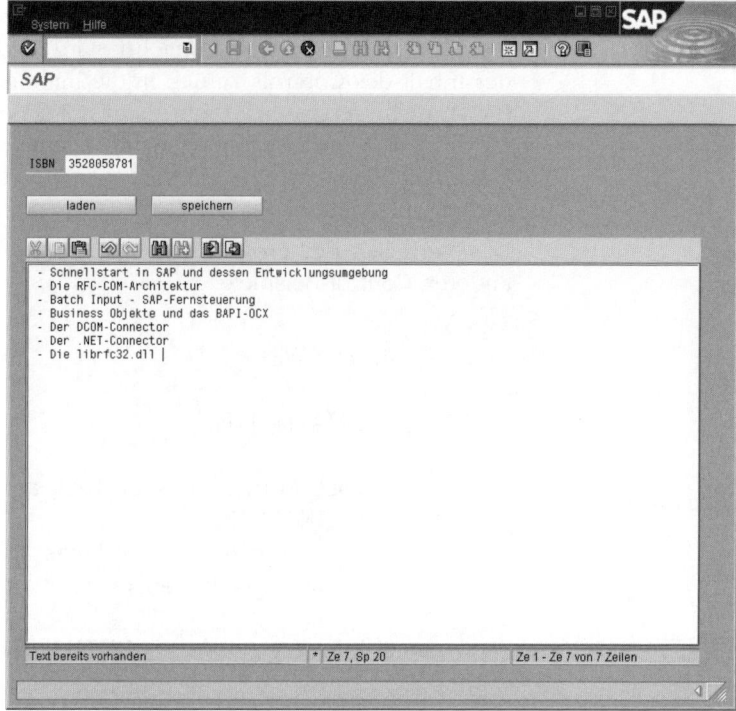

Abb. 4.17 © SAP AG: Beispielprogramm mit Editor im Dynpro

Tabelle vs. Stream Im Beispiel haben wir den Text über eine interne Tabelle zwischen Control und Programm ausgetauscht. In dieser internen Tabelle entsprach eine Zeile in der Tabelle auch einer Zeile im Control. Das muss nicht unbedingt immer gewollt sein. Aus diesem Grund bietet das Control den Datenaustausch auch per Stream an. Hier ist zwar auch eine interne Tabelle im Spiel, allerdings wird der Text an einem Stück hineingeschrieben. Umbrüche, die explizit vom Benutzer erzeugt werden (*Enter*-Taste), werden dann über entsprechende Steuerzeichen definiert.

4.2.5   GUI-Klasse im Überblick

CL_GUI_TEXT_EDIT
GUI-Klasse für das Text_edit-Control

CONSTRUCTOR
instanziiert das Control. Die Beschaffenheit des Zeilenumbruchs muss gleich mitgegeben werden (Parameter WORDW-RAP_MODE und WORDWRAP_POSITION analog des Beispiels).
GET_SELECTED_TEXT_AS_R3TABLE
GET_SELECTED_TEXT_AS_STREAM
gibt den Inhalt des selektierten Texts als interne Tabelle oder als Stream zurück
GET_TEXT_AS_R3TABLE / GET_TEXT_AS_STREAM
gibt den Inhalt der Texts als Tabelle oder als Stream zurück
SET_TEXT_AS_R3TABLE / SET_TEXT_AS_STREAM
setzt den Inhalt der Controls in Form einer übergebenen Tabelle oder in Form eines Streams
SET_TOOLBAR_MODE / GET_TOOLBAR_MODE
setzt bzw. liest den Anzeigestatus der Toolbar, 1 für sichtbar, 0 für unsichtbar
SET_READONLY_MODE
definiert, ob der Text nur im Anzeigemodus (1) oder im Ände-rungsmodus (0) dargestellt wird
SAVE_AS_LOCAL_FILE / OPEN_LOCAL_FILE
speichert bzw. liest den Text in bzw. aus einer Datei, die auf der Festplatte des Anwenders liegt

5 Sperren und Verbuchen

Sperren und Verbuchen sind die beiden Schlagworte, mit denen wir uns in diesem Kapitel beschäftigen wollen. Im ersten Schritt haben die beiden Sachverhalte nichts miteinander zu tun. Wir werden aber bald sehen, dass die Automatismen beider Vorgänge sehr eng zueinander stehen. Grund genug, sie in ein gemeinsames Kapitel zu packen.

Sperren

Der Sinn und Zweck beider Vorgänge ist schnell erklärt. Das Sperren sorgt dafür, Daten, die auf die Datenbank festgeschrieben werden oder sind, vor Inkonsistenzen zu schützen. Wenn mehr als ein Benutzer auf einen gemeinsam genutzten Datenbestand zugreift, ist die Situation früher oder später unumgänglich, dass sich zwei Benutzer gegenseitig in die Quere kommen, sprich sich gegenseitig überschreiben. Wenn der erste Benutzer also die Daten für sich in Anspruch nimmt, mit der Absicht, sie zu verändern, darf der zweite Benutzer nicht ebenfalls schreibend auf dieselben Daten zugreifen, bis der erste seinen Schreibvorgang abgeschlossen hat.

Verbuchen

Verbuchungsautomatismen dagegen beeinflussen nicht primär die Datenkonsistenz, als viel mehr die Performance des Systems. Ein komplexer Speichervorgang kann etliche Zeit in Anspruch nehmen. Um dem Anwender nicht zuzumuten, die komplette Zeit des Abspeicherns die Sanduhr auf dem Bildschirm anstarren zu müssen, wird der Speichervorgang in den Hintergrund verlegt. So kann der Anwender sich bereits anderen Tätigkeiten widmen, während ein Teil des Systems mit Speichern beschäftigt ist.

So einfach die beiden Vorgänge sich in wenigen Sätzen zusammenfassen lassen, so kompliziert ist deren korrekte Handhabung. Es geht bei der richtigen Anwendung von Sperr- und Verbuchungsmechanismen auch weniger um die syntaktische Umsetzung (die wäre auf einer Seite zusammengefasst), als viel mehr um „das Wissen, was man tut". Erst wenn Sie die internen Mechanismen wirklich verstanden haben, sind Sie in der Lage, sie korrekt anzuwenden. Falsch oder unsicher programmierte Verbuchungsvorgänge führen nämlich keineswegs immer zu Fehlern oder gar syntaktisch falschem Programmcode. Der Fehler tritt unter Umständen nur sporadisch auf oder, noch schlimmer, im Testbetrieb überhaupt nicht, sondern nur im produktiven Umfeld, weil dort beispielsweise die Belastung des Systems eine andere ist oder mehr Benutzer damit arbeiten.

Wir werden auf den nächsten Seiten einen intensiven Exkurs in die interne Architektur eines SAP-Systems unternehmen und uns erst darauf aufbauend das Sperren und Verbuchen am Beispiel ansehen. Es mag dem einen oder anderen Leser etwas weit ausgeholt erscheinen, aber das Verständnis für die internen Mechanismen ist unabdingbar, um später bei der praktischen Umsetzung alle Vorteile und Sicherheiten nutzen zu können.

5.1   Theorie zur Systemarchitektur

5.1.1   Das Schichtenmodell

Grundsätzlich besteht ein SAP-System aus drei logischen Schichten, wobei jeder einzelnen eine spezielle Aufgabe zuteil wird. Die eigentliche Intelligenz liegt in der mittleren Schicht, dem Applikationsserver. Hier werden die Programme ausgeführt, die letztendlich die betriebswirtschaftlichen Logiken kapseln. Die mittlere Schicht kommuniziert parallel mit den beiden weiteren Schichten. Das ist zum einen die Schicht der Datenbank, um Daten persistent abzulegen; und auf der anderen Seite die Präsentationsschicht, also in aller Regel eine grafische Benutzeroberfläche, um dem Anwender die Daten bzw. den Output des Programms zu visualisieren und Eingaben entgegenzunehmen. Die Verarbeitung der Eingabe erfolgt dann wieder in der mittleren Schicht.

Vorteile von drei-schichtigen Systemen

Solch eine dreischichtige Anwendung nennt man auch Three-Tier. Sie bietet einige Vorteile gegenüber zweischichtigen Architekturen, bei denen die Anwendungslogik im Wesentlichen in der Präsentationsschicht gekapselt ist und die auf direktem Weg mit der Datenbank kommuniziert. So können beispielsweise Datenbank-Verbindungen von mehreren Anwendern genutzt werden. Der Applikationsserver „kennt" ja alle Anwender, die mit ihm verbunden sind und kann die Kommunikation mit der Datenbank entsprechend optimieren.

Es ist zu beachten, dass die drei Schichten nur logische Einheiten innerhalb der Architektur bilden. Sie bestimmen nicht, wie die einzelnen Komponenten auf physische Rechner verteilt sind. In großen Systemenverbänden kann es beliebig viele Applikationsserver geben. Ein Messageserver sorgt dann dafür, dass die Anwender so auf die einzelnen Rechner verteilt werden, dass die Gesamtlast ausgeglichen ist. Das Gegenteil hierzu sind sehr kleine Systeme. Falls Sie beispielsweise mit dem MiniSAP-System arbeiten, sind alle drei Schichten auf einem Rechner vereint. Die Präsentationsschicht ist sowieso lokal vorhanden, die Applikationsschicht entspricht dem DOS-Fenster, das in der Taskleiste angezeigt wird, und die Datenbank bekommen Sie überhaupt nicht zu sehen. Sie läuft im Hintergrund. Das logische Prinzip ist aber immer dasselbe.

In Abbildung 5.1 erkennen Sie in der mittleren Schicht eine zusätzliche Komponente: den Message-Server. Er hat die Aufgabe, die separaten Applikationsserver untereinander zu koordinieren. Wenn sich beispielsweise ein Benutzer am System anmeldet, bestimmt er, auf welchem Applikationsserver die Ressourcenlast in diesem Moment am kleinsten ist, und schleust den Benutzer zu genau diesem. Dieses Verfahren der Anmeldung nennt man Load Balancing.

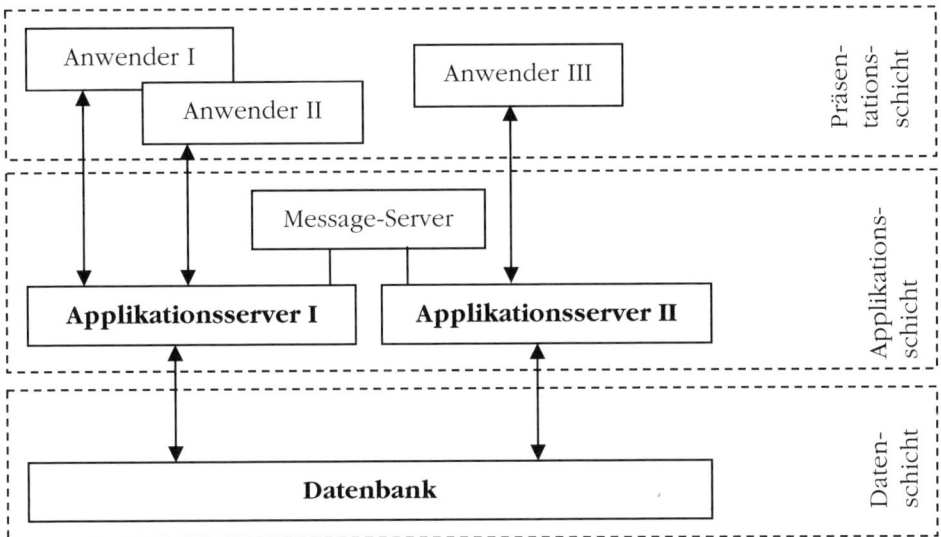

Abb. 5.1: Schichtenmodell

Wenn Sie an einem System angemeldet sind, haben Sie über die Transaktion SM51 die Möglichkeit, alle an diesem System beteiligten Applikationsserver anzusehen. Abbildung 5.2 zeigt einen einfachen Systemverbund aus zwei Applikationsservern. Der Server, auf dem Sie selbst arbeiten, ist unten rechts im GUI angegeben.

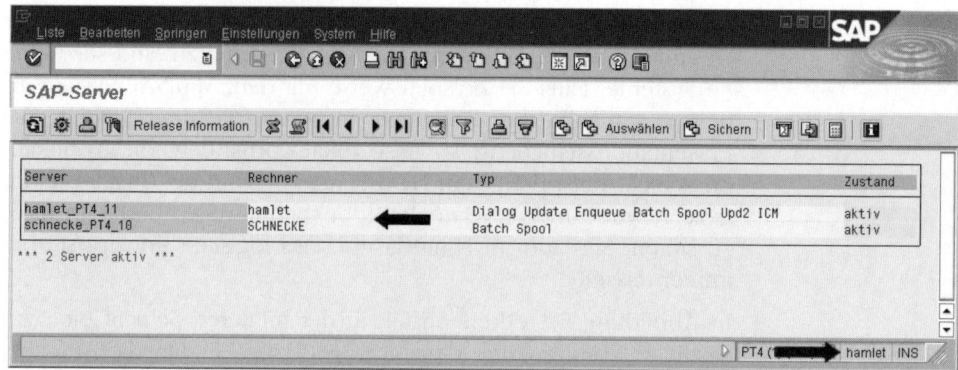

Abb. 5.2 © SAP AG: Serverübersicht SM51

5.1.2   **Kleine Prozesskunde**

Unsere Reise ist mit dem Schichtenmodell noch lange nicht zu
Ende. Sehen wir uns die Funktionsweise eines Applikationsser-
vers an.

Arbeitsteilung   Wenn Sie auf Ihrem Windows-Rechner ein Programm starten
durch Prozess-   (z.B. Winword), nennt man das, was da läuft, einen Prozess. Ein
Aufteilung   Applikationsserver ist im Prinzip auch nichts anderes als ein ge-
                     startetes Programm. Nur mit dem Unterschied, dass es nicht nur
                     aus einem, sondern gleich mehreren Prozessen besteht. Der
                     Grund, warum man nicht nur mit einem Prozess auskommt, ist
                     einfach zu erklären: die Parallelität. Wenn der Rechner, auf dem
                     der Applikationsserver läuft, mehrere Prozessoren hat, können
                     viele Aufgaben gleichzeitig erledigt werden. Wenn nur ein Pro-
                     zessor vorhanden ist, laufen die Prozesse nur quasi-parallel, da
                     der eine Prozessor ja immer nur eine Rechenoperation zur sel-
                     ben Zeit ausführen kann. Darüber hinaus startet ein R/3-
                     Applikationsserver unterschiedliche Arten von Prozessen. Jeder
                     Prozessart kommt eine bestimmte Aufgabe zu. Der Wichtigste ist
                     der Dialogprozess (Kürzel DIA). Er ist dafür zuständig, Eingaben
                     vom Benutzer der Präsentationsschicht entgegenzunehmen, zu
                     verarbeiten, aufzubereiten und das Ergebnis an die Präsentati-
                     onsschicht zurückzuschicken. Danach ist der Dialogprozess frei,
                     um die Eingabe des nächsten Benutzers zu verarbeiten.

                     Grundsätzlich könnten beliebig viele Dialogprozesse gleichzeitig
                     gestartet sein. In der Regel liegt die Zahl aber irgendwo zwi-
                     schen 5 und 50, je nach Hardware. Sind es zu wenige, müssen
                     die Benutzer zu lange warten, bis einer der wenigen Prozesse für
                     ihre Verarbeitung frei wird. Zu viele Prozesse dagegen erzeugen

selbst ohne dass sie viel zu tun haben - nur durch ihr Vorhandensein - eine gewisse Last, die das Gesamtsystem in die Knie zwingen kann.

Die verschiedenen Prozesstypen

Neben dem Dialogprozess (die in der Regel am häufigsten vorkommen) gibt es noch die folgenden, weiteren Prozesstypen:

- Hintergrundprozesse (BTC)

  Sie verarbeiten Aufgaben, die im Hintergrund, also ohne Kontakt zu einem Benutzer laufen. Programme, die in diesen Prozessen laufen, werden in der Regel über die Jobverwaltung (Transaktion SM37) per Zeitsteuerung gestartet.

- Sperrprozesse (ENQ)

  Dieser Prozesstyp ist für das Verwalten von Sperren zuständig. Da Sperren eine hochsensible Angelegenheit sind (wie wir noch sehen werden), gibt es pro Systemverbund genau einen Applikationenserver, auf dem genau ein Sperrprozess läuft.

- Verbuchungsprozesse (UPD bzw. UP2)

  Verbuchungsprozesse sind ähnlich den Hintergrundprozessen nicht unmittelbar an einen Benutzer gekoppelt. Derer gibt es zwei unterschiedliche: Der Unterschied zwischen UPD und UP2 liegt lediglich in der Priorität der Abarbeitung, dazu aber auch später mehr.

- Druckprozesse (SPO)

  Für die Ausgabe von Belegen auf einem Drucker sind die Druckprozesse zuständig.

Der Dispatcher als Koordinator

Abbildung 5.3 zeigt schematisch einen kleinen Systemverbund aus zwei Applikationsservern. Der eine ist so konfiguriert, dass er hauptsächlich die Abarbeitung von Benutzeraufgaben erledigt. Der zweite steht für Druckaufgaben und Hintergrundjobs zur Verfügung. Der in der Zeichnung angebrachte Dispatcher sorgt dafür, die einzelnen Prozesse eines Servers miteinander zu koordinieren. Wenn beispielsweise ein Dialogprozess einen Ausdruck anstoßen möchte, überlässt er es dem Dispatcher, einen freien Druckprozess zu finden, der den Druck erledigt.

Natürlich ist es auch möglich, dass ein Übergang vom einen zum anderen Prozess auch über eine Servergrenze hinweg stattfindet. In diesem Fall koordiniert der Message-Server die beiden beteiligten Dispatcher.

Wie ebenfalls der Abbildung zu entnehmen ist, hält jeder Prozess genau eine Verbindung zur Datenbank.

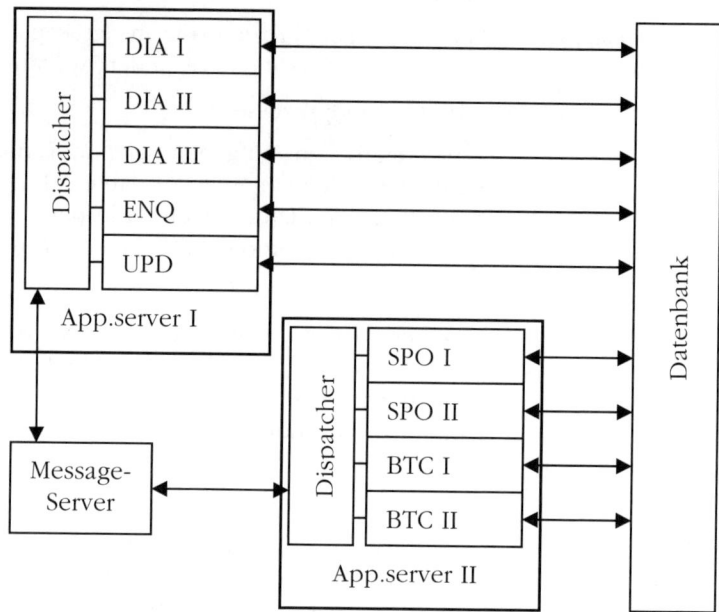

Abb. 5.3: schematische Darstellung von Prozessen auf den Applikationsservern

Prozess-
visualisierung
im SAP

Wenn Sie innerhalb der Transaktion SM50 auf einen Applikationsserver Ihrer Wahl doppelklicken, können Sie in die Prozessübersicht des jeweiligen Servers abspringen (Abbildung 5.4). Dieses Bild zeigt die einzelnen Prozesse und etliche Informationen dazu, z.B. um welchen Typ es sich handelt, von welchem Benutzer der Prozess im Moment belegt ist und welches ABAP-Programm ausgeführt wird. Folgende Statuswerte sind für einen Prozess möglich:

- *wartet*

  Der Prozess ist im Leerlauf; hat momentan nichts zu tun.

- *läuft*

  Der Prozess arbeitet gerade einen an ihn gestellten Auftrag ab (z.B. die Verarbeitung eines PAI-Moduls oder einen Druckauftrag).

- *hält*

  Der Prozess ist im Moment zwar belegt, tut aber nichts, weil er auf einen anderen Prozess warten muss. Dieser andere Prozess könnte beispielsweise eine Verbuchung sein, deren Abarbeitung Voraussetzung für den ersten Prozess ist, seine Arbeit vollends zu erledigen.

- *beendet*

  Innerhalb des Prozesses ist ein schwerwiegender Fehler (z.B. auf Betriebssystemebene) aufgetreten. Er wurde beendet und kann im Moment keine weiteren Aufgaben erledigen.

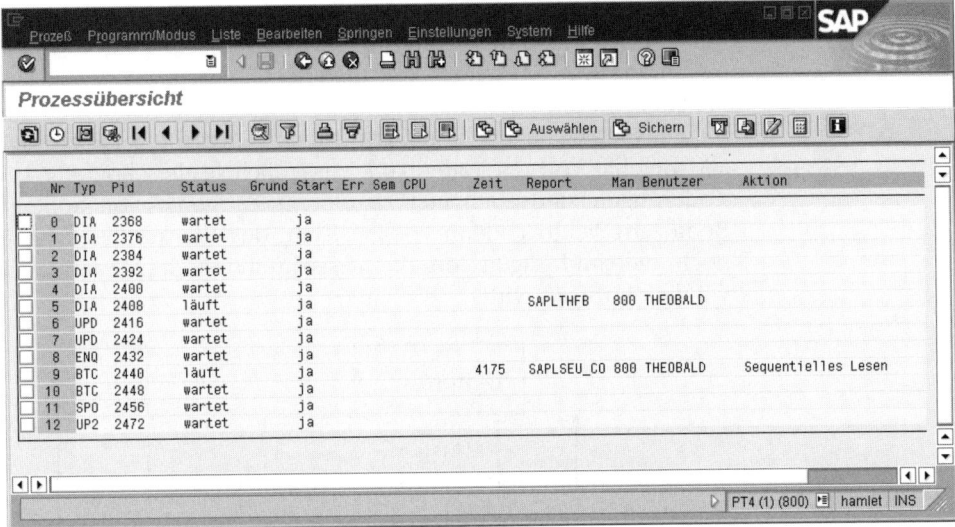

Abb. 5.4 © SAP AG: Prozessübersicht

5.1.3   Transaktionen, LUWs und die Datenbankfortschreibung

Ein Programmierer muss zu jedem Zeitpunkt darauf gefasst sein, dass ein Fehler auftreten kann. Das fängt bei einer falschen oder unsinnigen Benutzereingabe an und endet mit einem totalen, abrupten Stromausfall. Egal mit welcher Fehlersituation das Programm konfrontiert wird, es darf niemals Daten in einem inkonsistenten Zustand auf der Datenbank hinterlassen. Aus diesem Grund gibt es innerhalb der ABAP-Entwicklung eine ganze Reihe von Sicherheitskonzepten, die genau dieses um jeden Preis verhindern, aber nur wenn man sie richtig anwendet. Nehmen wir einen einfachen, betriebswirtschaftlichen Vorfall. Ein Kontostand soll um 10 EUR erhöht werden. Gleichzeitig muss ein Buchungssatz geschrieben werden, der diese Kontoerhöhung dokumentiert. Beide Ereignisse werden nacheinander ausgeführt, schließlich läuft das Programm von oben nach unten. Wenn sich die beiden Befehle innerhalb desselben Dynpro-Blocks befinden, ist diese Konsistenz bereits ohne weitere Befehle sichergestellt. Abbildung 5.5 demonstriert den zeitlichen Ablauf innerhalb eines Bildwechsels von einem zum nächsten Dynpro. Das ist auch genau die Zeit, in der ein einzelner Dialogprozess mit der Abarbeitung beschäftigt ist.

Zusammenspiel der Verarbeitungsblöcke

Der Benutzer bestätigt seine Eingaben (entweder mit *Enter* oder durch einen Button), damit wird ein Dialogprozess mit der Abarbeitung des PAI-Blocks (und des PBO-Blocks des Folgedynpros) beauftragt und ruft gemäß der hinterlegten Logik alle darin enthaltenen Module auf, die wiederum Datenbankoperationen absetzen. Erst wenn der komplette Block durchlaufen ist, werden alle Befehle von der Datenbank tatsächlich festgeschrieben. Die Änderungen sind auch erst zu diesem Zeitpunkt von anderen Benutzern sichtbar, denn vor Erreichen des Blockendes kann ja noch niemand sagen, ob die Festschreibung der Daten auch wirklich erfolgen wird.

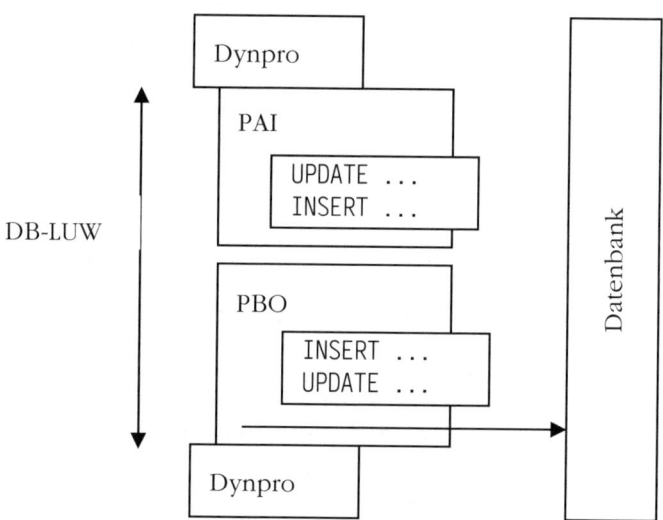

Abb. 5.5: Ablauf einer DB-LUW

Den kompletten Vorgang vom ersten Datenbank-Befehl bis zum Erreichen des Blockendes und dem Festschreiben der Daten nennt man eine Datenbank-LUW (logical unit of work). Sie wird in jedem Fall entweder komplett oder gar nicht ausgeführt. Diese Transaktionssteuerung kennt man so ähnlich auch aus anderen Programmiersprachen, weil Sie auf der Ebene der Datenbank stattfindet, nicht innerhalb der ABAP-Laufzeitumgebung.

Explizites Commit

Den Zeitpunkt der Datenbankfortschreibung nennt man einen COMMIT, analog des Befehls, der ihn explizit auslöst. Somit lässt sich auch mehr als eine DB-LUW in einen Verarbeitungsblock packen. Wird die erste DB-LUW mit COMMIT explizit abgeschlossen, kann sie natürlich nicht mehr rückgängig gemacht werden. Auch wenn das Programm im zweiten Teil des Verarbeitungsblocks auf einen Fehler läuft.

ROLLBACK

Es kann mehrere Auslöser geben, die Datenbankbefehle wieder rückgängig zu machen. Der explizite Befehl heißt ROLLBACK. Er macht alle Operationen rückgängig, die seit Beginn des Verarbeitungsblocks oder seit dem letzten COMMIT durchgeführt wurden. Durch das Absetzen einer Fehlernachricht (MESSAGE mit Typ E) oder einen Kurzdump wird ein implizites ROLLBACK ausgelöst.

Die SAP-LUW

Für das kommende Teilkapitel fehlt uns nun nur noch ein weiterer Begriff: die SAP-LUW. Sie erstreckt sich über mehrere Dialogschritte hinweg und fasst mehrere DB-LUWs zu einer (betriebswirtschaftlichen) Einheit zusammen. Betrachten wir eine einfache Dialogtransaktion. Auf zwei Dynpros erfasst der Benutzer seine Daten und drückt dann auf *Speichern*. An diesem Schritt sind drei Datenbank-LUWs beteiligt, die zu einer SAP-LUW zusammengehören (Abbildung 5.6). Wir wissen ja inzwischen, dass eine DB-LUW immer auf genau einem Prozess läuft. SAP-LUWs dagegen können sich auf mehrere Prozesse verteilen. Wie wir im Anschluss an dieses Teilkapitel diskutieren, müssen das auch nicht immer nur Dialogprozesse sein.

Analog zu COMMIT und ROLLBACK bei der DB-LUW heißen die Befehle bei der SAP-LUW COMMIT WORK und ROLLBACK WORK.

Im übrigen gelten die LUW-Begriffe nicht nur für Dialog-Programme, sondern natürlich auch für Reports. Die Zeitspanne zwischen *Selection Screen* und Output des Reports bzw. zwischen zwei Listenebenen entspricht dann einem Dynpro-Bildwechsel.

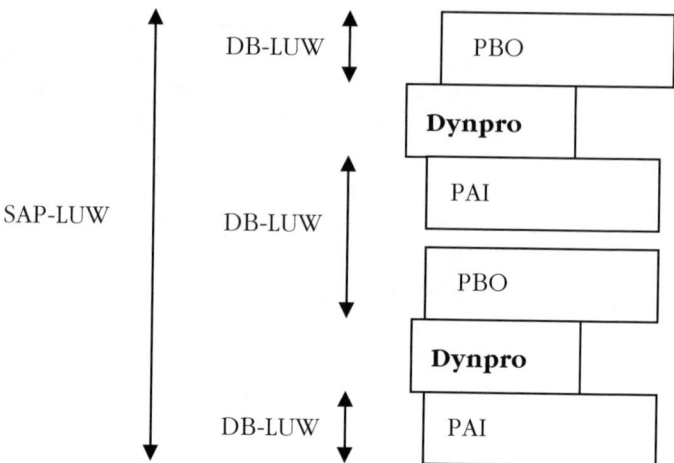

Abb. 5.6: Zusammenfassung von DB-LUWs zu einer SAP-LUW

5.2 Verbuchungstechniken

Nachdem wir uns mit den letzten Seiten das nötige Wissen um die interne Systemarchitektur besorgt haben, können wir uns nun wieder voll und ganz der Programmierung widmen.

5.2.1 PERFORM ON COMMIT

Wie wir wissen, werden normale Datenbankoperationen spätestens mit Abschluss des Verarbeitungsblocks durch ein implizites COMMIT festgeschrieben. Um Anweisungen über eine DB-LUW hinweg zu bündeln, bietet sich der Zusatz ON COMMIT beim Aufrufen bestimmter Funktionen an.

```
PERFORM <UnterRoutine> ON COMMIT
```

Die Funktionen werden dann nicht sofort abgearbeitet, sondern nur auf einen Stapel in den Speicher gelegt. Erst ein explizites COMMIT WORK arbeitet den Stapel nach der Reihenfolge des Aufrufs ab (Abbildung 5.7).

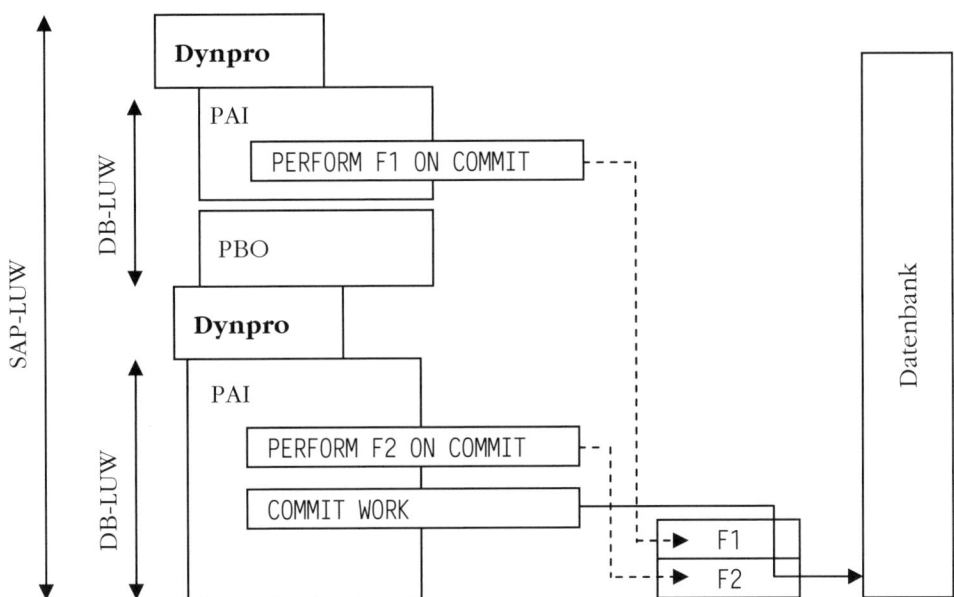

Abb. 5.7: schematische Darstellung von ON COMMIT

Der Nachteil dieser Bündelungstechnik ist die Datenübergabe. Funktionen, die mit ON COMMIT aufgerufen werden, dürfen keine Parameter empfangen oder zurückgeben. Die einzige Möglichkeit, Daten vom aufrufenden Programmteil in die Funktion zu übermitteln sind globale Variablen. Allerdings gilt der Zustand der Variable zum Zeitpunkt des Ausführens, nicht zum Zeitpunkt des Aufrufs. Folgendes Beispiel illustriert diesen Effekt:

```
DATA x(10).

x = 'Hallo'.
PERFORM WriteX ON COMMIT.

x = 'Welt'.
PERFORM WriteX ON COMMIT.

COMMIT WORK.
FORM WriteX.
   WRITE x.
ENDFORM.
```

Dieses kurze Programm erzeugt den Output:

```
WELT
```

Es ist zu beachten, dass die Unter-Routine nur einmal ausgeführt wird, obwohl sie mehrmals angestartet wurde.

Nachteile

ON COMMIT ist also mit allergrößter Vorsicht zu genießen. Der Vorteil liegt allerdings in der Performance. Wir werden im nächsten Schritt weitere Verbuchungsmechanismen kennen lernen. Diese nutzen nicht das globale ABAP-Memory als Ablage für die verarbeitenden Parameter, sondern Zwischentabellen, die ihrerseits wieder in der Datenbank liegen. Aus Sicht der Performance ist dieser zusätzliche Datenbankkontext etwas langsamer.

5.2.2   Verbuchungsbausteine

Im Gegensatz zu der ON COMMIT-Technik besteht eine andere Möglichkeit der Verbuchung darin, das Ausführen der Befehle in einen Funktionsbaustein zu packen und den Aufruf dieses Bausteins an einen anderen Prozess zu übergeben. Erst dadurch lässt sich ein wirklicher Performancegewinn für den Anwender erzielen. Beim ON COMMIT haben wir zwar die Möglichkeit, einen Funktionsaufruf (und die darin enthaltenen Datenbankoperationen) über eine einzelne DB-LUW hinwegzuretten, trotzdem musste der Anwender am Ende der SAP-LUW bis zur vollständigen Abarbeitung warten. Wenn der Aufruf hingegen vom Dialogprozess an einen Verbuchungsprozess übergeben wird, kann der Dialogprozess seine Arbeit schneller erledigen, und der Anwender bekommt schneller sein Folgebild zu sehen und kann weiterarbeiten.

Voraussetzung
für die
Verbuchung

Funktionsbausteine, die in einen Verbuchungsprozess abgegeben werden können, müssen einige Voraussetzungen erfüllen. Zum einen dürfen sie keine Rückgabeparameter oder auffangbare Exceptions haben. Es gibt ja kein Programm mehr, das die Parameter oder die Exception entgegen nehmen könnte. Darüber hinaus müssen alle Input-Parameter und Übergabetabellen, die an den Baustein übergeben werden, aus Typen bestehen, die im Data Dictionary bekannt gegeben sind. Diese Tatsache liegt darin begründet, wie die ABAP-Laufzeitumgebung Verbuchungsaufrufe zwischenspeichert (später dazu mehr).

Abbildung 5.8 zeigt den Verwaltungsreiter eines Funktionsbausteins. In unteren linken Bereich besteht die Möglichkeit, eine Ablaufart zu definieren. Nur Bausteine, die mit der Ablaufart *Verbuchungsbaustein* gekennzeichnet sind, eignen sich später auch für einen entsprechenden Aufruf.

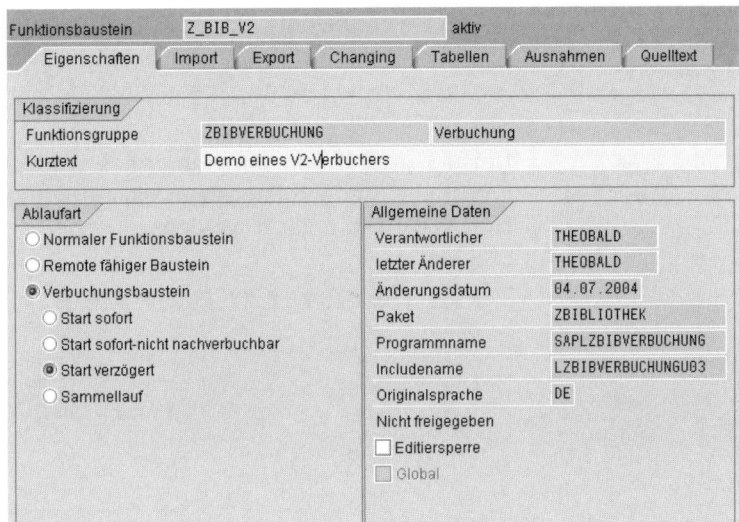

Abb. 5.8 © SAP AG: Eigenschaften eines Verbuchungsbausteins

Arten der Verbuchung

Es existieren vier unterschiedliche Arten, die spätere Verbuchung noch genauer zu steuern. Bei den ersten beiden spricht man von einem V1-, bei den letzten beiden von einem V2-Verbucher.

- Start sofort (V1)

  Der Baustein wird mit großer Priorität in einem UPD-Prozess verarbeitet. Falls während der Verarbeitung ein unvorhergesehener Laufzeitfehler auftritt, kann der Aufruf über die Verbuchungsverwaltung erneut angestoßen werden.

- Start sofort – nicht nachverbuchbar (V1)

  Die Abarbeitung erfolgt ebenfalls mit höchster Priorität. Falls ein unerwarteter Fehler auftritt, ist es allerdings nicht mehr möglich, die Verarbeitung erneut zu starten.

- Start verzögert (V2)

  Die Abarbeitung erfolgt mit geringer Priorität in einem UP2-Prozess. V2-Verbuchungen können im Fehlerfall immer noch einmal neu angestoßen werden. Diese Ablaufart eignet sich für zeitunkritische Verbuchungen, z.B. einer Statistikfortschreibung, die keinen unmittelbaren Einfluss auf den produktiven Betrieb hat.

- Sammellauf

  Der Aufruf wird zwischengepuffert und im ersten Schritt überhaupt nicht abgearbeitet. Erst ein explizites Anstoßen der Verarbeitung durch einen Hintergrund-Job oder durch den Administrator führt den Aufruf aus. Dieser Ablauftyp ist nur für die interne Verwendung von SAP gedacht und sollte nicht benutzt werden.

Syntax im Überblick

Um den Aufruf vom Programm aus zur Verbuchung vorzumerken, muss der Funktionsbausteinaufruf um die Anweisung IN UPDATE TASK ergänzt werden:

```
CALL FUNCTION 'Z_XX' IN UPDATE TASK.
```

Der Befehl

```
COMMIT WORK.
```

beendet die SAP-LUW und stößt die Verbuchungsprozesse an. Falls sich auf halbem Weg eine neue Situation ergibt, die es nötig macht, alles abzubrechen, kann mit

```
ROLLBACK WORK.
```

die SAP-LUW zurückgerollt werden. Alle V1- und V2-Verbucher, die zur Verbuchung angemeldet waren, werden verworfen. Sollte es doch einmal nötig sein, dass der aufrufende Dialogprozess bis zur endgültigen Verbuchung wartet, hält er mit

```
COMMIT WORK AND WAIT.
```

so lange an, bis der oder die Verbuchungsprozesse ihre Arbeit vollständig erledigt haben. Der Vollständigkeit halber sei noch der Befehl

```
SET UPDATE TASK LOCAL.
```

erwähnt. Er sorgt dafür, dass das nächste COMMIT WORK die Verbuchung nicht an einen Verbuchungsprozess abgibt, sondern im lokalen Dialogprozess ausführt.

5.2.3   Kleines Beispielszenario

V1-Demobaustein

Z_BIB_V1
Z_BIB_V2

Um die beiden Verbuchungsarten V1 und V2 im Detail zu demonstrieren, machen wir von zwei Demo-Bausteinen Gebrauch. Der folgende Baustein Z_BIB_V1 erledigt einen Warenausgang. Ihm werden die Bestandsnummer und die Kundennummer übergeben, die aussagen, von welchem Bestand an welchen Kunden das Buch geht. Er muss als V1-Verbucher gekennzeichnet sein. Falls der Status des Bestandes ungültig ist (also nicht 1, für *ausleihbar*), löst er eine Exception aus. So können wir später einen Verbuchungsfehler provozieren. Jede Bewegung erhält einen Eintrag in der Tabelle ZBIBBEW und ist durch die ID als Primärschlüssel identifiziert. Diese ID wird über eine Nummernkreisoperation ermittelt (siehe auch Kapitel 4). Die Bewegungstabelle wird um einen Satz ergänzt, und die Bestandtabelle wird abgeändert (auf Status 2, für *ausgeliehen*). Der Buchungsvorgang ist dann abgeschlossen.

```
FUNCTION z_bib_v1.
*"----------------------------------------------
*"*"Verbuchungsfunktionsbaustein:
*"*"Lokale Schnittstelle:
*"  IMPORTING
*"    VALUE(I_BESTANDSNR) LIKE  ZBIBBESTAND-BESTANDSNR
*"    VALUE(I_KUNDENNR) LIKE  ZBIBKUNDEN-KUNDENNR
*"  EXCEPTIONS
*"      BESTAND_FALSCH
*"----------------------------------------------
```

Bestandssatz holen

```
  DATA wa_bestand LIKE zbibbestand.
  DATA wa_bew LIKE zbibbew.
  SELECT SINGLE * INTO wa_bestand
  FROM zbibbestand WHERE bestandsnr = i_bestandsnr .

  IF wa_bestand-status NE 1.
    RAISE bestand_falsch.
  ENDIF.
```

Neue, freie Nummer holen

```
  CALL FUNCTION 'NUMBER_GET_NEXT'
    EXPORTING
      nr_range_nr = '01'
      object      = 'ZBIBBEW'
    IMPORTING
```

```
                     number        = wa_bew-id.
```

Bewegungssatz
schreiben
```
            wa_bew-bestandsnr = i_bestandsnr.
            wa_bew-dataus = sy-datum.
            INSERT zbibbew FROM wa_bew.
```

Bestandssatz än-
dern
```
            wa_bestand-status = 2. " ausgeliehen
            wa_bestand-kundennr = i_kundennr.
            UPDATE zbibbestand FROM wa_bestand.
```

```
            ENDFUNCTION.
```

V2-Demobaustein   Der zweite Baustein Z_BIB_V2 ist ein klassischer V2-Verbucher. Unter Angabe des Bestandssatzes ermittelt er mit Hilfe der Bestands- und Büchertabelle den Verlag. Die Verlagsnummer wird dann dazu genutzt, in der Verlagstabelle ZBIBVERLAGE die Spalte ANZAHL um eins zu erhöhen. Sie ist eine Statistik-Spalte darüber, wie oft Bücher eines Verlages ausgeliehen wurden.

```
            FUNCTION z_bib_v2.
            *"----------------------------------------------------
            *"*"Verbuchungsfunktionsbaustein:
            *"
            *"*"Lokale Schnittstelle:
            *"   IMPORTING
            *"     VALUE(I_BESTANDSNR) LIKE  ZBIBBESTAND-
            BESTANDSNR
            *"----------------------------------------------------

            DATA w_verlag LIKE zbibverlage-verlag.

            TABLES zbibbuecher.
            DATA w_isbn LIKE zbibbuecher-isbn.
            DATA wa_verlag LIKE zbibverlage.
```

ISBN-Nummer
vom Bestandssatz
holen
```
            SELECT SINGLE isbn INTO w_isbn FROM
            zbibbestand WHERE bestandsnr = i_bestandsnr.
```

Verlag aus Buch-
tabelle holen
```
            SELECT SINGLE verlag INTO w_verlag
            FROM zbibbuecher WHERE isbn = w_isbn.
```

Satz in Verlagsta-
belle holen ...

```
SELECT SINGLE * INTO wa_verlag
FROM zbibverlage WHERE verlag = w_verlag.
```

... ändern und
wieder zurück-
schreiben

```
wa_verlag-anzahl = wa_verlag-anzahl + 1.

UPDATE zbibverlage FROM wa_verlag.

ENDFUNCTION.
```

ZBIB_VERB

Nun benötigen wir nur noch ein einfaches Rahmenprogramm, das die beiden Bausteine aufruft und an die Verbuchungsprozesse weitergibt. ZBIB_VERB fragt zunächst vom Benutzer Bestandsnummer und Kundennummer ab und ruft unsere beiden Bausteine auf.

```
*&--------------------------------------------------*
*& Report   ZBIB_VERB                               *
*& Bücherausleihe mit Verbuchung durchführen        *
*&--------------------------------------------------*

REPORT  zbib_verb.
```

Benutzereingabe

```
PARAMETER p_best LIKE
   zbibbestand-bestandsnr OBLIGATORY.
PARAMETER p_kunde LIKE zbibkunden-kundennr.
```

Bestand buchen

```
CALL FUNCTION 'Z_BIB_V1' IN UPDATE TASK
   EXPORTING
      i_bestandsnr = p_best
      i_kundennr   = p_kunde.
```

Statistik buchen

```
CALL FUNCTION 'Z_BIB_V2' IN UPDATE TASK
   EXPORTING
      i_bestandsnr = p_best.
```

SAP-LUW beenden

```
COMMIT WORK.

WRITE / 'Bestandsänderung wird verbucht'.
```

Nachdem auf dem Eingabebildschirm plausible Angaben gemacht wurden (z.B. Bestandsnummer=BE1000, KundenNr=500001), kann das Programm gestartet werden. Der Output des Reports sollte ohne eine merkliche Zeitverzögerung erscheinen, da die beiden Bausteine ja nicht im aktuellen Dialogprozess, sondern separat bearbeitet werden. Aus diesem Grund hat der Dialogprozess nicht mehr zu tun, als die Verbuchung anzustoßen und eine Quittungs-Zeile auszugeben. Mit flinken Fingern als Voraussetzung kann man in der Prozessübersicht (Transaktion SM51) die Verbuchungsabläufe beobachten. Abbildung 5.9 zeigt den Prozesszustand zum Zeitpunkt der Programmausführung. Den Dialogprozess mit der Nummer 2 können wir bei unseren Beobachtungen getrost ignorieren. Er ist nur dafür zuständig, die Prozessübersicht selbst anzuzeigen. Wesentlich interessanter ist der Dialogprozess 1. Er arbeitet in diesem Moment das ZBIB_VERB-Programm selbst ab. Man erkennt in den Spalten AKTION und TABELLE, dass die Laufzeitumgebung Daten in die Tabelle VBDATA schreibt. Diese Tabelle ist dafür zuständig, zur Verbuchung anstehende Daten (die Übergabeparameter) zwischenzupuffern. Noch ist die SAP-LUW in vollem Gange, und es wurde noch keine Verbuchung angestoßen.

Prozessübersicht

Nr	Typ	Pid	Status	Grund Start Err Sem CPU	Zeit	Report	Man	Benutzer	Aktion	Tabelle
0	DIA	2068	wartet	ja						
1	DIA	2340	läuft	ja		!BIB_VERB	800	THEOBALD	Insert	VBDATA
2	DIA	2348	läuft	ja		SAPLTHFB	800	THEOBALD		
3	DIA	2356	wartet	ja						
4	DIA	2364	wartet	ja						
5	DIA	2372	wartet	ja						
6	UPD	2380	wartet	ja						
7	UPD	2388	wartet	ja						
8	ENQ	2396	wartet	ja						
9	BTC	2404	wartet	ja						
10	BTC	2412	wartet	ja						
11	SPO	2420	wartet	ja						
12	UP2	2428	wartet	ja						

Abb. 5.9 © SAP AG: Demoprogramm wird ausgeführt

Wenige Sekundenbruchteile später ist die Ausführung des Programms beendet und die Verbuchung via COMMIT WORK angestoßen. Ein weiterer Blick in die SM51 bestätigt, dass der vormals belegte Dialogprozess 1, der das Demoprogramm ausgeführt hat, wieder in Wartestellung ist (Abbildung 5.10). Die Laufzeitumgebung hat damit begonnen, den V1-Baustein auszuführen. Erwartungsgemäß geschieht dies nicht in einem Dialogprozess, sondern im Update Prozess mit der Nummer 6. Allerdings befindet sich dieser im Moment im Status *hält*. Das liegt daran, dass sich der Z_BIB_V1-Baustein eine Nummer aus dem Nummernkreis-

Pool besorgen muss. Dies wiederum geschieht in einem Dialogprozess. In unserem Fall wartet die Nummer 6 auf die Nummer 0, die für den Nummernkreis zuständig ist. Man erkennt bei der Nummer 0, dass er nicht irgendeinen ABAP-Code ausführt, sondern in der Spalte Report der Eintrag <no buffer> angebracht ist. <no buffer> steht für eine Operation des R/3-Kernels für das Nummernkreis-Handling.

Obwohl über den Umweg des Verbuchungsprozesses doch wieder ein Dialogprozess belegt wurde, merkt der Anwender nichts davon, denn nicht er wartet auf den Dialogprozess, sondern eben der Verbuchungsprozess wartet.

Prozessübersicht

Nr	Typ	Pid	Status	Grund	Start	Err	Sem	CPU	Zeit	Report	Man	Benutzer	Aktion	Tabelle
0	DIA	2068	läuft		ja					<no buffer>		SAPSYS		
1	DIA	2340	wartet		ja									
2	DIA	2348	läuft		ja					SAPLTHFB	800	THEOBALD		
3	DIA	2356	wartet		ja									
4	DIA	2364	wartet		ja									
5	DIA	2372	wartet		ja									
6	UPD	2380	hält	NUM	ja			1		SAPLSNR3	800	THEOBALD		
7	UPD	2388	wartet		ja									
8	ENQ	2396	wartet		ja									
9	BTC	2404	wartet		ja									
10	BTC	2412	wartet		ja									
11	SPO	2420	wartet		ja									
12	UP2	2428	wartet		ja									

Abb. 5.10 © SAP AG: 1. Verbuchungsvorgang

Nachdem der V1-Baustein erfolgreich abgearbeitet wurde, beginnt nun die Arbeit für die V2-Verbuchungsprozesse vom Typ UP2. Abbildung 5.11 zeigt den letzten Schritt. Die UPD-Prozesse sind wieder frei, Dialogprozesse sind keine belegt. Einzig der UP2-Prozess mit der Nummer 12 ist damit beschäftigt, den Z_BIB_V2-Baustein abzuarbeiten.

Prozessübersicht

Nr	Typ	Pid	Status	Grund	Start	Err	Sem	CPU	Zeit	Report	Man	Benutzer	Aktion	Tabelle
0	DIA	2068	wartet				ja							
1	DIA	2340	wartet				ja							
2	DIA	2348	läuft				ja			SAPLTHFB	800	THEOBALD		
3	DIA	2356	wartet				ja							
4	DIA	2364	wartet				ja							
5	DIA	2372	wartet				ja							
6	UPD	2380	wartet				ja							
7	UPD	2388	wartet				ja							
8	ENQ	2396	wartet				ja							
9	BTC	2404	wartet				ja							
10	BTC	2412	wartet				ja							
11	SPO	2420	wartet				ja							
12	UP2	2428	läuft				ja		1	SAPLZBIBVE	800	THEOBALD	Direktes Lesen	ZBIBBES

Abb. 5.11 © SAP AG: 2. Verbuchungsvorgang

Alles in allem haben wir durch unser Demoprogramm drei DB-LUWs zu einer SAP-LUW zusammengefasst. Die erste DB-LUW war das aufrufende Programm selbst. Darüber hinaus werden alle V1- und alle V2-Bausteine jeweils zu einer DB-LUW zusammengefasst. V2-Bausteine werden immer erst dann angestoßen, wenn alle V1-Bausteine ohne Verbuchungsfehler abgearbeitet wurden. Sind mehrere V1-Bausteine im Spiel, wird die komplette DB-LUW zurückgerollt, auch die Änderungen der V1-Bausteine, die innerhalb derselben DB-LUW davor korrekt abgearbeitet wurden. Tritt während dem Abarbeiten von V2-Bausteinen ein Fehler auf, können die Änderungen der zuvor ausgeführten V1-Bausteine nicht mehr rückgängig gemacht werden.

Verbuchungs-abbrüche

Unser Demoprogramm hat sich aus Gründen der Übersichtlichkeit nicht groß darum gekümmert, die an die Bausteine übergebenen Daten auf Plausibilität zu prüfen. Grundsätzlich ist aber eine solche Abprüfung unbedingt nötig, um Verbuchungsfehler zu vermeiden. Wir haben in unserem V1-Baustein Z_BIB_V1 die Möglichkeit eingebaut, eine Exception auszulösen, wenn der Bestandssatz nicht gefunden wurde. So können wir recht einfach einen Verbuchungsfehler provozieren, indem wir im Demoprogramm einen Bestandssatz eingeben, der nicht existiert. Das Ergebnis ist ein Verbuchungsabbruch. In diesem Fall werden keine Änderungen in der Datenbank festgeschrieben, und der ausführende Benutzer erhält eine Expressnachricht, um über den Abbruch informiert zu werden (Abbildung 5.12). Wir werden uns im nächsten Teilkapitel damit beschäftigen, wie solche Verbuchungsabbrüche analysiert und bereinigt werden können.

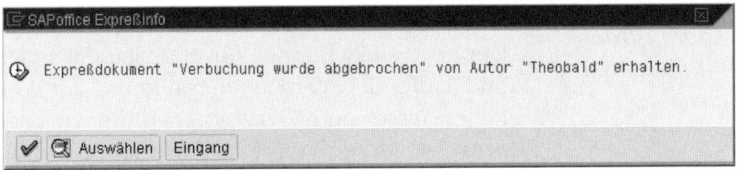

Abb. 5.12 © SAP AG: Expressdokument nach Verbuchungsabbruch

5.2.4   Verbuchungsverwaltung

Die Verbuchungsverwaltung hört auf den Transaktionsnamen
SM13 (Abbildung 5.13). Zum einen können dort über verschiedene Parameter aktuell zu verbuchende Aufrufe selektiert werden, zum anderen findet sich ein entsprechender Button für den
Absprung in die Verbuchungsadministration (Abbildung 5.13).

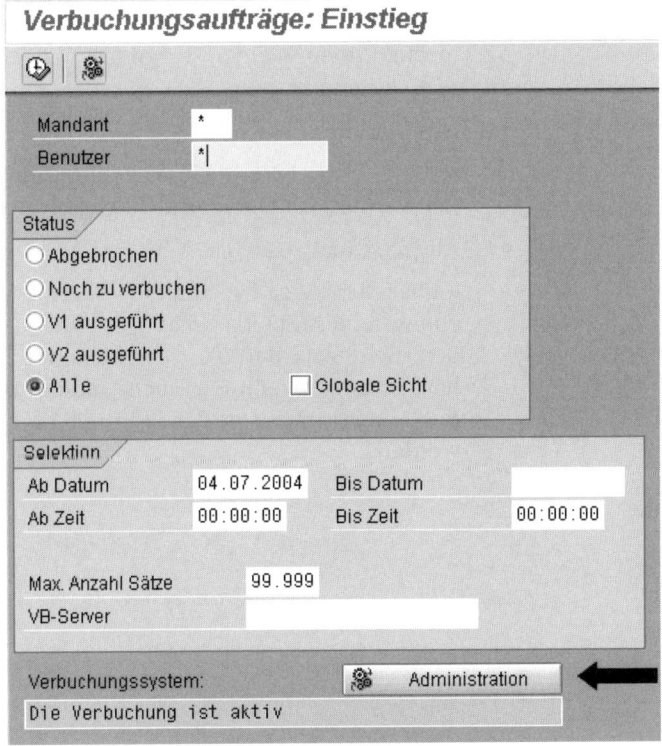

Abb. 5.13 © SAP AG: Einstiegsbild der Verbuchungsverwaltung

Administration und Steuerparameter

Die Administration teilt sich vier Registrierreiter (Abbildung 5.14). Der erste stellt Buttons für eine Standardselektion abgebrochener und laufender Verbuchungsaufträge zur Verfügung. Die beiden Reiter *Server* und *Servergruppen* dienen dazu, die Verbuchungsprozesse in großen Systemverbänden möglichst effizient und performant zu verteilen. Da dies ein ABAP-Buch ist und keines für Systemadministratoren, wollen wir nur schnell einen Blick auf den letzten Reiter *Parameter* werfen. Die dort hinterlegten Werte steuern feine Rädchen der Verbuchungsautomatismen. Für einen Entwickler sind insbesondere die drei folgenden interessant, die wesentlichen Einfluss auf das Verhalten bei Verbuchungsabbrüchen haben:

- rdisp/vb_lock_mode

  Dieser Parameter steuert, wie mit den Sperren zu verfahren ist, die vom Rahmenprogramm an die Verbuchung übergeben werden. HOLD erhält diese Sperren, bis der Fehler bereinigt ist. RELEASE löst sie. Im Zusammenhang mit Sperrmechanismen werden wir noch mal auf diesen Parameter zurückkommen.

- rdisp/vbmail

  steuert, ob bei Verbuchungsfehlern ein Expressmail gesendet werden soll (1) oder nicht (0).

- rdisp/vb_mail_user_list

  enthält den oder die Empfänger der Expressmail für Verbuchungsfehler. Standardmäßig ist $ACTUSER eingetragen für den Benutzer, der die verursachende Transaktion bedient hat. Alternativ können auch andere Benutzernamen (z.B. der Administrator) in der Liste mit Komma getrennt ergänzt werden.

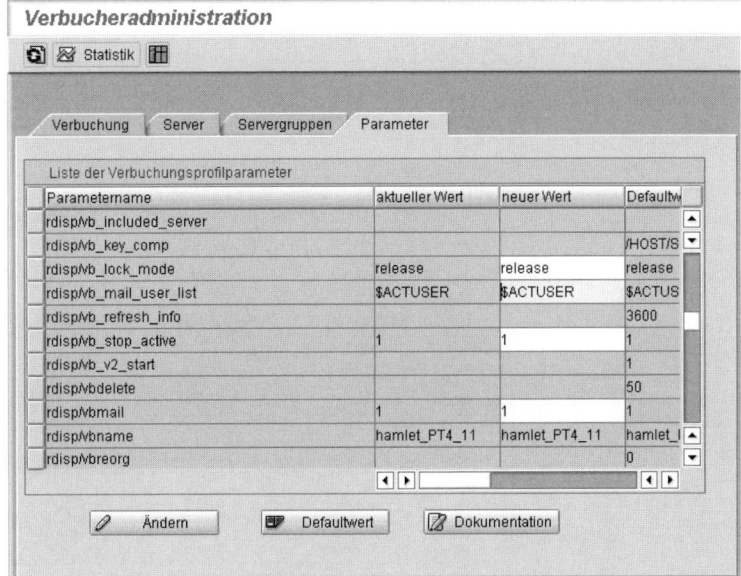

Abb. 5.14 © SAP AG: Parameter der Verbuchung

Statistik

Es sei noch kurz die Statistik erwähnt (Button *Statistik*). Über das Menü *Bearbeiten → Statistik → Zurücksetzen* werden alle Werte auf 0 gesetzt. Nach einiger Zeit kann man so überprüfen, wie viele V1/V2-Verbuchungsbausteine im System aufgerufen wurden, zu wie vielen Fehlern es kam, und wie lange die Aufrufe im Schnitt gedauert haben. Abbildung 5.15 zeigt die Statistik zu unserem Demoprogramm.

Verbucheradministration

Verbuchungsstatistik			

Verbuchungsaufträge			
erzeugt	1	ausgeführt (V1)	1
gestartet (V2)	1	ausgeführt (V2)	1
abgebrochen	0	gelöscht	2

DB-I/O	Bytes geschrieben	Bytes gelesen
insgesamt	723	3456
min	60	72
avg	144.600000	181.894737
max	432	432

Zeiten	Ausführung (V1)	Ausführung (V2)	Schreiben	Lesen
Anzahl	1	1	19	5
insgesamt (sec)	0.007102	0.445277	0.006369	0.001502
min (msec)	7.102000	445.277000	0.008000	0.223000
avg (msec)	7.102000	445.277000	0.335211	0.300400
max (msec)	7.102000	445.277000	0.658000	0.357000
KB/sec			529.910504	470.076357

Zeiten	Update	Commit	Delete
Anzahl	1	4	6
insgesamt (sec)	0.000202	0.050915	0.010136
min (msec)	0.202000	0.021000	0.241000
avg (msec)	0.202000	12.728750	1.689333
max (msec)	0.202000	50.386000	8.241000

Abb. 5.15 © SAP AG: Statistik über Verbuchungen

Liste über Verbuchungsaufträge

Abbildung 5.16 zeigt die Liste abgebrochener Verbuchungsaufträge, die über das Einstiegsbild selektiert werden kann. Sie enthält einen Eintrag, den unser Demoprogramm verursacht hat, als wir versucht haben, ein Buch auszuleihen, das nicht verfügbar war.

Das Schloss-Icon in der Info-Spalte gibt Aufschluss darüber, ob eventuelle Sperren in den Vorgang involviert sind. In der Liste ist das Schloss offen, es sind also keine aktiven Sperren vorhanden, die an den Verbuchungsvorgang geknüpft sind.

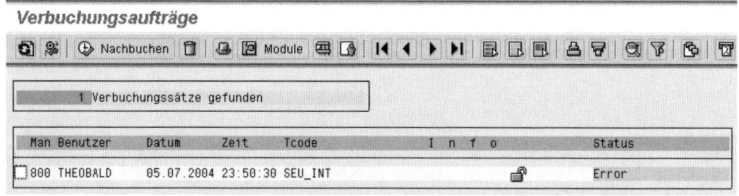

Abb. 5.16 © SAP AG: abgebrochener Verbuchungsauftrag

Ein Doppelklick auf die fehlerhafte Zeile eröffnet die Detailansicht (Abbildung 5.17). Wir erkennen, dass der Fehler im ersten Baustein, also im V1-Verbucher aufgetreten ist. Der zweite Baustein (V2) wurde durch den Fehler ebenfalls nicht ausgeführt, er befindet sich noch im Status *Init.* V2-Verbucher werden ja immer erst dann abgearbeitet, wenn alle V1-Verbucher erfolgreich erledigt sind.

Unser V1-Verbucher ist nachverbuchbar, weil wir diese Option in der Funktionsbausteindefinition so gewählt haben. Wäre das nicht so, also stünde er auf *nicht nachverbuchbar*, wäre der Error-Code mit dem Zusatz *no retry* versehen. Ein wiederholtes Anstoßen ist in so einem Fall nicht möglich.

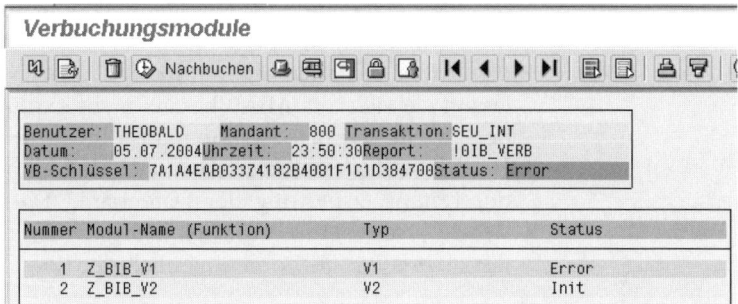

Abb. 5.17 © SAP AG: Detailansicht des Verbuchungsabbruchs

Abbildung 5.18 zeigt die Detailansicht eines einzelnen fehlerhaften Bausteins (zu erreichen über *Springen → Fehlerinfo*). Von hier aus kann direkt in den Kurzdump abgesprungen werden, der den Fehler ursprünglich verursacht hat (Button *ABAP-Kurzdum*p).

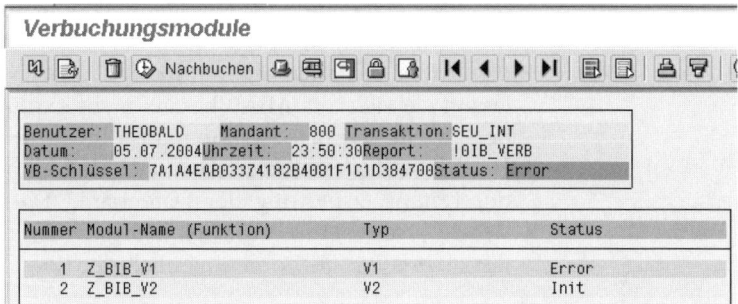

Abb. 5.18 © SAP AG: Fehlerinfo

Wenn die Fehlerursache eines Verbuchungsabbruchs behoben ist und der Aufruf manuell nachverbucht wurde, verschwindet der Verbuchungsauftrag aus der Verbuchungsverwaltung.

5.3   Sperrungen

Sperrungen dienen dazu, den Datenbestand konsistent zu halten. Wir haben dieses Thema auf den letzten Seiten schon das eine oder andere Mal erwähnt, weil die Sperrmechanismen eng mit der Verbuchung zusammenhängen. Grundsätzlich bietet jede Datenbank von sich aus bereits Sperrungen von Datensätzen an, die im Moment der Programmausführung gesetzt werden. Diese datenbankeigenen Sperren eignen sich allerdings nicht dazu, betriebswirtschaftliche Konsistenz sicherzustellen. Zum einen überdauern sie maximal während einer DB-LUW, und zum anderen lassen sie sich aus ABAP heraus nicht explizit setzen und aufheben, wenn es die Programmausführung erfordert. Aus diesem Grund ist das Sperrkonzept von SAP komplett unabhängig von der Datensatzsperrung der Datenbank. Dem Sperrautomatismus wurde – wie bereits zu Beginn dieses Kapitel gesagt – ein eigener Prozesstyp gewidmet, nämlich der Enqueue-Prozess.

5.3.1   Sperrobjekte

Basis aller programmierbaren Sperrungen ist das Sperrobjekt. Es reiht sich neben normalen Tabellen, Views und Datenelementen in die Klasse der Data-Dictionary-Objekte und wird in der Transaktion SE11 gepflegt.

Objektanlage in der SE11

Wir wollen gleich mit einem Beispiel beginnen und ein Sperrobjekt für unsere Bestandstabelle anlegen. Jedes Mal, wenn ein Bestandssatz durch eine Buchung verändert werden soll, muss dann zuerst geprüft werden, ob nicht bereits ein anderes Programm oder ein anderer Benutzer diesen Bestandssatz gerade bearbeitet. Abbildung 5.19 zeigt das Einstiegsbild in die Transaktion SE11. Der Name des Sperrobjekts muss nicht wie gewohnt mit Z beginnen, sondern mit E. Sperrobjekte werden, wie andere Programmobjekte auch, transportiert und gehören immer zu einer Entwicklungsklasse bzw. zu einem Paket.

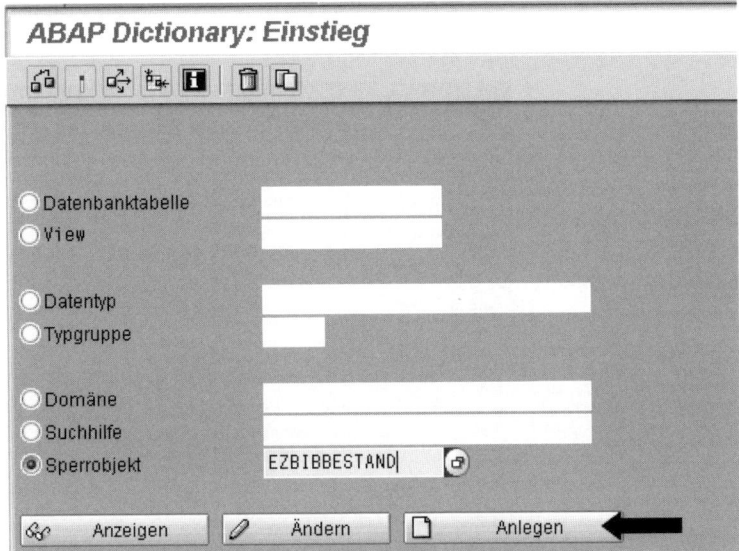

Abb. 5.19 © SAP AG: SE11-Einstieg zur Anlage eines Sperrobjekts

Definition des Sperrobjekts

Abbildung 5.20 zeigt das Innenleben des Sperrobjekts. Jedes Sperrobjekt basiert auf einer Datenbanktabelle, die die Daten des zu sperrenden Objekts enthält. In unserem Fall ist es ZBIBBESTAND, da wir Bestandssätze sperren wollen. Der Sperrmodus definiert die Art der Sperre:

- Schreibsperre

  Die Sperre wird mit dem Ziel gesetzt, den Datensatz zu ändern. So lange ein Objekt schreibgesperrt ist, können andere Programme weder eine weitere Schreibsperre noch eine Lesesperre setzen.

- Lesesperre

  Lesesperren können beliebig viele gesetzt werden. Um sicherzustellen, dass die Daten während des Anzeigens auch wirklich so bleiben, verhindert eine Lesesperre aber eine Schreibsperre.

- Erweiterte Schreibsperre

  Normale Schreibsperren können von demselben Programm mehrfach gesetzt werden. Nicht so bei erweiterten Schreibsperren. Diese können definitiv nur einmal gesetzt werden. Wenn also ein einzelner Programmteil eine erweiterte Schreibsperre setzt, kann selbst ein anderer Teil desselben

Programms weder eine Schreib- noch eine Lesesperre setzen.

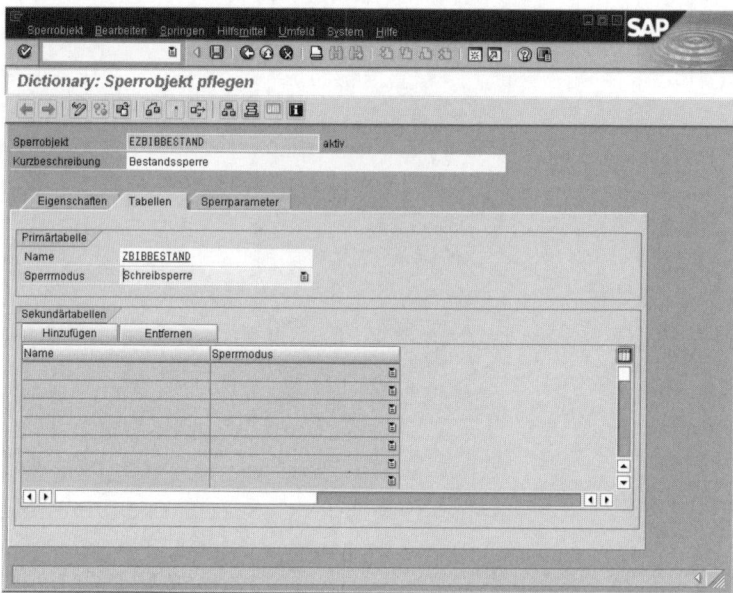

Abb. 5.20 © SAP AG: Angabe der Tabelle im Sperrobjekt

Sekundärtabellen Es ist über den *Hinzufügen*-Button auch möglich, weitere, so genannte Sekundärtabellen, hinzuzufügen. Sekundärtabellen müssen immer in einer definierten (1:n oder n:m)-Beziehung zur Primärtabelle stehen. So wäre es in unserem Fall möglich, nur durch das Sperren eines Bestandssatzes gleich alle zugehörigen Bewegungssätze mitzusperren. Wenn nun eine andere Sperre eines anderen Programms einen einzelnen Bewegungssatz schon gesperrt hat, würde unsere Sperranforderung des Bestandes aufgrund der Verknüpfung mit den Bewegungen verweigert.

Sperrparameter Bleibt uns zuletzt noch ein Blick auf die Sperrparameter (Abbildung 5.21). Sie identifizieren das zu sperrende Objekt eindeutig. Standardmäßig werden von der SE11 die Felder des Primärschlüssels der angegebenen Tabelle als Sperrparameter vorgeschlagen. Im Fall unserer Bestandstabelle sind das der Mandant (er ist sowieso immer dabei, es sei denn man sperrt Objekte mandantenübergreifend) und die Bestandsnummer.

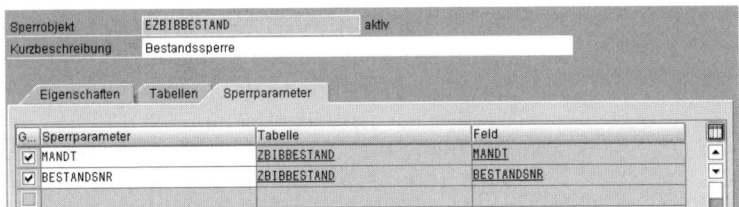

Abb. 5.21 © SAP: Sperrparameter

Beim Aktivieren des Sperrobjekts werden im Hintergrund zwei Funktionsbausteine angelegt. Einer zum Setzen einer Sperre:

```
ENQUEUE_<NameDesSperrobjekts>
```

Und einer zum Aufheben einer Sperre:

```
DEQUEUE_<NameDesSperrobjekts>
```

5.3.2   **Beispiel**

ZBIB_VERB_S

Wir wollen das Demoprogramm aus Kapitel 5.2.3 nun entsprechend erweitern. Es soll gleich zu Anfang eine Schreibsperre gesetzt werden. Wir reservieren uns also den zu bebuchenden Bestandssatz exklusiv und stellen so sicher, dass uns niemand anderes den Bestand vor der Nase wegschnappen kann, bevor nicht alle Datenbankänderungen verbucht sind.

Die Parameter des Sperrbausteins

Der zuvor angelegte Baustein ENQUEUE_EZBIBBESTAND zu unserem Sperrobjekt EZBIBBESTAND verlangt neben der Angabe des Sperrparameters Bestandsnummer (BESTANDSNR) noch einige andere Übergabeparameter. Hierzu gehört X_BESTANDSNR. Zu jedem Sperrargument wird ein zweiter Parameter der Form X_<Sperrparameter> angelegt. Er definiert, wie der Baustein reagieren soll, wenn als Sperrargument ein initialer Wert übergeben wird. Falls X_<Sperrparameter> leer ist, werden alle Sätze gesperrt, im Fall von X_<Sperrparameter>=X nur die, die in der Tabelle tatsächlich auch einen Initialwert haben. Über solch generische Sperren nachzudenken, macht allerdings erst dann Sinn, wenn ein Sperrobjekt mehr als ein Sperrargument hat und über mehr als eine Tabelle hinweg sperrt. Für unser Beispiel ist es also nicht relevant.

Mit MODE_ZBIBBESTAND kann der im Sperrobjekt eingestellte Sperrmodus übersteuert werden. Es sind die Werte S für Lesesperre, E für Schreibsperre und X für eine erweiterte Schreibsperre möglich. Der Parameter _SCOPE steuert die Art und Weise, wie mit den Sperren bei der Übergabe zur Verbuchung verfahren wird. Hier existieren folgende drei Möglichkeiten:

- 1

  Die Sperre existiert nur im Dialogprozess. Wenn der Aufruf an den Verbuchungsprozess abgegeben wird, muss dieser selbst für ein korrektes Sperren sorgen.

- 2

  Mit der Abgabe an den Verbuchungsprozess wird auch die Sperre weitergegeben.

- 3

  Die Sperre wird sowohl an den Verbuchungsprozess abgegeben, als auch im Dialogprozess gehalten.

Für unser Beispiel ist also der Wert 2 am geeignetsten, da kein Dialogprozess die Sperre benötigt, wenn die Verbuchung mit COMMIT WORK angestoßen wurde.

weitere Parameter

Der Parameter _WAIT definiert, ob der Sperrbaustein sofort eine Exception auslösen soll (' ') oder eine gewisse Zeit wartet (X), wenn die angeforderte Sperre nicht gesetzt werden konnte. Wie lange bei Bedarf gewartet wird, kann in den Systemparametern definiert werden. Auf den letzten Parameter _COLLECT werden wir später detailliert eingehen. Er definiert, ob Sperren gebündelt werden sollen.

```
*&---------------------------------------------------*
*& Report  ZBIB_VERB_S                               *
*& Bücherausleihe mit Sperrung                       *
*& Verbuchung durchführen                            *
*&---------------------------------------------------*

REPORT  zbib_verb_s.

PARAMETER p_best
   LIKE zbibbestand-bestandsnr OBLIGATORY.
PARAMETER p_kunde LIKE zbibkunden-kundennr.
```

Anfordern der Sperre

```
CALL FUNCTION 'ENQUEUE_EZBIBBESTAND'
  EXPORTING
*    MODE_ZBIBBESTAND      = 'E'
*    MANDT                 = SY-MANDT
     BESTANDSNR            = P_best
*    X_BESTANDSNR          = ' '
     _SCOPE                = '2'
*    _WAIT                 = ' '
*    _COLLECT              = ' '
  EXCEPTIONS
     FOREIGN_LOCK          = 1
     SYSTEM_FAILURE        = 2
     OTHERS                = 3
         .
```

Im Fehlerfall Benutzermeldung ausgeben

```
IF sy-subrc <> 0.
  MESSAGE ID SY-MSGID TYPE SY-MSGTY NUMBER SY-MSGNO
          WITH SY-MSGV1.
ENDIF.


CALL FUNCTION 'Z_BIB_V1' IN UPDATE TASK
  EXPORTING
     i_bestandsnr = p_best
     i_kundennr   = p_kunde.

CALL FUNCTION 'Z_BIB_V2' IN UPDATE TASK
  EXPORTING
     i_bestandsnr = p_best.

COMMIT WORK.

WRITE / 'Bestandsänderung wird verbucht'.
```

Falls durch den Sperrbaustein keine Sperre gesetzt werden konnte, wirft er eine auffangbare Exception. Im Fall von FOREIGN_LOCK ist bereits eine Sperre durch einen anderen Benutzer gesetzt. Die Systemvariable SY-MSGV1 enthält dann den Namen des anderen Benutzers. Darüber hinaus sind die Variablen SY_MSGID, SY_MGTY und SY-MSGNO gleich mit einer passenden Nachrichtenklasse, einem Nachrichtentyp und einer Nachrichtennummer gefüllt, so dass eine standardisierte

Fehlernachricht direkt mit dem MESSAGE-Befehl ausgegeben werden kann (Abbildung 5.22).

Abb. 5.22 © SAP AG: Fehlermeldung durch Fremdsperrung

Rücknahme von
Sperrungen

Im Fall des Beispielprogramms haben wir die Sperre nicht explizit wieder entfernt. Sie wird ja an den Verbuchungsprozess abgegeben, der diese nach erfolgreichem Abschluss implizit selbst entfernt. Programmgesteuert steht uns aber der zweite Funktionsbaustein DEQUEUE_EZIBBBESTAND zur Verfügung. Er verlangt fast dieselben Parameter wie ENQUEUE_EZBIBBESTAND, bis auf _WAIT, denn dieser heißt jetzt _SYNCHRON. Er steuert, ob der Baustein die Programmausführung solange stoppen soll, bis die Rücknahme der Sperrung auch wirklich vollzogen ist. Allerdings bewegt sich diese Zeitspanne in der Größenordnung von wenigen Millisekunden, selbst wenn der Enqueue-Prozess auf einem anderen Applikationsserver läuft. Wenn der Folgecode allerdings auf das zuverlässige Entfernen der Sperre angewiesen ist, kann dieser Parameter an Relevanz gewinnen. Exceptions werden beim Entsperren nicht ausgelöst, selbst dann nicht, wenn versucht wird, eine Sperre aufzuheben, die es gar nicht gibt. Folgender Code-Ausschnitt zeigt analog zum Beispielprogramm die explizite Rücknahme der Bestandssperrung:

```
CALL FUNCTION 'DEQUEUE_EZBIBBESTAND'
  EXPORTING
*    MODE_ZBIBBESTAND      = 'E'
*    MANDT                 = SY-MANDT
     BESTANDSNR            = p_bestand
*    X_BESTANDSNR          = ' '
*    _SCOPE                = '3'
*    _SYNCHRON             = ' '
*    _COLLECT              = ' '
```

5.3.3   Bündelung von Sperren

Die beiden Sperrbausteine ENQUEUE_<Sperrobjekt> und DEQUEUE_<Sperrobjekt> bieten den _COLLECT-Parameter. Er steuert, ob die Sperre sofort gesetzt wird (' '), oder ob die Sperranforderung zunächst nur im Speicher verbleibt (X).

Sperren, die nur für die Zwischenspeicherung angemeldet sind, können dann gesammelt mit Hilfe des Funktionsbausteins FLUSH_ENQUEUE in einem Rutsch realisiert werden. Sobald auch nur eine angemeldete Sperre nicht gesetzt werden kann, wirft FLUSH_ENQUEUE die Exception FOREIGN_LOCK. Keine der angemeldeten Sperren wird dann realisiert. Abbildung 5.23 demonstriert das Prinzip der gebündelten Sperren.

Auch die Sperraufhebung kann gebündelt werden. Unabhängig davon, in welcher Reihenfolge Sperranforderung und Sperraufhebung angestoßen werden, werden von FLUSH_ENQUEUE immer zuerst alle Anforderungen und danach alle Aufhebungen durchgeführt.

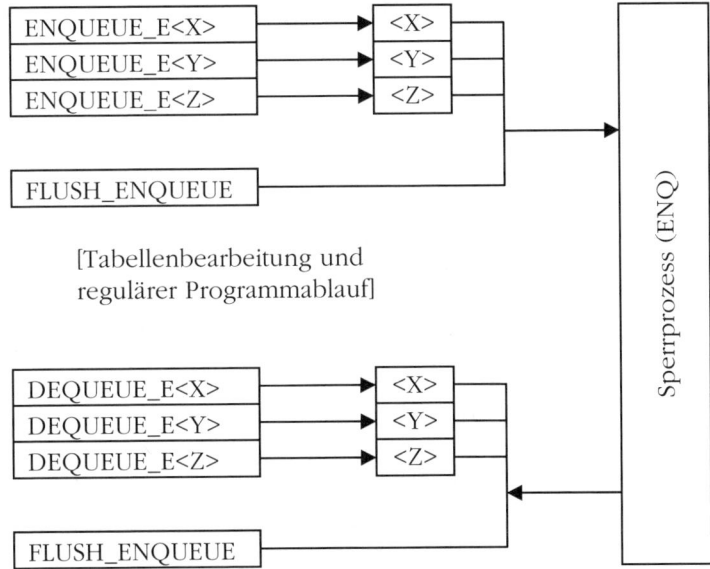

Abb. 5.23: Schematischer Ablauf einer Sperrbündelung

Falls es nötig sein sollte, Sperranmeldungen auf halbem Weg wieder rückgängig zu machen, ohne dass sie tatsächlich realisiert werden, steht der Baustein RESET_ENQUEUE zur Verfügung. Er löscht alle angemeldeten Sperranforderungen und Sperraufhebungen aus dem Speicher, ohne dass der Enqueue-Prozess etwas davon mitbekommt.

Vorteile der Bündelung

Das Bündeln von Sperranfragen hat für Programme, die zu Beginn etliche Sperren anfordern, zwei große Vorteile. Zum einen muss ein Programmabbruch aufgrund einer nicht-realisierbaren Sperranforderung nur einmal behandelt werden, nämlich zum Zeitpunkt von FLUSH_ENQUEUE. Es ist dann auch nicht nötig, die bereits gesetzten Sperren wieder manuell zu stornieren. Darüber hinaus wird der Enqueue-Prozess durch das Bündeln sehr entlastet. In der schematischen Zeichnung unter Abbildung 5.23 beispielsweise erzeugen drei gesetzte Sperren durch ENQUEUE_FLUSH nur zwei Kontakte mit dem Enqueue-Prozess und nicht sechs, wie es ohne Bündelungstechnik der Fall wäre.

5.3.4 Sperrverwaltung und Administration

Die Transaktion SM12 bietet die Möglichkeit, alle im System gesetzten Sperren anzuzeigen. Abbildung 5.24 zeigt das Einstiegsbild, in dem beispielsweise alle Sperren eines Benutzers oder eines bestimmten Sperrobjekts angesehen werden können.

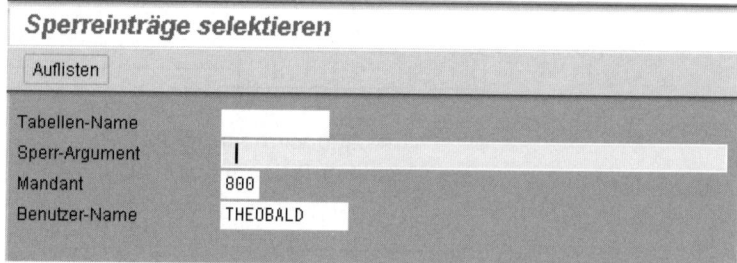

Abb. 5.24 © SAP AG: SM12; Selektion von Sperreinträgen

Detailansicht der Sperren

Abbildung 5.25 zeigt die Detailansicht der Sperren eines Benutzers unseres Beispielprogramms. Man kann in der Liste Benutzer, Tabelle und die Art der Sperre ablesen. Das Sperrargument ist in unserem Fall der Bestandssatz BE00001 im Mandant 800. Es kann bei Systemproblemen, unsauber programmierten Anwendungen oder sonstigen Abstürzen vorkommen, dass Sperreinträge nicht mehr ordentlich entfernt werden. In solch einem Fall können sie hier manuell entfernt werden (Menü *Sperreintrag → Löschen* oder über den Mülleimer-Button).

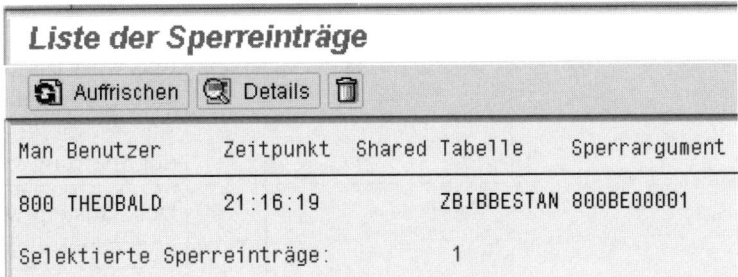

Abb. 5.25 © SAP AG: Liste der Sperreinträge

5.3.5   Funktionsbausteine im Überblick

ENQUEUE_<Sperrobjekt>			
Setzt eine Sperre mit Hilfe von <Sperrobjekt>			
	Import-Parameter		
	MODE_<Tabelle>	Sperrmodus für die angegebene Tabelle. Standardwert ist immer der Modus, der im Sperrobjekt hinterlegt ist.	
		E	Schreibsperre
		S	Lesesperre
		X	Erweiterte Schreibsperre
	<Sperrargument>	Eine oder mehrere Parameter, die den oder die zu sperrenden Sätze identifiziert	
	X_<Sperrargument	X	Ein initiales Sperrargument sperrt alle Sätze
			Ein initiales Sperrargument sperrt nur Sätze, deren Wert ebenfalls initial ist.
	_SCOPE	1	Die Sperre bleibt im Dialogprozess und wird nicht an einen eventuellen Verbuchungsprozess weitergegeben.
		2	Die Sperre wird an den Verbuchungsprozess übergeben.

	3	Die Sperre bleibt im Dialogprozess und wird zusätzlich an die Verbuchung übergeben. Beide Prozesse sind für die korrekte Rücknahme der Sperrung verantwortlich.
_WAIT	X	Der Baustein wartet bei einer Fremdsperre eine gewisse Zeit.
		Der Baustein kehrt bei einer Fremdsperre sofort mit einer Exception an das aufrufende Programm zurück.
_COLLECT	X	Die Sperre wird nicht sofort ausgeführt, sondern bis zum Aufruf von FLUSH_ENQUEUE gesammelt.
		Die Sperre wird sofort gesetzt.

Exceptions	
FOREIGN_LOCK	Die Sperre kann aufgrund einer bereits bestehenden Sperre nicht gesetzt werden. Welcher Benutzer dafür verantwortlich ist, steht in der Variable SY-MSGVR1.
SYSTEM_FAILURE	Die Sperre konnte aufgrund von Systemproblemen nicht gesetzt werden (z.B. Ausfall des Servers, auf dem der Enqueue-Prozess läuft).

DEQUEUE_<Sperrobjekt>		
Entfernt die Sperre des Sperrobjekts <Sperrobjekt>		
Import-Parameter		
MODE_<Tabelle>	Sperrmodus für die angegebene Tabelle. Standardwert ist immer der Modus, der im Sperrobjekt hinterlegt ist.	
	E	Schreibsperre
	S	Lesesperre
	X	Erweiterte Schreibsperre

<Sperrargument>		Eine oder mehrere Parameter, die den oder die gesperrten Sätze identifiziert
X_<Sperrargument	X	Ein initiales Sperrargument hebt die Sperre aller gesperrten Sätze auf.
		Ein initiales Sperrargument entfernt nur die Sperren von Sätzen mit initialem Inhalt.
_SCOPE	1	Entfernt die Sperre, die für den Dialogprozess gesetzt wurde
	2	Entfernt die Sperre, die für den Verbuchungsprozess gesetzt wurde.
	3	Entfernt beide Sperren, die des Dialogprozesses und die des Verbuchungsprozesses.
_SYNCHRON	X	Der Baustein kehrt erst dann zum aufrufenden Programm zurück, wenn der Enqueue-Prozess die Sperre entfernt hat.
		Der Baustein kehrt sofort zurück. Es kann sein, dass die Sperre aus technischen Gründen noch einige Millisekunden gesetzt bleibt.
_COLLECT	X	Die Sperre wird nicht sofort aufgehoben, sondern bis zum Aufruf von FLUSH_ENQUEUE gesammelt.
		Die Sperre wird sofort entfernt

FLUSH_ENQUEUE

Realisiert alle Sperranforderungen, die durch ENQUEUE_-Bausteine mit gesetztem _COLLECT-Parameter zur Sperrung angemeldet wurden

Exceptions	
FOREIGN_LOCK	Eine oder mehrere Sperren konnten nicht gesetzt werden

| SYSTEM_FAILURE | Die Sperren konnten aufgrund von Systemproblemen nicht gesetzt werden (z.B. Ausfall des Servers, auf dem der Enqueue-Prozess läuft). |

RESET_ENQUEUE

Entfernt alle zur Sperrung per _COLLECT angemeldeten Sperren aus dem Speicher und verwirft sie

6 OLE2 und MS Office Integration

Alle Microsoft-Office-Programme wie Word, Excel usw. bauen intern auf der COM-Architektur von Windows auf. Sie bilden ein komplettes Framework, das sich durch eben diese standardisierte Schnittstelle von jeder COM-fähigen Windows-Programmiersprache automatisieren lässt. Die Technik, externe Programmobjekte über eine standardisierte Schnittstelle in die eigene Anwendung einzubauen nennt man OLE – Object Linking and Embedding bzw. OLE2 als deren Erweiterung. Bis hierhin ist die ganze Sache völlig unabhängig von SAP und ABAP.

Bei den Enjoy-Controls haben wir bereits OLE2-Objekte automatisiert. Diese Objekte existierten im Hauptspeicher des lokalen Anwender-Rechners, und ihre Oberfläche wurde in die Oberfläche des SAP GUI „hineinprojiziert". Bei der Ansteuerung der OLE2-Objekte, die zu MS Office gehören, gibt es diese direkte Verknüpfung der Oberfläche nicht mehr. Das ist aber auch schon alles, was sie von den bisherigen unterscheidet.

Insbesondere die Technik der Automation Queue bleibt erhalten. Bei den Enjoy-Controls hatten wir es in der Regel auch nur mit einem Objekt zu tun, das wir angesteuert haben. Da hinter dem Office-Framework weitaus kompliziertere Strukturen stecken, bilden diese ein hierarchisches Netz von Objekten. Abbildung 6.1 demonstriert den Zusammenhang zwischen ABAP-Programm, GUI und Office-Framework.

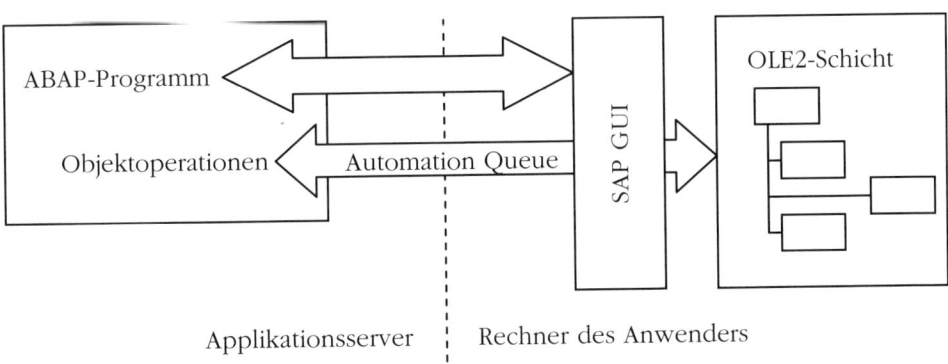

Abb. 6.1: schematische Darstellung der Kommunikationskanäle

6.1   Ansteuerung von OLE2-Objekten

Erste Voraussetzung ist die Einbindung des OLE2-Includes. Es enthält alle nötigen Datentypen; insbesondere einen Typ namens *ole2_object*, der das Verbindungsstück zwischen ABAP-Code und der OLE2-Schicht herstellt.

```
INCLUDE ole2incl.
DATA: <ObjektReferenz> TYPE ole2_object.
```

Ein OLE2-Objekt wird wie üblich mit Hilfe des Befehls *CreateObject* instanziiert. Der Konstruktor empfängt den Namen der OLE2-Klasse auf dem Zielsystem. Er ist eindeutig und in der lokalen Registrierdatenbank des Anwender-Rechners hinterlegt.

```
CREATE OBJECT <ObjektReferenz>
   '<KlassenNameDesOLE2Servers>'.
```

Das folgende Beispiel erzeugt ein Word-Objekt. Es wird für den Anwender noch nicht zu bemerken sein, weil es nur im Hintergrund erzeugt wird. Lediglich ein Blick in den Task-Manager zeigt einen Prozess namens *Windword.exe*.

```
INCLUDE ole2incl.

DATA: wordobj TYPE ole2_object.

CREATE OBJECT wordobj 'Word.Application'.
```

OLE2-Objekte verfügen über Eigenschaften. Diese können entweder gesetzt oder ausgelesen werden. Das Setzen und Lesen von Eigenschaften wird über die Befehle SET PROPERTY bzw. GET PROEPRTY erledigt. Anzugeben ist jeweils das referenzierte Objekt sowie der Name der Eigenschaft, auf den sich die Wertübergabe beziehen soll.

```
SET PROPERTY OF <ObjektReferenz>
   '<NameDerEigenschaft>' = <ZuSetzenderWert>
```

bzw.

```
GET PROPERTY OF <ObjektReferenz>
   '<NameDerEigenschaft>' = <ZuLesenderWert>
```

Im Beispiel oben haben wir ein Anwendungsobjekt von Word erstellt. Dieses Objekt hat vorerst keinerlei Oberfläche, denn es ist unmittelbar nach der Instanziierung lediglich im Hauptspeicher vorhanden, ohne dass es der Anwender merkt. Neben etlichen anderen Eigenschaften des Anwendungsobjekts steht uns *Visible* zur Verfügung. Standardmäßig steht es auf *false* bzw. *0*, die Anwendung ist unsichtbar.

Mittels

```
SET PROPERTY OF wordobj
   'Visible' = 1
```

zeigt sich das Word-Objekt in seiner vollen Pracht und öffnet die Anwendung.

Wenden wir uns den Methoden zu. Sie bilden den komplexesten Aufruf, da Methoden beliebig viele Übergabeparameter haben können. Außerdem ist eventuell noch ein Rückgabewert ermittelbar. Die Syntax lautet wie folgt:

```
CALL METHOD  OF <ObjektReferenz>
   '<NameDerMethode>' = <Rückgabewert>

EXPORTING
   <NameDesÜbergabeParameters1> = '<Wert1>'
   <NameDesÜbergabeParameters2> = '<Wert2>'
   ...
```

Auf die einzelnen Übergabe-Parameter kann entweder mit dem Namen oder der Ordinalzahl zugegriffen worden. Im letzteren Fall ist der Ordinalzahl jeweils ein # voranzustellen.

Das Word-Objekt unseres Beispiels bietet unter anderem die Methode *CheckSpelling*. Sie veranlasst das Word-Objekt, das als Parameter übergebene Wort einer Rechtschreibprüfung zu unterziehen.

```
DATA ret TYPE I.

CALL METHOD  OF wordobj
   'CheckSpelling' = ret
EXPORTING
   #1 = 'Fähler'.
```

Im vorliegenden Fall sollte *ret* nach dem Aufruf mit 0 gefüllt sein, denn die Rechtschreibprüfung findet hoffentlich den Fehler.

Zu guter Letzt zerstören wir nach getaner Arbeit das instanziierte Objekt mittels

```
FREE OBJECT <ObjektReferenz>
```

Es wird aus dem Speicher entfernt, und die Objektreferenz ist somit ungültig.

Nachdem die Theorie über OLE-Objekte nun soweit klar sein sollte, werden wir in den folgenden Kapiteln in das Handling von Office-OLE-Objekte eintauchen. Natürlich ist diese Technik nicht auf Office beschränkt. Viele (auch Microsoft-unabhängige) Anwendungen gehorchen derselben Architektur und können mit dieser Technik angesteuert werden.

6.2   Excel

In diesem Teilkapitel werden wir uns die Objekthierarchie von MS Excel ansehen. Abbildung 6.2 zeigt, wie die Objekte untereinander zusammenhängen. Den Begriff der Collection haben wir bisher in noch keinem Zusammenhang diskutiert. Eine Collection hat lediglich die Aufgabe, eine beliebige Anzahl an Objektreferenzen zu halten. So wie die *Workbooks*-Collection, die direkt unter dem Anwendungsobjekt hängt. Sie hält Objektreferenzen auf die Klasse *Workbook*. Diese wiederum repräsentiert eine einzelne geöffnete Excel-Datei. Analog dazu kann jede Excel-Datei beliebige viele Tabellenblätter beinhalten. Daher hält die Collection *Worksheets* Referenzen auf die Objekte der Klasse *Worksheet*, die ein einzelnes Tabellenblatt repräsentieren. Innerhalb eines Tabellenblattes gibt es dann nur noch die *Range*-Klasse, die bis auf eine einzelne Zelle hinuntergeht.

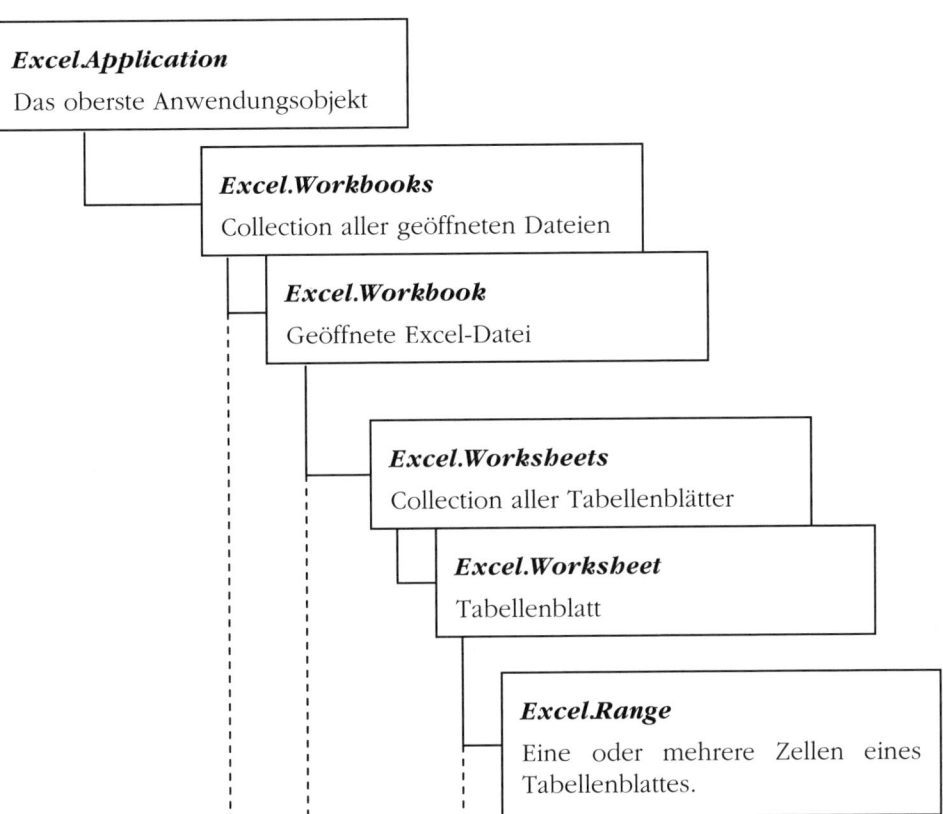

Abb. 6.2: Excel-Objekthierarchie

Die hier erwähnten Excel-Objekte sind nur eine Auswahl derer, die es überhaupt gibt. Eine Liste aller Klassen und deren Eigenschaften und Methoden lässt sich in Excel selbst ansehen: Über *Extras -> Macros -> Visual Basic-Editor* in die VBA-Entwicklungsumgebung abspringen und dort auf *Ansicht -> Objektkatalog*. Im Objektkatalog wählen wir in der Bibliotheks-Combo oben links *Excel*.

Abbildung 6.3 zeigt diese Übersicht. Im linken Bereich der Klassen ist in der Abbildung die Klasse *Workbook* gewählt. Im rechten Bereich werden dann die zugehörigen Methoden und Eigenschaften aufgelistet.

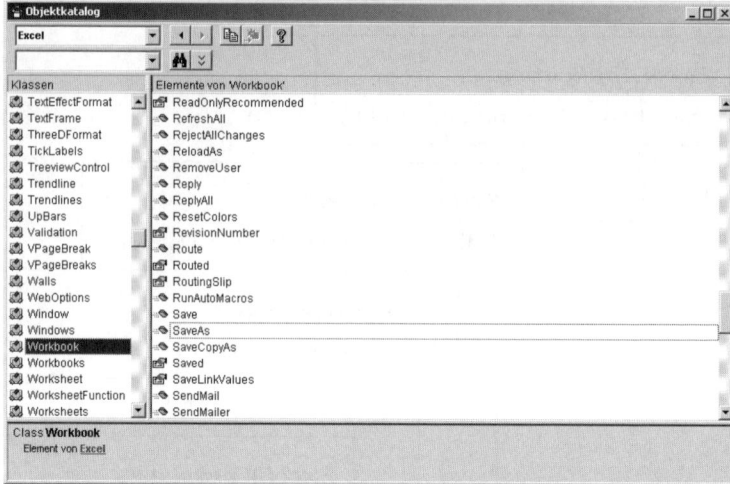

Abb. 6.3: Klassenbibliothek in der VBA-Entwicklungsumgebung

6.2.1   Beispiel

ZBIB_OI01

Im Folgenden wollen wir ein Beispielprogramm schreiben, dass eine Datenbanktabelle nach Excel exportiert. Die Tabelle soll grau-gefärbte Überschriften und eine Summenzeile bekommen.

Der Aufruf von OLE2-Methoden ist relativ schwierig zu debuggen, aus diesem Grund ist es nötig, nach jedem Aufruf den *sy-subrc* abzufragen, ob ein Fehler aufgetreten ist. Um nicht jedes Mal eine mehrzeilige Fehlerbehandlung tippen zu müssen, standardisieren wir die Fehlerbehandlung in einer Unter-Routine. Der Übergabeparameter *text* soll dann jeweils in Klarschrift die aufrufende Funktion enthalten.

```
FORM checkerror USING text.
  IF sy-subrc <> 0.
    WRITE: / 'Fehler bei: ',text, sy-subrc.
    STOP.
  ENDIF.
ENDFORM.
```

Zellenwerte setzen   Es lassen sich noch einige wiederkehrende Aufgaben ebenso kapseln. Die folgende Unter-Routine füllt eine einzelne Zelle eines Tabellenblattes mit einem Wert (*value*). Dazu wird die gewünschte Zeile (*z*), die gewünschte Spalte (*s*) und ein

Worksheet-Objekt (*worksheet*) übergeben. Die Methode *Cells* des *Worksheet*-Objekts gibt unter Angabe der Zeile und Spalte ein *Range*-Objekt zurück, das die gewünschte Zelle repräsentiert. Das Attribut *Value* des *Range*-Objekts kann dann einfach auf den Übergabewert gesetzt werden.

```
FORM zellefuellen
  USING
     z type i
     s type i
     value
     worksheet type  ole2_object.

DATA excelrange TYPE ole2_object.

CALL METHOD OF worksheet 'Cells' = excelrange
  EXPORTING
     #1 = z
     #2 = s.
PERFORM checkerror USING 'Get Range'.

SET PROPERTY OF excelrange 'Value' = value .
PERFORM checkerror USING 'Range.Value = ..'.

ENDFORM.
```

Zellen einfärben   Analog dazu die Unter-Routine *zellefaerben*. Sie versieht die gewünschte Zelle mit einer Hintergrundfarbe. Hierzu besorgen wir uns zuerst ein Objekt der Klasse *Interior*. Es enthält Attribute wie Farb- und Formatangaben zu einem *Range*-Objekt.

```
FORM zellefaerben
  USING
     z TYPE i
     s TYPE i
     farbe TYPE i
     worksheet TYPE  ole2_object.

DATA:  excelrange TYPE ole2_object,
       excelinterior TYPE ole2_object.
```

```
            CALL METHOD OF worksheet 'Cells' = excelrange
              EXPORTING
                #1 = z
                #2 = s.
            PERFORM checkerror USING 'Get Range'.

            CALL METHOD OF excelrange
                'Interior' = excelinterior.
            PERFORM checkerror USING 'Get Range.Interior'.

            SET PROPERTY OF excelinterior 'ColorIndex' = farbe.

        ENDFORM.
```

Hauptprogramm Nachdem die Vorarbeit erledigt ist, sehen wir uns das Hauptprogramm an. Wir müssen den kompletten, in Abbildung 6.2 gezeigten Objektbaum instanziieren. Angefangen am *Application*-Objekt, aus dem wir uns ein Objekt der *Workbooks*-Collection besorgen. Dieses wiederum fügt mit *Add* ein neues Workbook ein, aus dem wir uns die *Worksheets*-Collection holen. Dieser fügen wir ebenfalls per *Add* ein neues Tabellenblatt der Klasse *Worksheet* hinzu.

```
        REPORT  zbib_excel01                    .

        DATA pfile(100) TYPE c.
        pfile =  'c:\test.xls'.

        INCLUDE ole2incl.

        DATA: excelobj TYPE ole2_object,
              excelwbs TYPE ole2_object,
              excelwb TYPE ole2_object,
              excelwss TYPE ole2_object,
              excelws TYPE ole2_object.

        TABLES: zbibverlage.

        DATA it_verlage LIKE zbibverlage
           OCCURS 0 WITH HEADER LINE.
        DATA: zeile TYPE i.
```

```
                SELECT * FROM zbibverlage INTO TABLE it_verlage.
```

Application-
Objekt erzeugen

```
                CREATE OBJECT excelobj 'EXCEL.APPLICATION'.
                PERFORM checkerror USING 'Create EXCEL.APPLICATION'.

                SET PROPERTY OF excelobj 'Visible' = 1.
```

Workbooks-
Collection

```
                CALL METHOD OF excelobj 'Workbooks' = excelwbs.
                PERFORM checkerror USING 'Get Workbooks'.

                CALL METHOD OF excelwbs 'Add' = excelwb.
                PERFORM checkerror USING 'Workbooks.Add'.
```

Worksheets-
Collection

```
                CALL METHOD OF excelwb 'Worksheets' = excelwss.
                PERFORM checkerror USING 'Get Worksheets'.

                CALL METHOD OF excelwss 'Add' = excelws.
                PERFORM checkerror USING 'Add Worksheet'.

                SET PROPERTY OF excelws 'Name' = 'Übersichtblatt'.
```

Nachdem wir unser Tabellenblatt nun in Händen halten, können wir darauf die vorbereiteten Routinen zum Füllen und Färben der einzelnen Zellen loslassen. Zunächst die Überschriften:

```
PERFORM zellefuellen
   USING 1 1 'VerlagsNr' excelws.
PERFORM zellefuellen
   USING 1 2 'Verlagsbezeichnung' excelws.
PERFORM zellefuellen
   USING 1 3 'Anzahl ausgeliehene Bücher' excelws.
```

Nun einmal durch die interne Tabelle loopen und jeden Einzelwert jeder Zeile in das Tabellenblatt schreiben. Danach werden die drei Überschriftszellen mit *zellefaerben* eingefärbt.

```
LOOP AT it_verlage.
   zeile = sy-tabix + 1.
   PERFORM zellefuellen
      USING zeile 1 it_verlage-verlag excelws.
   PERFORM zellefuellen
```

```
          USING zeile 2 it_verlage-verlagbez excelws.
       PERFORM zellefuellen
          USING zeile 3 it_verlage-anzahl excelws.
   ENDLOOP.

   PERFORM zellefaerben USING 1 1 15 excelws.
   PERFORM zellefaerben USING 1 2 15 excelws.
   PERFORM zellefaerben USING 1 3 15 excelws.
```

Summenzeile

Bleibt uns noch die Summenzeile. Mit Hilfe von CONCATENATE wird die Formel zusammengebaut, genauso, wie man sie in Excel auch schreiben würde. Danach ist die Tabelle wunschgemäß übertragen. Mit der *SaveAs*-Methode des *Workbook*-Objekts wird das Excel-File lokal auf Platte gespeichert.

```
   DATA: formel(100) TYPE c,
         n_zeile(5) TYPE n.
   MOVE zeile TO n_zeile.
```

Formel zusam-
menbauen ...

```
   CONCATENATE '=SUM(C2:C' n_zeile ')' INTO formel.

   zeile = zeile + 1.
```

... und übergeben

```
   PERFORM zellefuellen USING zeile 2 'Summe' excelws.
   PERFORM zellefuellen USING zeile 3 formel excelws.
```

Speichern zun
Schluss

```
   CALL METHOD OF excelwb 'SaveAs'
      EXPORTING
         #1 = pfile.
   PERFORM checkerror USING 'saveas'.

   FREE OBJECT excelobj.

   WRITE / 'Programm erfolgreich beendet'.
```

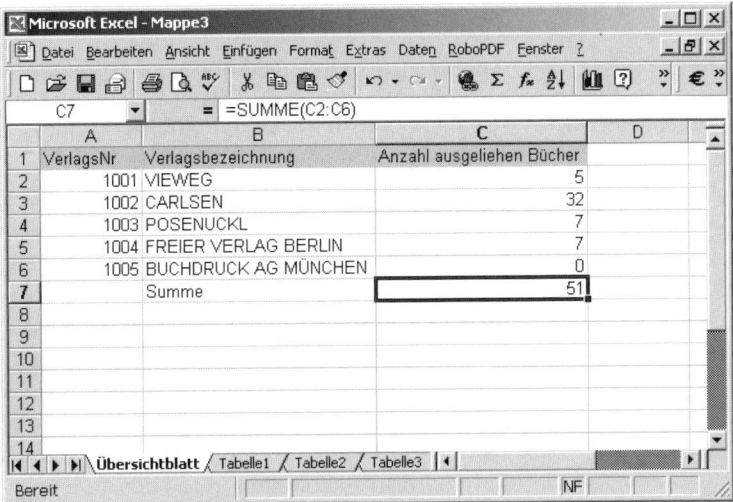

Abb. 6.4: Excel-Datei aus dem Beispielprogramm

6.2.2   Klassenhierarchien verstehen

Das Beispielprogramm aus dem letzten Teilkapitel hat ein recht tiefes Verständnis über die Hierarchie der Office-Klassen vorrausgesetzt. Es ist nicht einfach, bei exotischen Anforderungen die richtigen Objekte und vor allem die richtigen Methoden und deren Bedienung zu finden. Allerdings gibt es ein paar Tricks, die eventuell weiterhelfen. Zum einen ist der bereits vorgestellte Objektkatalog in der VBA-Entwicklungsumgebung ein guter Startpunkt, um mehr über die Architektur zu erfahren. Jede Klasse ist in allen Details in der bei Office mitgelieferten VBA-Hilfe recht gut dokumentiert. Die Beispiele dort sind natürlich in Visual Basic angegeben. Es sollte allerdings auch für einen nicht-Visual-Basic-Programmierer kein größeres Problem sein, aus dem Code die behandelten Klassen herauszulesen und in ABAP zu übersetzen. Letztlich läuft es sowieso immer auf die richtigen Methoden und Attribute und das Jonglieren mit Objekten hinaus. Grundsätzlich lässt sich alles (!!!), was die Office-Programme ihren Anwendern bieten, auch über die vorgestellte Technik auf elektronischem Wege automatisieren.

Ein weiterer Trick besteht in der Makro-Aufzeichnung. Jedes Office-Programm bietet die Möglichkeit, Benutzeraktivitäten in ein Makro aufzuzeichnen. Dieses Makro kann dann im Viusal-Basic-Editor angesehen werden, um die genutzten Objekte zu analysieren.

6.3   Word

Analog zu Excel zeigt Abbildung 6.5 einen Ausschnitt der Hierarchie der Word-Klassen, die uns auf den folgenden Seiten noch beschäftigen werden. Der oberste Knoten ist wieder das Word-Anwendungsobjekt. Es enthält (ebenfalls analog zu Excel) eine Collection (*Documents*) über alle geöffneten Dokumente. Ein einzelnes Dokument wird durch die Klasse *Document* repräsentiert. Außerdem gibt es eine Klasse namens *Selection*. *Selection* entspricht der aktuellen Selektion der Eingabe, entweder einem größeren Bereich an Text, der markiert ist, oder nur dem eingabebereiten Cursor. Die Selektion hält immer ein Objekt der Klasse *Font* für die Parameter der Schrift, die aktuell gewählt sind. Außerdem hängt unter dem Anwendungsobjekt noch eine Klasse namens *MailingLabel*. Sie wird im zweiten Beispiel beim Erstellen von Adress-Etiketten gute Dienste leisten.

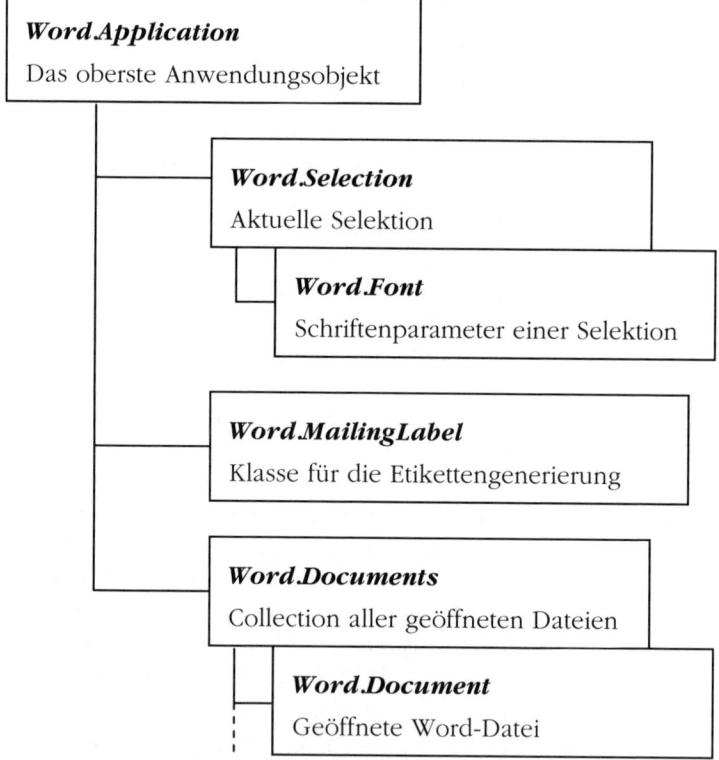

Abb. 6.5: Word-Objekthierarchie

6.3.1   Einfaches Beispiel mit Textausgabe

ZBIB_OI02

Das folgende Beispiel demonstriert, wie ein Stück Text nach Word übermittelt und formatiert werden kann. Dazu wird zunächst ein Anwendungsobjekt erstellt. Der Documents-Collection wird ein weiteres Dokument hinzugefügt. Das *Selection*-Objekt, das gemäß Objekthierarchie aus dem Anwendungsobjekt instanziiert wird, bietet die Methode *TypeText*, um Text zu übermitteln. Nachdem die erste Zeile Text übertragen wurde, wird mit Hilfe des *Font*-Objekts, das *Selection* bietet, die Schriftart mit den Attributen *Italic* und *Bold* auf Kursiv- bzw. Fettschrift umgestellt. Der nächste Aufruf von *TypeText* wird dann in der neuen Schriftart geschrieben. *TypeParagraph* erzeugt einen Zeilenumbruch.

```
REPORT  zbib_oi02              .

INCLUDE ole2incl.

DATA: wordobj TYPE ole2_object,
      worddocs TYPE ole2_object,
      worddoc TYPE ole2_object,
      wordfont TYPE ole2_object,
      wordsel TYPE ole2_object.

CREATE OBJECT wordobj 'Word.Application'.
PERFORM checkerror USING 'Objekt instanziieren'.

CALL METHOD OF wordobj 'Documents' = worddocs.
CALL METHOD OF worddocs 'Add' = worddoc.
GET PROPERTY OF wordobj 'Selection' = wordsel.
```

Ersten Textblock schreiben
```
CALL METHOD OF wordsel 'TypeText'
  EXPORTING
    #1 = 'Hallo Welt!'.
```

Zeilenumbruch
```
CALL METHOD OF wordsel 'TypeParagraph'.
```

Schrift umstellen
```
GET PROPERTY OF wordsel 'Font' = wordfont.

SET PROPERTY OF wordfont 'Italic' = 1.
SET PROPERTY OF wordfont 'Bold' = 1.
```

Zweiter Textblock
wird übergeben

```
CALL METHOD OF wordsel 'TypeText'
   EXPORTING
      #1 = 'wie geht es denn so??'.
```

Word mit dem fer-
tigen Dokument
sichtbar anzeigen

```
SET PROPERTY OF wordobj 'Visible' = 1.
PERFORM checkerror USING 'WordObj.Visible'.
```

Objekte entladen

```
FREE OBJECT wordobj.
FREE OBJECT worddocs.
FREE OBJECT worddoc.
FREE OBJECT wordsel.
FREE OBJECT wordfont.

WRITE: / 'Objekt entladen'.
```

Abbildung 6.6 zeigt das so erzeugte Dokument mit den beiden Zeilen in unterschiedlichen Formatierungen in der Schrift.

Abb. 6.6: Word-Dokument des Beispielprogramms

6.3.2

ZBIB_OI03

Beispiel mit Adressetiketten

In unserem letzten Beispiel der OLE2-Objekte werden wir mit Hilfe der Klasse *MailingLabel* Adressetiketten aus den Daten unserer Kundentabelle erzeugen. Sie bietet die Methode *CreateNewDocument* und erzeugt so ein neues Word-Dokument für den Kleberdruck gemäß den übergebenen Vorgaben. Der erste Parameter ist das in Word standardmäßig bereits hinterlegte Layout für Zweckform-Adressetiketten. Dem Parameter *Address* übergeben wir eine leere Zeichenfolge, da wir den eigentlichen Inhalt der Etiketten später über das *Selection*-Objekt während des Loops über eine interne Tabelle übergeben.

Wollte man diese Aktion manuell durchführen, müsste man in Word im Menü *Extras -> Umschläge und Etiketten* wählen und dann nach Angabe des Layouts unter *Optionen* auf *Neues Dokument erstellen* klicken.

```
REPORT  zbib_oi02.

INCLUDE ole2incl.

TABLES: zbibkunden.

DATA it_kunden LIKE
    zbibkunden OCCURS 0 WITH HEADER LINE.

DATA: wordobj TYPE ole2_object,
      wordmailing TYPE ole2_object,
      wordsel TYPE ole2_object,
      worddocs TYPE ole2_object,
      worddoc TYPE ole2_object.

DATA: ort(100).

CREATE OBJECT wordobj 'Word.Application'.
PERFORM checkerror USING 'Objekt instanziieren'.

CALL METHOD OF wordobj 'Documents' = worddocs.
CALL METHOD OF worddocs 'Add' = worddoc.

GET PROPERTY OF wordobj 'MailingLabel' = wordmailing.
```

```
                    SET PROPERTY OF wordmailing
                       'DefaultPrintBarCode' = 0.
```

Neues Dokument
mit wordmailing-
Objekt anlegen

```
CALL METHOD OF wordmailing 'CreateNewDocument'
   EXPORTING
      #1 = 'Zweckform 3448'      " name
      #2 = ''.                   " Address
*     #3 = ''                    " autotext
*     #4 = 0                     " extractaddress
*     #5 = 4                     " 4 = ManualFeed
*     #6 = 0                     " PrintEPostageLabel
*     #7 = 0.                    " vertical.
PERFORM checkerror USING 'CreateNewDocument'.

GET PROPERTY OF wordobj 'Selection' = wordsel.

SELECT * INTO TABLE it_kunden FROM zbibkunden.
```

Für jede Adresse
die Einzelzeilen
per TypeText und
TypeParagrah
übergeben

```
LOOP AT it_kunden.
   CALL METHOD OF wordsel 'TypeText'
      EXPORTING
         #1 = it_kunden-name.
   CALL METHOD OF wordsel 'TypeParagraph'.
   CALL METHOD OF wordsel 'TypeText'
      EXPORTING
         #1 = it_kunden-strasse.
   CALL METHOD OF wordsel 'TypeParagraph'.
   CALL METHOD OF wordsel 'TypeParagraph'.
   CONCATENATE it_kunden-plz it_kunden-ort INTO ort
      SEPARATED BY ' '.
   CALL METHOD OF wordsel 'TypeText'
      EXPORTING
         #1 = ort.
```

... und dann mit
MoveRight zum
nächsten Etikett
weiterspringen

```
   CALL METHOD OF wordsel 'MoveRight'
      EXPORTING
         #1 = 12
         #2 = 1.
ENDLOOP.


SET PROPERTY OF wordobj 'Visible' = 1.
PERFORM checkerror USING 'WordObj.Visible'.
```

```
FREE OBJECT wordobj.
FREE OBJECT wordmailing.
FREE OBJECT wordsel.
FREE OBJECT worddocs.
FREE OBJECT worddoc.

WRITE: / 'Objekt entladen'.
```

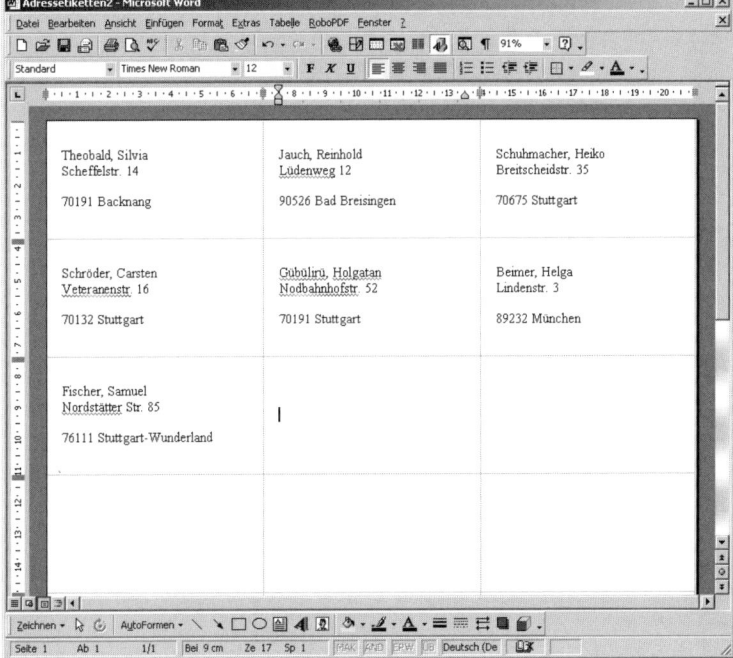

Abb. 6.7: Word mit Adressetiketten

7 Drucken mit SAP Smart Forms

Gedruckte Belege jeglicher Art sind selbst in hochautomatisierten Geschäftprozessen nicht wegzudenken. Grund genug, dem Formulardruck in diesem Buch ein eigenes Kapitel zu widmen. Seit Release 4.6C heißt SAP Smart Forms das Mittel der Wahl, wenn es um Ausdrucke jeglicher Art geht. In älteren Release-Ständen wurde der Belegdruck verhältnismäßig umständlich mit SAPscript erledigt, eine von ABAP unabhängige Scriptsprache. Mit Smart Forms hat SAP die Möglichkeit geschaffen, Formulare übersichtlich und grafisch anschaulich zu entwerfen. Das komplette Formular lässt sich mit vorgefertigten Bausteinen zusammensetzen und Spezialanforderungen können direkt in ABAP kodiert werden. Die wesentliche Verbesserung gegenüber SAPscript zeigt sich in höherer Performance, sowohl beim Entwickeln als auch beim Druck selbst.

Wir werden auf den folgenden Seiten tief in das Thema Smart Forms einsteigen und eigene Formulare von Null an aufbauen.

7.1 Schnelleinstieg

Der zentrale Einstiegspunkt für Smart Forms ist die Transaktion SMARTFORMS. Das Einstiegsbild (Abbildung 7.1) bietet Funktionen für die Verwaltung dreier Objekte:

- *Formular*
  Ist das Formular selbst, so wie wir gleich eines erstellen.

- *Stil*
  Unter einem Stil versteht man einen Satz an definierten Absatz- und Zeichenformaten (Schriftart, -größe usw.). Ein einmal definierter Stil kann in beliebig vielen Formularen eingesetzt werden und verleiht diesen so ein einheitliches Aussehen.

- *Textbausteine*
  Textbausteine sind fest definierte, in beliebig vielen Formularen vorkommende Blöcke, beispielsweise die Bankverbindung einer Firma. Verpackt in einen Textbaustein müssen wiederkehrende Texte nur einmal gepflegt werden.

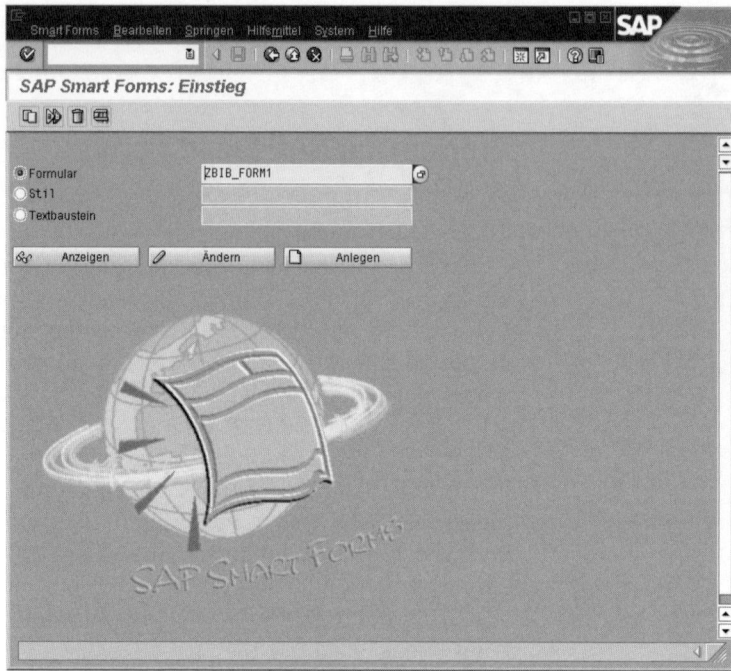

Abb. 7.1 © SAP AG: Einstiegsbild

7.1.1   Das erste Formular und die Smart-Forms-Umgebung

ZBIB_FORM1
als XML

Wir wollen im Folgenden ein einfaches Formular gestalten und bei der Gelegenheit gleich die Smart-Forms-Umgebung kennen lernen. Abbildung 7.2 zeigt das Formular ZBIB_FORM1 in der ersten Rohfassung. Man unterscheidet die folgenden vier Bereiche:

- Navigationsbaum (links oben)

  Dieser Baum zeigt alle Elemente des Formulars in einer hierarchischen Übersicht. Im Ordner *Globale Einstellungen* werden Elemente definiert, die das komplette Formular betreffen. Seiten und Fenster strukturieren das Formular in immer kleinere Elemente. Eine Seite besteht immer mindestens aus dem Main-Fenster.

- Feldliste (links unten)

  Hier sind (ebenfalls hierarchisch) dynamische Felder und Variablen aufgeführt, die in das Formular per Drap & Drop eingefügt werden können. Es kann sich dabei um Systemvariablen handeln (wie sy-* unter ABAP) oder um selbst definierte Variablen. Dieser Teil der Entwicklungsumgebung kann über *Hilfsmittel* → *Feldliste* ein- und ausgeblendet werden.

- Form Builder (in der Mitte)

  Im Form Builder kann der im Navigationsbaum selektierte Knoten bearbeitet werden.

- Form Painter (rechts)

  Der Form Painter bietet die Möglichkeit, einzelne Fenster innerhalb einer Seite zu positionieren. In der Abbildung ist nur ein Fenster (nämlich Main) zu sehen.

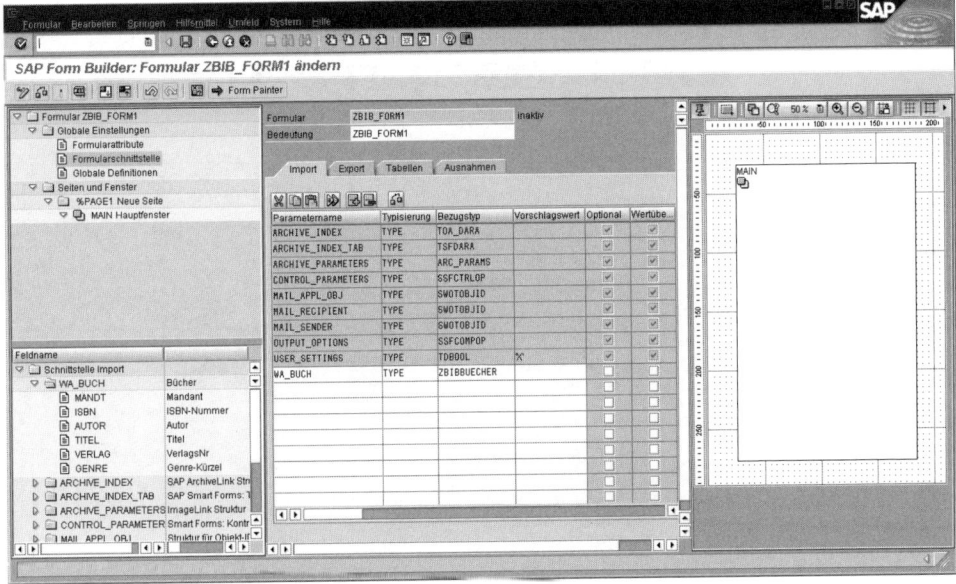

Abb. 7.2 © SAP AG: Überblick

Formular-schnittstelle

Zunächst muss in den globalen Einstellungen unter *Formular-schnittstelle* definiert werden, welche Daten für den Druck an das Formular geliefert werden sollen. Diese Schnittstelle funktioniert fast genauso wie die von Funktionsbausteinen. Es gibt Import-, Export- und Tabellenparameter, sowie Exceptions falls während dem Druck ein Laufzeitfehler auftritt. Die Parameterliste enthält bereits systemseitig vorbelegte Einträge, die nicht geändert werden können. Wir wollen für unser Formular eine Struktur vom Typ ZBIBBUECHER namens WA_BUCH als Import-Parameter definieren. Dieser entspricht einem einzelnen Eintrag in der Buchtabelle. Abbildung 7.2 zeigt bereits den zusätzlichen Importparameter. Die Feldliste unten links wird dann automatisch um die neuen Variablen und deren Elemente ergänzt.

Text einfügen

Um den (variablen) Text nun auch wirklich auszudrucken, benötigen wir in unserem Main-Fenster ein Textelement. Mit der rechten Maustaste auf das *Main*-Fenster im Navigationsbaum und dann auf *Anlegen → Text* klicken, erzeugt ein solches Element (Name HAUPTTEXT). Im rechten Bereich kann dann ein Fließtext geschrieben werden. Variablen werden einfach per Drag & Drop in den Text gezogen. Abbildung 7.3 zeigt den fertigen Text. Die oberste Zeile mit der Angabe des Buchtitels ist fett gedruckt (Text markieren → *Zeichenformate → hervorgehoben*). In den anderen Zeilen ist der statische Text mit Tab-Tasten von den Variablen getrennt, um ein sauberes Layout zu erreichen.

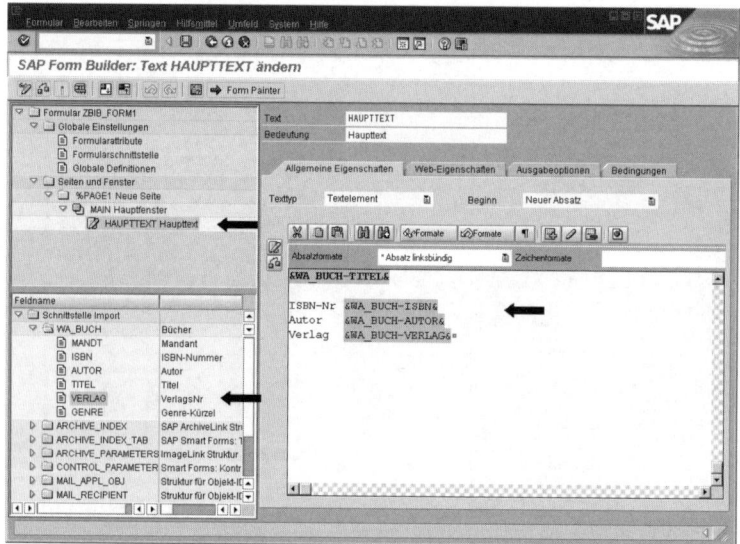

Abb. 7.3 © SAP AG: Das erste Textelement

Ausgabeoptionen

Um die Sache noch etwas zu verschönern, soll ein Rahmen um den kompletten Text gezeichnet werden. Dazu klicken wir auf den Reiter Ausgabeoptionen (Abbildung 7.4). Ein Haken in der entsprechenden Checkbox erzeugt den Rahmen. Es ist dann noch der Abstand des Rahmens vom Text zu definieren (*1 cm*). Bei Bedarf könnten noch die Rahmenstärke und eine Schattierung erzeugt werden. Im Vorschau-Bereich kann definiert werden, ob der Rahmen nur an bestimmten Seiten (rechts, links, oben oder unten) angedruckt werden soll.

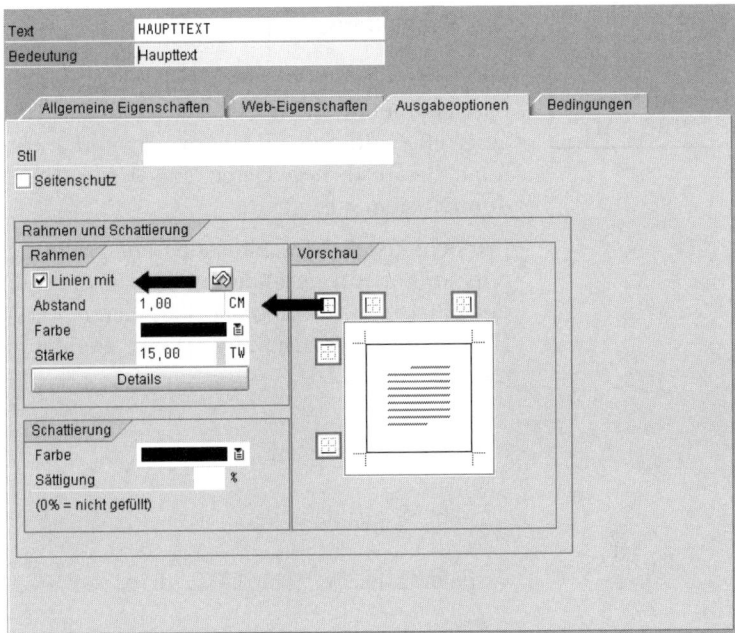

Abb. 7.4 © SAP AG: Ausgabeoptionen des Textelements

Baustein-generierung

Nachdem unser erstes Formular soweit gediehen ist, kann es aktiviert werden (*Formular → Aktivieren*). Im Hintergrund wird dann zunächst eine Konsistenzprüfung vorgenommen und dann automatisch ein Funktionsbaustein generiert. Der Name dieses Bausteins kann über das Menü mit *Umfeld → Name des Funktionsbausteins* ermittelt werden (Abbildung 7.5). Der Bausteingenerator hat nun das komplette Formular in ein ABAP-Programm umgewandelt. Der Baustein ruft es auf und bildet somit die Grundlage für ein Rahmenprogramm, das das Formular druckt.

Abb. 7.5 © SAP AG: generierter Funktionsbaustein

7.1.2   Das Rahmenprogramm

ZBIB_SM1

Mit Hilfe des im letzten Teilkapitel generierten Bausteins geht das Rahmenprogramm leicht von der Hand. Folgender Code zeigt einen Report, der vom Anwender eine ISBN-Nummer abfragt, die restlichen Daten aus der Büchertabelle dazuliest und den Baustein aufruft.

Die Schnittstelle des Bausteins entspricht genau der, die wir bereits im Entwurf gesehen haben. Unser strukturierter Datentyp ist der einzige nicht-optionale Parameter. Alle anderen sind für die Drucksteuerung zuständig. Deren Bedeutung ist in der Zusammenfassung erklärt.

```
REPORT  zbib_sm1.

TABLES zbibbuecher.

PARAMETERS p_isbn LIKE zbibbuecher-isbn.

DATA wa_buch LIKE zbibbuecher.

SELECT SINGLE * FROM zbibbuecher
   INTO CORRESPONDING FIELDS OF wa_buch
   WHERE isbn = p_isbn.


CALL FUNCTION '/1BCDWB/SF00000021'
   EXPORTING
*    ARCHIVE_INDEX              =
*    ARCHIVE_INDEX_TAB          =
*    ARCHIVE_PARAMETERS         =
*    CONTROL_PARAMETERS         =
*    MAIL_APPL_OBJ              =
*    MAIL_RECIPIENT             =
*    MAIL_SENDER                =
*    OUTPUT_OPTIONS             =
*    USER_SETTINGS              = 'X'
     wa_buch                    = wa_buch
*  IMPORTING
*    DOCUMENT_OUTPUT_INFO       =
*    JOB_OUTPUT_INFO            =
*    JOB_OUTPUT_OPTIONS         =
```

```
EXCEPTIONS
    formatting_error        = 1
    internal_error          = 2
    send_error              = 3
    user_canceled           = 4
    OTHERS                  = 5
            .
IF sy-subrc <> 0.
    MESSAGE e008(zbib).
* Fehler im Smart-Forms-Baustein
ENDIF.
```

Abbildung 7.6 zeigt die Voransicht unseres ersten Formulars. Es muss zum Ausprobieren natürlich eine ISBN-Nummer gewählt werden, die in der ZBIBBUECHER-Tabelle vorhanden ist. Falls Sie ein System nutzen, in dem kein vernünftiger Drucker vorhanden ist, wählen Sie LOCL als Ausgabegerät. Der Druck erfolgt dann auf dem lokalen Windows-Standard-Drucker.

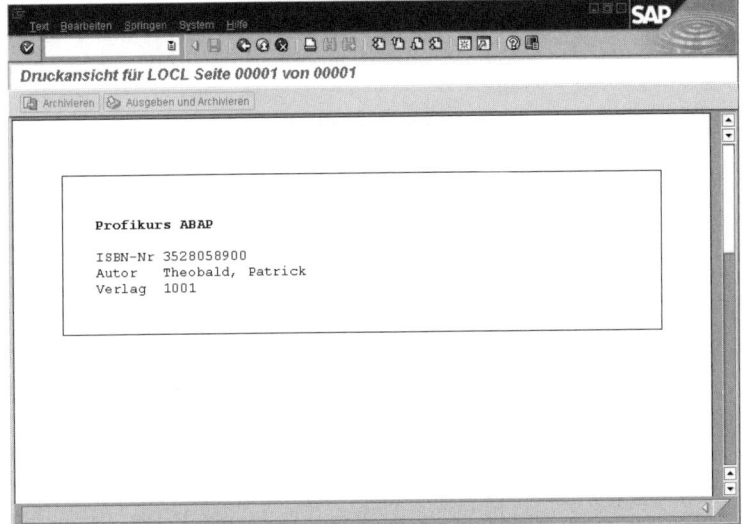

Abb. 7.6 © SAP AG: Druckansicht

7.2   ABAP im Formular

Grundsätzlich bieten sich zwei Möglichkeiten an, die zu dru-
ckenden Daten zu beschaffen. Entweder das Rahmenprogramm
beschafft und übergibt sie in der Schnittstelle; oder das Formular
kümmert sich um die Daten selbst, und sie werden nicht unmittelbar vom Rahmenprogramm mit übergeben. Es hängt von verschiedenen Faktoren ab, welche der Möglichkeiten die bessere
ist. Falls das Rahmenprogramm die Daten bereits im Zugriff hat,
ist es mit Sicherheit sinnvoller, sie an das Formular abzugeben.
So werden zusätzliche Datenbankoperationen vermieden. Falls
das nicht der Fall ist, kann die Datenbeschaffung im Formular für
eine bessere Kapselung und eine schlankere Schnittstelle sorgen.
Im Fall von SAP-Standard-Programmen als Rahmen sollte die Beschaffung auf jeden Fall im Formular stattfinden, so kann eine
Standard-Modifikation vermieden werden.

Wir werden uns im Folgenden die Datenbeschaffung im Formular ansehen. Smart Forms bietet etliche Stellen, um ABAP-Code
unterzubringen. Es muss sich hierbei nicht immer um Datenbankoperationen handeln. Auch das Bilden von End- und Zwi-
schensummen lässt sich mit ABAP recht elegant lösen.

7.2.1   Zugriff bei der Initialisierung

Das folgende Beispiel baut auf dem ersten Formular aus dem
letzten Teilkapitel auf. Dort haben wir die Verlagsnummer mit
ausgegeben. Es wäre schön, wenn neben der Nummer auch die
Bezeichnung des Verlages mit angedruckt werden könnte. Diese
wird allerdings in der Schnittstelle nicht mit übergeben.

Globale
Definitionen

Zunächst benötigen wir eine globale Variable, um die Bezeichnung hineinschreiben zu können. Solch eine Variable definieren
wir in der Entwicklungsumgebung unter *Globale Definition* im
Reiter *Globale Daten* (Abbildung 7.7). Auf den beiden folgenden
Reitern gibt es noch die Möglichkeit in einem freien Text Formu-
lareigene Typen und Feldsymbole zu definieren. Der Reiter *Initialisierung* und *Formroutinen* enthält jeweils auch einen freien
Textbereich, um ABAP-Code zu hinterlegen. *Initialisierung* wird
unmittelbar nach dem Laden des Formulars aufgerufen und eignet sich – wie in unserem Fall –, um Variablen vorzubelegen.
Formroutinen werden bei Bedarf aufgerufen, während das Formular abgearbeitet wird. Der letzte Reiter *Währungs-
/Mengenfelder* definiert die Beziehung zwischen Mengenfeldern

und dem dazu passenden Feld, das die zugehörige Mengeneinheit enthält.

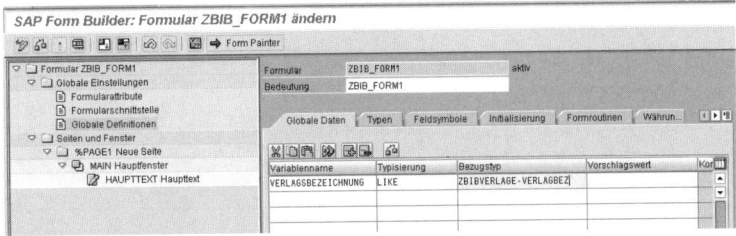

Abb. 7.7 © SAP AG: Definition von globalen Variablen

Abbildung 7.7 zeigt das ABAP-Statement im Initialisierungstext, das die Verlagsbezeichnung aus der Tabelle ZBIBVERLAGE holt und in die globale Variable schreibt.

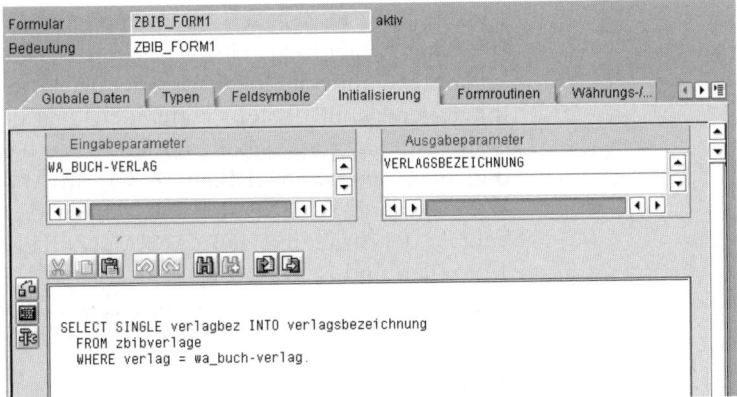

Abb. 7.8 © SAP AG: Initialisierungsteil des Formulars

Da die Variable jetzt korrekt gefüllt ist, kann sie über die Feldliste in unseren Text eingefügt werden (Abbildung 7.9). Abbildung 7.10 zeigt die neue Druckansicht.

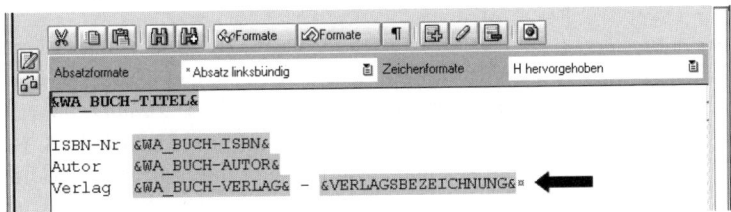

Abb. 7.9 © SAP AG: ergänzte Verlagsbezeichnung im Text

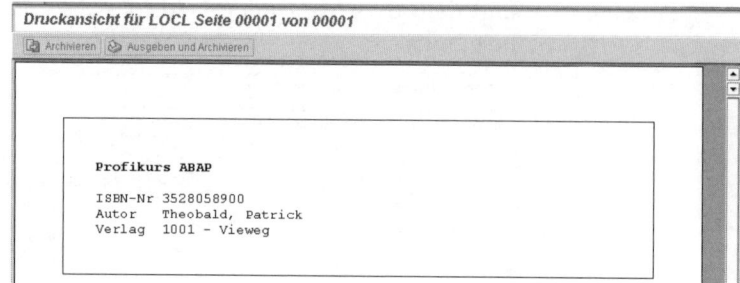

Abb. 7.10 © SAP AG: Bericht um Bezeichnungstext ergänzt

7.2.2   ABAP-Programmknoten

Nachdem wir uns in den letzten Beispielen lediglich mit einem einzigen Knoten in der Ablauflogik zufrieden gegeben haben, wird es höchste Zeit, das zu ändern. In Kapitel 4 haben wir das Handling langer Texte diskutiert und zu jedem Buch einen Umschlagtext und ein Inhaltsverzeichnis im System abgelegt. Das Inhaltsverzeichnis (sofern vorhanden) soll nun per ABAP mit auf dem Formular ausgegeben werden. Dazu benötigen wir zunächst drei neue globale Variablen so wie in Abbildung 7.11 gezeigt. WA_LINE und IT_LINE sind ein Arbeitsbereich und eine interne Tabelle der Struktur TLINE. ANZAHLZEILEN hält die Anzahl der Textzeilen und ist vom Typ i.

Variablenname	Typisierung	Bezugstyp	Vorschlagswert	Konstante
VERLAGSBEZEICHNUNG	LIKE	ZBIBVERLAGE-VERLAGB...		☐
WA_LINE	LIKE	TLINE		☐
IT_LINES	LIKE STANDARD TABLE OF	TLINE		☐
ANZAHLZEILEN	TYPE	I		☐

Abb. 7.11 © SAP AG: ergänzte globale Variablen

Ein neues Fenster anlegen

Darüber hinaus benötigen wir ein neues Fenster im Form Painter (Abbildung 7.12) namens UMSCHLAGTEXT. Wir fügen es dort mit der rechten Maustaste → *Anlegen* → *Fenster* ein. Da wir unser Formular immer nur einseitig drucken, ist die Art des Fensters zwar nicht wichtig, sei hier aber trotzdem kurz erwähnt: Das Hauptfenster (pro Seite eines) kann sich mit seiner Ablauflogik über mehrere Seiten hinziehen (Beispiel: Rechnungspositionen). Ein Nebenfenster beginnt auf jeder Seite von neuem (Beispiel: Adress-Fenster im Rechnungsformular).

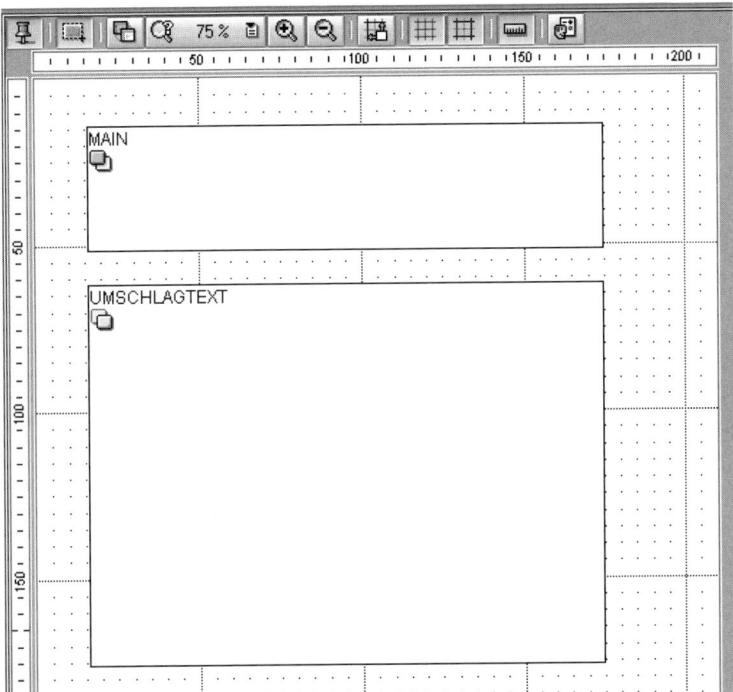

Abb. 7.12 © SAP AG: neues Fenster für den Umschlagtext

ABAP-Knoten   Mit Hinzufügen des Fensters hat sich der Navigationsbaum links
hinzufügen   entsprechend erweitert. Im neuen Zweig benötigen wir einen
                 Knoten mit ABAP-Code. Er lässt sich wieder mit der rechten
                 Maustaste auf den Fensterknotennamen → *Anlegen* → *Ablauflo-
                 gik* → *Programmzeilen* anlegen. Abbildung 7.13 zeigt den ausge-
                 füllten Code-Block, der das folgende Coding enthält. Zunächst
                 versuchen wir, mit READ_TEXT den Langtext zu lesen. Falls dies
                 gelingt, wird die Größe der internen Tabelle in ANZAHLZEILEN
                 abgelegt. Im Fall einer Exception wird ANZAHLZEILEN auf 0 ge-
                 setzt.

```
DATA key LIKE thead-tdname.
MOVE wa_buch-isbn TO key.

CALL FUNCTION 'READ_TEXT'
  EXPORTING
*   CLIENT                        = SY-MANDT
    id                            = 'ZUMS'
    language                      = sy-langu
```

```
         name                        = key
         object                      = 'ZBIBBUCH'
    *    ARCHIVE_HANDLE              = 0
    *    LOCAL_CAT                   = ' '
      TABLES
         lines                       = it_lines
      EXCEPTIONS
         id                         = 1
         language                   = 2
         name                       = 3
         not_found                  = 4
         OTHERS                     = 5
                     .
IF sy-subrc <> 0.
  anzahlzeilen = 0.
ELSE.
      DESCRIBE TABLE it_lines LINES anzahlzeilen.
ENDIF.
```

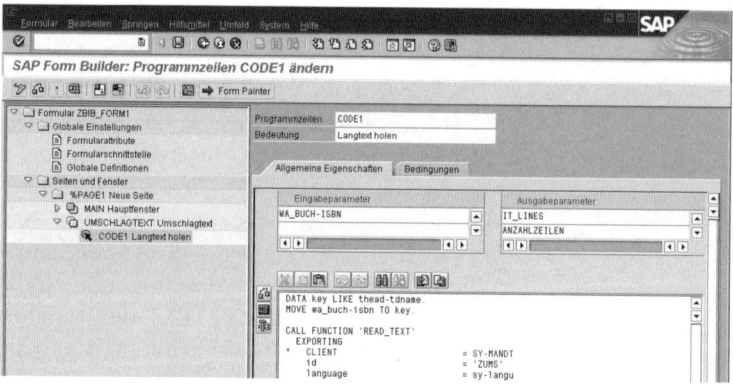

Abb. 7.13 © SAP AG: ausgefüllte ABAP-Knoten

Entscheidungs-
knoten

Falls kein Text vorhanden ist, soll nur der Satz „kein Text vorhanden" ausgegeben werden. Aus diesem Grund brauchen wir
einen Entscheidungsknoten, der mit *Anlegen* → *Ablauflogik* →
Alternative in den Navigationsbaum eingefügt werden kann. Abbildung 7.14 zeigt den Knoten, der je nach ANZAHLZEILEN in
den TRUE- oder in den FALSE-Zweig abbiegt. Im Fall von FALSE
wird einfach der Textknoten ALTERNATIVTEXT abgearbeitet.

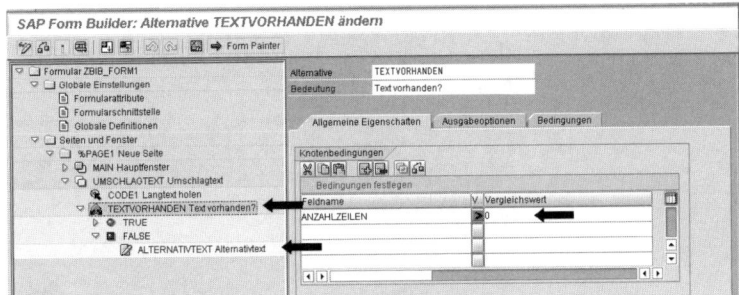

Abb. 7.14 © SAP AG: Entscheidungsknoten

Schleife

Der TRUE-Zweig wird schon etwas schwieriger. Unser Text liegt in einer internen Tabelle vor. Aus diesem Grund müssen wir in einer Schleife durch die Tabelle laufen und jede dort vorhandene Zeile ausgeben. Dazu wird uns ein Schleifenknoten dienen (*Anlegen* → *Ablauflogik* → *Schleife*). Der Schleifenknoten entspricht genau einer LOOP-Anweisung in ABAP. Aus diesem Grund muss in den Attributen des Knotens auch angegeben werden, welche Tabelle (IT_LINES) in welchen Arbeitsbereich (WA_LINE) geloopt werden soll (Abbildung 7.15).

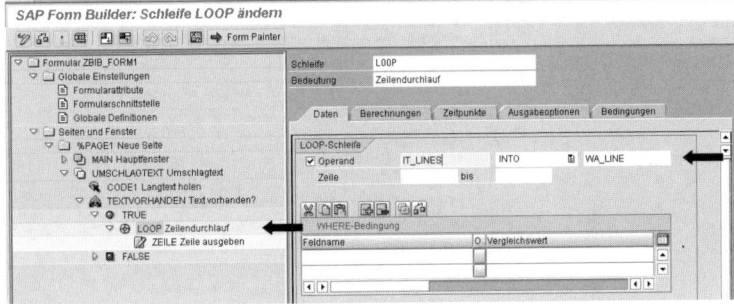

Abb. 7.15 © SAP AG: LOOP-Knoten

Einzelzeilen ausgeben

Innerhalb der Schleife stehen nun die Elemente des Arbeitsbereiches zur Verfügung. So kann der Text Zeile für Zeile mit Hilfe eines Textknotens ausgegeben werden (Abbildung 7.16). Die Zeile in der internen Tabelle ist maximal 72 Zeichen breit (weil wir das im Customizing zum Langtext definiert hatten, Kapitel 4). Um zu verhindern, dass sich die textbedingten und druckformatabhängigen Zeilenumbrüche gegenseitig überschneiden, wählen wir in der Combo *Beginn* im Textknoten den Wert *Direkt Anhängen*. Eine neue Textausgabe (beim nächsten Schleifendurchlauf) erzeugt dann keinen Zeilenumbruch, sondern schreibt den

Text da fort, wo die letzte Textausgabe geendet hat. Somit werden Zeilen nur dann umgebrochen, wenn das Ende des Druckfensters erreicht ist.

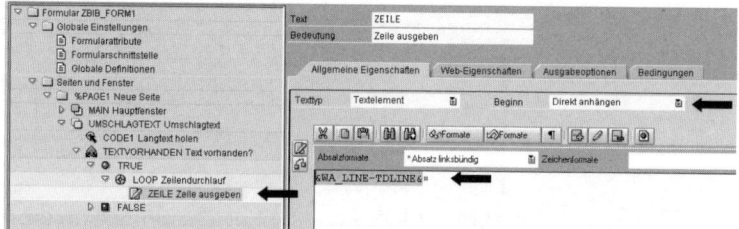

Abb. 7.16 © SAP AG: Textausgabe innerhalb des LOOPs

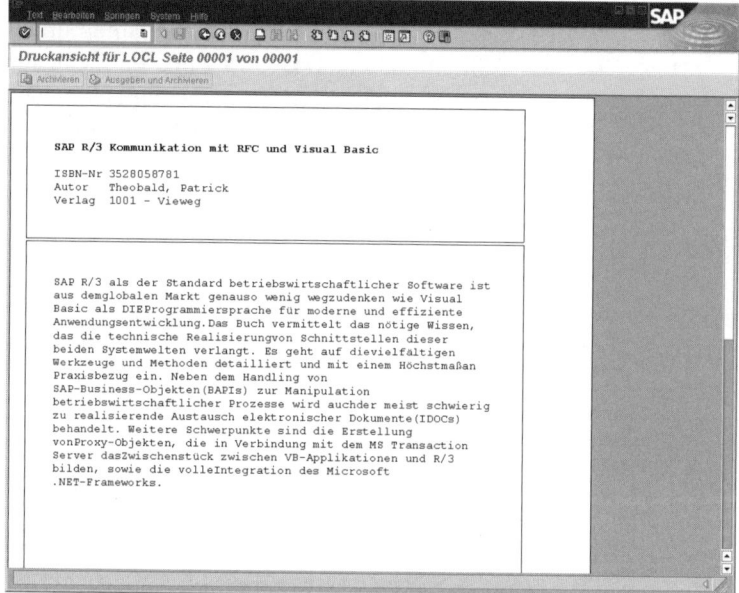

Abb. 7.17 © SAP AG: Druckansicht mit Langtext im Formular

7.3   Stile, Textbausteine und Grafiken

In den folgenden drei Teilkapiteln werden wir zunächst einen Stil definieren, einen formularunabhängigen Textbaustein hinterlegen und eine gerasterte Grafik ins System einspielen, um alle drei Dinge in unser bestehendes Formular einzubinden.

7.3.1 **Einen Stil definieren**

Stile können über das bekannte Einstiegsbild der Transaktion SMARTFORMS angelegt werden. Sie dienen dazu, unabhängig des Formulars Absatz- und Zeichenformate zu definieren. Das Absatzformat legt fest, welche Schriftart und Größe zu verwenden ist, ob fett oder unterstrichen gedruckt werden soll und noch etliche andere Parameter wie Einzüge, Zeilenabstand und die Tabulatorschrittweite.

Überschrift definieren

Um ein Absatzformat im neuen Stil ZBIB_STIL1 anzulegen, klicken wir mit der rechten Maustaste in dem linken Navigationsbaum auf *Absatzformate → Knoten anlegen*. Abbildung 7.18 zeigt die Definition des Formats U1. Es soll später für fett gedruckte Überschriften mit Schriftart HELVE (für Helvetica) und Schriftgröße 15 genutzt werden.

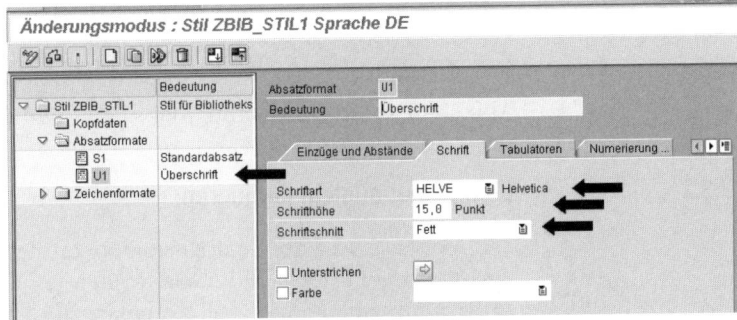

Abb. 7.18 © SAP AG: Absatzformat U1 für Überschriften

Standardabsatz definieren

Das Absatzformat S1 wird mit der gleichen Schriftart nicht fett gedruckt, Schriftgröße 10. Allerdings ist hier noch eine Tabulator-Weite von 5 cm zu hinterlegen. Wir nutzen ja im obersten Kasten unseres Formulars Tabulatoren zur korrekten Positionierung (Abbildung 1.19).

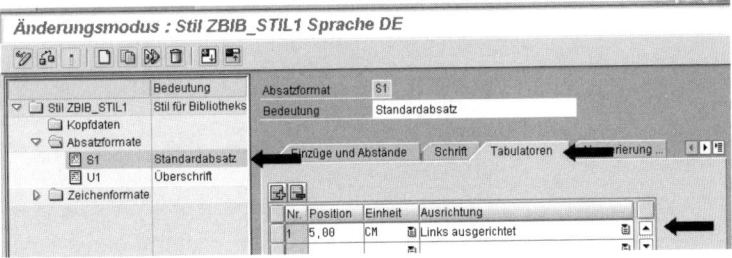

Abb. 7.19 © SAP AG: Tabulatoren im Standardabsatz S1

257

Zeichenformate dienen dazu, bestimmte Zeichen innerhalb eines Absatzes umzudefinieren und die Vorgabe aus dem Absatzformat zu übersteuern. Bestes Beispiel hierfür sind Schriftarten für Barcodes. Ein EAN8-Barcode (der von der Zigarettenschachtel) könnte dann als Zeichenformat definiert werden, und steht damit in allen Absätzen zur Verfügung.

Kopfdaten

In den Kopfdaten des Stils ist zum Schluss noch der Name eines Standardabsatzes zu hinterlegen. Er wird immer dann zum Einsatz kommen, wenn innerhalb des Formulars kein explizites Absatzformat angegeben ist. In unserem Fall also S1.

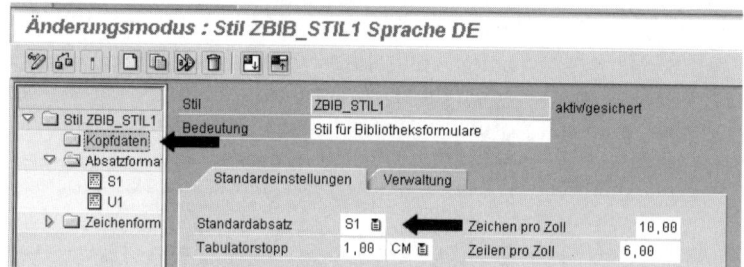

Abb. 7.20 © SAP AG: Standardabsatz in den Kopfdaten

7.3.2   Einen Textbaustein definieren

Die Verwaltung von Textbausteinen erfolgt ebenfalls über das Smart-Forms-Einstiegsbild. Wir wollen einen Baustein namens ZBIB_OEFF anlegen. Er soll Angaben zu den Öffnungszeiten der Bibliothek enthalten. Falls diese sich einmal ändern, muss nur der eine Baustein geändert werden, und alle Formulare, in die er eingebunden ist, werden dann automatisch aktualisiert.

Im Verwaltungsreiter (Abbildung 7.21) geben wir gleich den neuen Stil an und schreiben den gewünschten Text im Textreiter (Abbildung 7.22). Zwischen den Wochentagen und der Uhrzeitangabe befindet sich ein Tabzeichen, das bereits hier der Abstandsangabe aus dem vormals definierten Stil gehorcht.

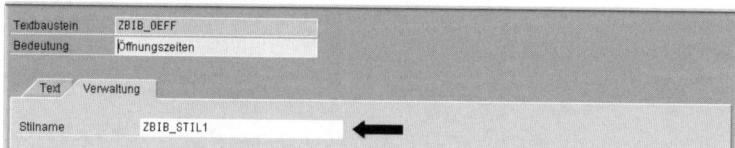

Abb. 7.21 © SAP AG: Verwaltung eines Textbausteins

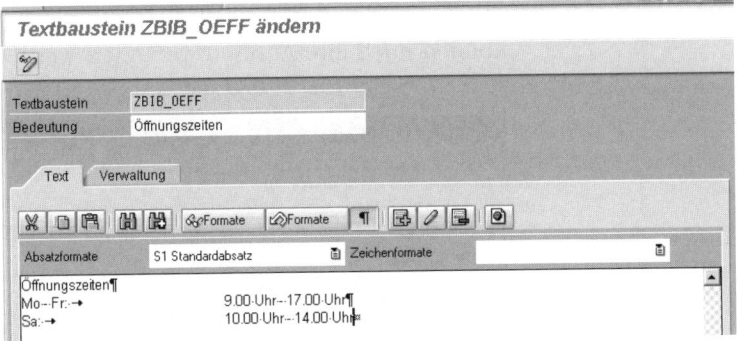

Abb. 7.22 © SAP AG: Text mit Öffnungszeiten

7.3.3   ### Grafiken ablegen

Um später im Formular eine Grafik einbinden zu können, muss das Bild zunächst mit der Transaktion SE78 ins System eingespielt werden. Die Bilder werden beim Einspielen gemäß den Vorgaben gerastert.

Über das Menü *Grafik → Importieren* kann ein lokales Bild auf den Server übertragen werden (Abbildung 7.23). Es ist der lokale Pfad und ein Name für die Grafik anzugeben. Dieser muss im Übrigen nicht zwingenderweise mit Z beginnen.

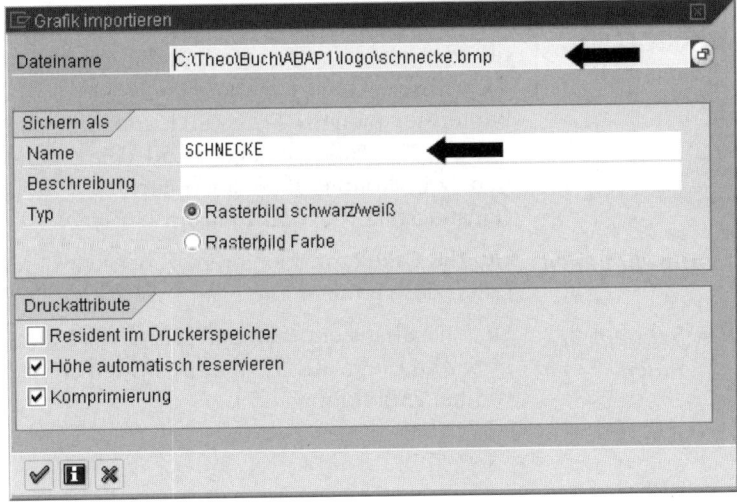

Abb. 7.23 © SAP AG: neue Grafik einspielen

Abbildung 7.24 zeigt die Transaktion SE78. Auch im Nachhinein können noch ihre Attribute verändert werden. Ein Klick auf *Grafik → Druckansicht* zeigt die Grafik an.

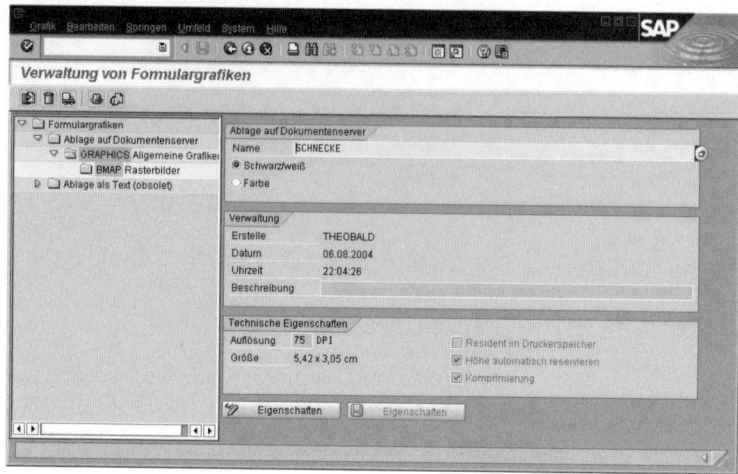

Abb. 7.24 © SAP AG: Attribute einer Formulargrafik

7.3.4   ... und alles zusammenbauen

<table>
<tr><td>🖫
ZBIB_FORM2
als XML</td></tr>
</table>

Wir kehren zurück zu unserem ursprünglichen Formular und ergänzen es im Form Painter um zwei zusätzliche Fenster. Die Grafik wird oben rechts eingebunden (rechte Maustaste → *Anlegen* → *Grafik*). Außerdem benötigen wir ein Fenster vom Typ Nebenfenster namens FUSSZEILE unterhalb des Fließtextes (Abbildung 7.25). Falls der alte Stand des Formulars konserviert werden soll, könnte man auch erst eine Kopie davon anfertigen (Einstiegsbild → *Smart Forms → Kopieren*).

Grafik einbinden   Um die Grafik zu definieren, geben wir deren Name in den Attributen des Grafik-Knotens an (Abbildung 7.26).

Textbaustein einbinden   Den Textbaustein hängen wir als Textknoten in das Fenster FUSSZEILE ein. Als *Texttyp* ist in den Attributen *Textbaustein* zu wählen (Abbildung 7.27).

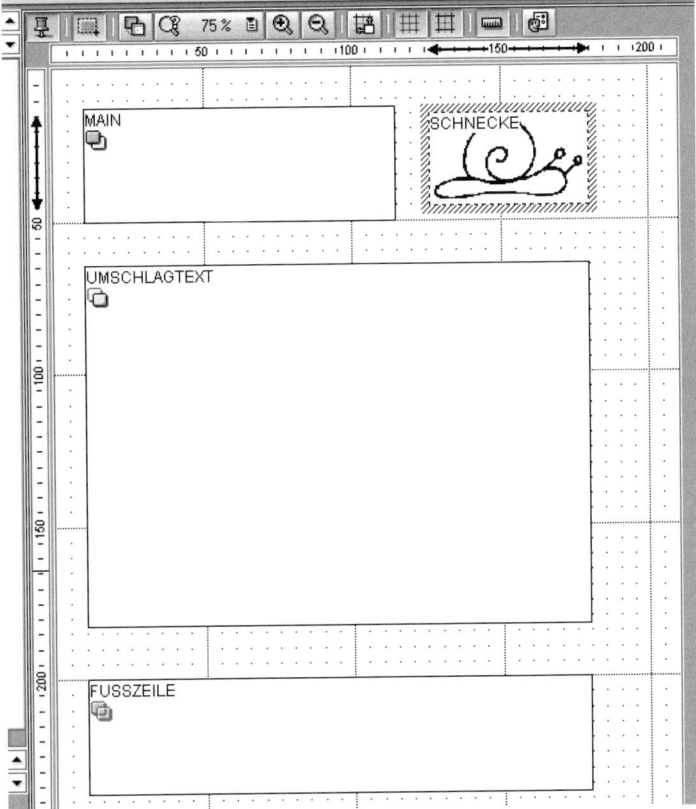

Abbildung 7.25 © SAP AG: Form Painter mit neuen Fenstern

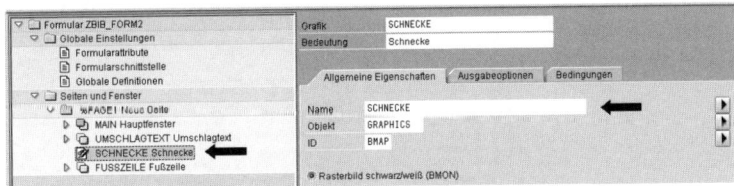

Abb. 7.26 © SAP AG: Attribute des Grafik-Knotens

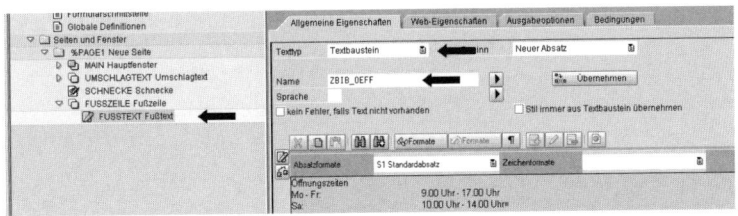

Abb. 7.27 © SAP AG: eingefügter Textbaustein

Stil einbinden

Als letzter Schritt fehlt unser Stil. Grundsätzlich kann in jedem Formularknoten, der einen Druckoutput erzeugt, in den Ausgabeoptionen auch ein Stil definiert werden. In unserem Fall reicht es allerdings aus, in den Formularattributen den Stil einmalig zu hinterlegen. Jede Ausgabeoption, in der kein Stil definiert ist, „erbt" den Stil des jeweils übergeordneten Knotens (Abbildung 7.28).

Es ist zu beachten, dass der Überschrittszeile im Main-Fenster nun erneut das Absatzformat U1 zugewiesen wird. Der ehemals definierte Fettdruck ist ungültig, da er ein Absatzformat eines systemeigenen Standard-Stils war.

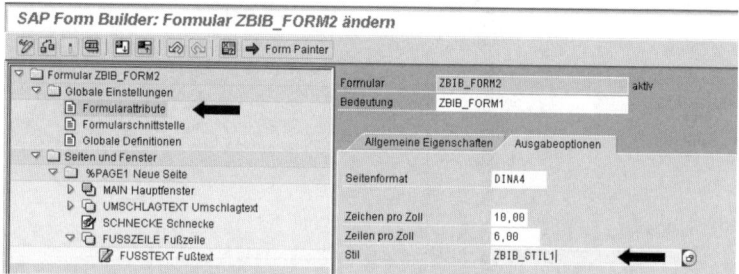

Abb. 7.28 © SAP AG: Stil in den Formularattributen

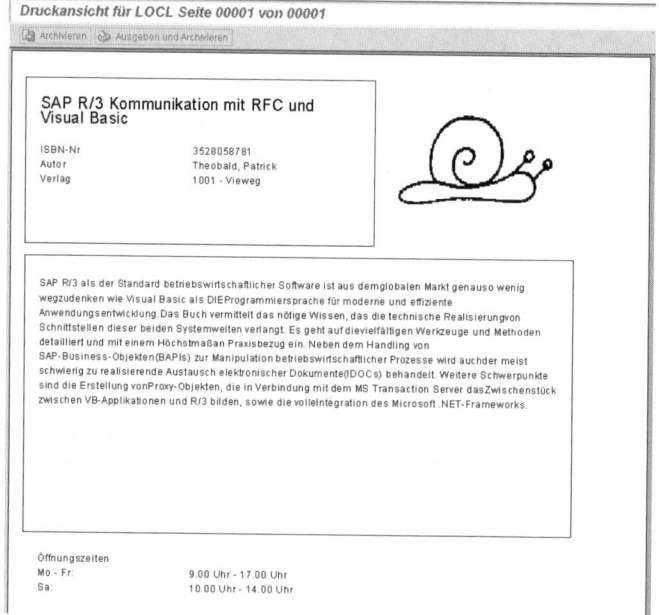

Abb. 7.29 © SAP AG: Druckansicht

7.4   Tabellen

ZBIB_FORM3
als XML

Den Schleifen-Knoten haben wir im letzten Beispiel kennen gelernt. Bereits damit war es möglich, eine Tabelle auszugeben.
Umständlich wird die Sache nur, wenn kompliziertere Layouts
ins Spiel kommen, beispielsweise Gruppenwechsel. Aus diesem
Grund wollen wir uns in diesem Teilkapitel Tabellenknoten ansehen.

In unserem Beispielszenario sind die Bücherbestände in der Tabelle ZBIBBESTAND abgelegt. Die Bestandsnummer, die einen
Satz eindeutig identifiziert, setzt sich aus dem zweistelligen Gen-
re-Kürzel und einer fünfstelligen Nummer zusammen (vgl. Kapitel 5, Nummernkreise). Das folgende Beispiel zeigt die Konstruktion eines Formulars für eine Inventurliste. Es soll pro Genre eine
Gruppenzeile ausgegeben werden. Innerhalb einer Gruppe werden dann die der Gruppe zugehörigen Bestandssätze angedruckt
(die Abbildung 7.42 am Ende dieses Kapitels zeigt das Formular,
so wie es aussehen soll).

Die komplette Datenbeschaffung soll innerhalb des Formulars
stattfinden. Es ist in diesem Fall nicht nötig, ein spezielles Rahmenprogramm zu schreiben, das die Daten beschafft. Nutzen Sie
zum Testen die Funktion *Formular → Testen*. Die Entwicklungsumgebung springt dann direkt in den Function Builder ab. Der
generierte Baustein kann dann in der Testumgebung einfach ohne Veränderung aufgerufen werden.

7.4.1   Vorarbeit

Das neue Formular (ZBIB_FORM3) benötigt zunächst einige
globale Variablen, die dann früher oder später zum Einsatz
kommen. Da in der Bestandstabelle nur die ISBN-Nummer, nicht
aber der Titel des Buches hinterlegt ist, benötigen wir eine
individuell gestaltete, interne Tabelle. Abbildung 7.30 zeigt die
Definition zweier Typen. *t_bestand* beschreibt eine Struktur, die
genau unseren Wünschen der späteren Ausgabe der
Bestandszeile entspricht. *t_it_bestand* ist der davon abgeleitete
Typ einer internen Tabelle.

Abbildung 7.31 zeigt dann die daraus abgeleiteten globalen Variablen *it_bestand* und *wa_bestand*. Analog dazu benötigen wir
eine interne Tabelle *it_genres* für den Inhalt der Genre-Tabelle
und den dazu gehörigen Arbeitsbereich *wa_genre*. Die Summenvariable *summe* wird später in der Fußzeile ausgegeben und soll
die Anzahl der Bestandssätze enthalten.

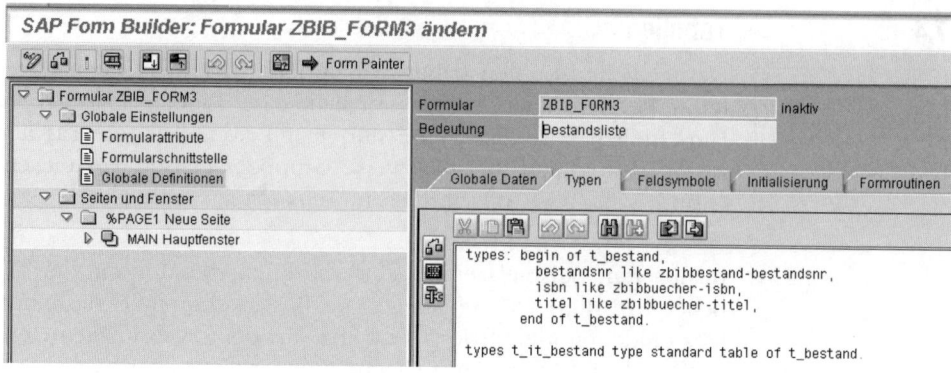

Abb. 7.30 © SAP AG: Typ-Definition

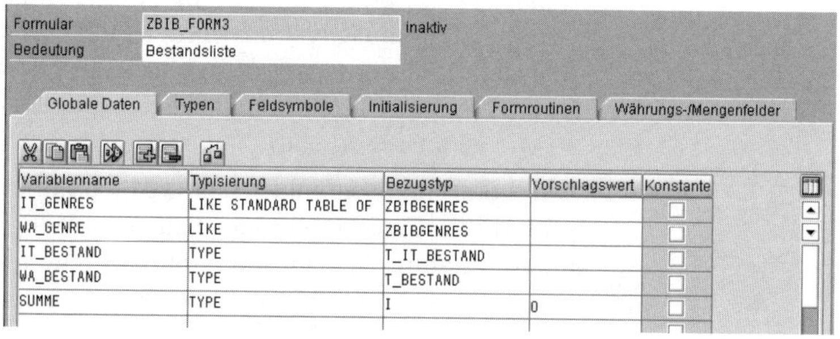

Abb. 7.31 © SAP AG: globale Variablen

Bleibt uns nur noch in der Initialisierungsphase die interne Genre-Tabelle zu füllen. Das erledigen wir im Reiter *Initialisierung* mit einem einfachen *Select*-Statement (Abbildung 7.32).

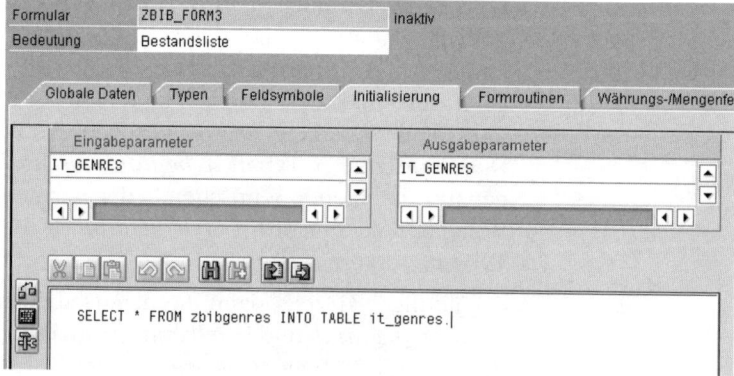

Abb. 7.32 © SAP AG: Genre-Tabelle mit Daten füllen

In den Formularattributen ist noch der selbstgebaute Stil ZBIB_STIL1 zu hinterlegen, und damit ist das Formular soweit vorbereitet, dass es mit Leben gefüllt werden kann.

7.4.2   Hauptelemente einfügen und Tabelle stylen

Die komplette Liste spielt sich innerhalb des Main-Fensters ab. Wir benötigen im Elementbaum drei Hauptelemente: Ein einfaches Textfeld, das statisch „Inventurliste" (Format U1) enthält, danach einen ABAP-Programmknoten für die Beschaffung der Bestandssätze und ein Element vom Typ Tabelle (*Anlegen* → *Tabelle*). Abbildung 7.32 zeigt die drei Elemente und den Inhalt des ABAP-Codes. Da wir die benötigten Informationen aus zwei Tabellen (ZBIBBESTAND und ZBIBBUECHER für den Buchtitel) benötigen, werden die beiden Tabellen miteinander per JOIN über die ISBN-Nummer verknüpft und entsprechend ihren Feldern mit INTO CORRESPONDING FIELDS OF TABLE in die interne Tabelle *it_bestand* überführt. Die Summenvariable wird via DESCRIBE TABLE mit der Anzahl der Tabellenzeilen gefüllt.

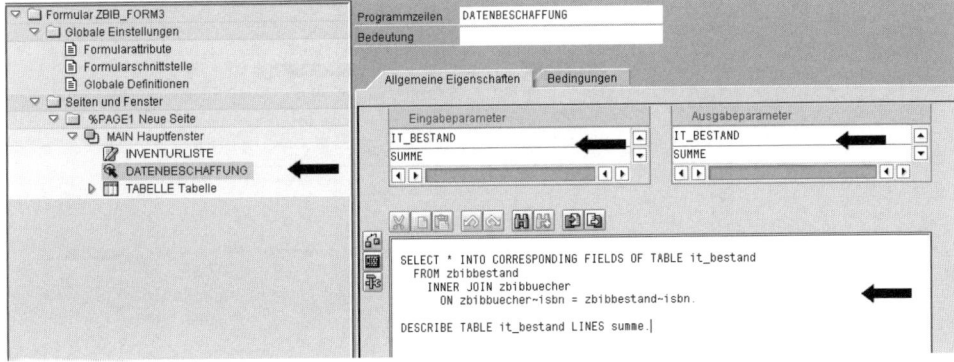

Abb. 7.33 © SAP AG: ABAP-Knoten mit Datenbeschaffung

Im Tabellenknoten müssen zunächst die so genannten Zeilentypen definiert werden. Ein Zeilentyp bestimmt das Aussehen einer Tabellenzeile: Die Anzahl der Spalten, deren Breite und Höhe und die Ausgabeoptionen (Rahmen, Schattierung usw.). Im Table Painter (Doppelklick auf den Tabellenknoten) können diese Zeilentypen grafisch manipuliert werden. Abbildung 7.34 zeigt die Detailansicht des Table Painters. Zwei Zeilentypen sind dort einzutragen. Der Zeilentyp GENRE besteht aus nur einer Spalte (für den späteren Gruppenwechsel), der Zeilentyp BESTAND aus vier Spalten.

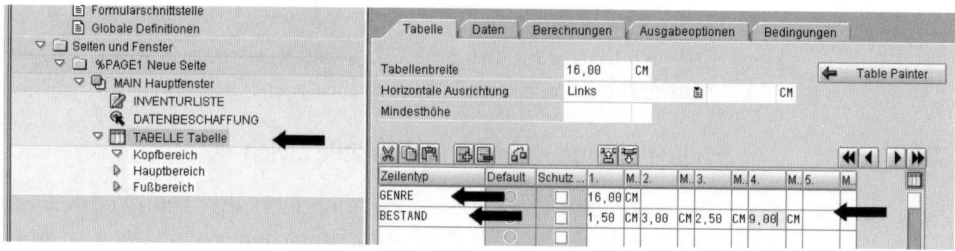

Abb. 7.34 © SAP AG: Zeilentypen

Abbildung 7.35 zeigt den grafischen Teil des Table Painters. Die Umschaltung zwischen der einen und der anderen Ansicht erfolgt durch den *Details-* bzw. den *Table Painter*-Button. Hier lassen sich noch Rahmen und Schattierung über die entsprechenden Knöpfe definieren. In unserem Beispiel soll die Gruppenzeile GENRE einen schwarzen Teilrahmen am unteren Rand bekommen.

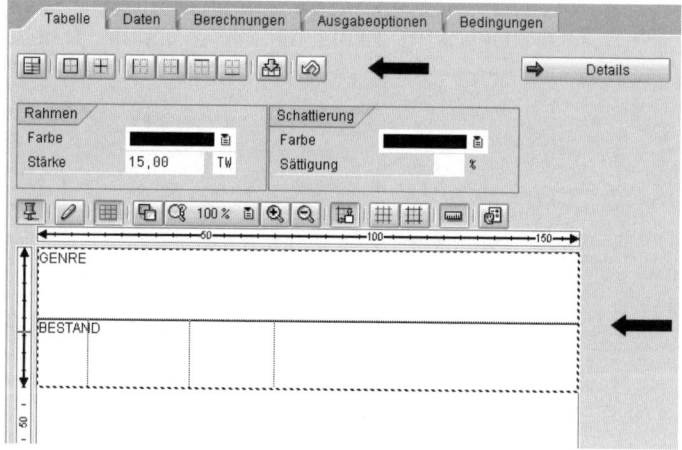

Abb. 7.35 © SAP AG Table Painter

Welche Daten in der Tabelle angezeigt werden, ist im Datenreiter analog zum LOOP-Element hinterlegt. In unserem Fall wird über *it_genres* nach *wa_genre* geloopt.

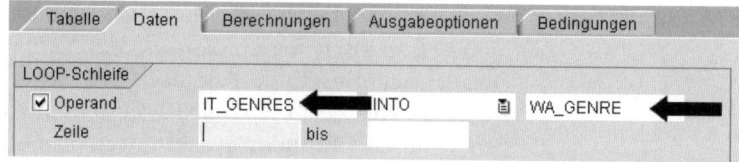

Abb. 7.36 © SAP AG: LOOP-Anweisung für Tabellenzeilen

Drei Bereiche einer Tabelle

Eine Tabelle gliedert sich grundsätzlich in drei Teile: Der Kopf-bereich wird einmalig pro Seite oder sogar nur einmalig pro Ta-belle ausgegeben (je nach Einstellung), ebenso der Fußbereich. Im Gegensatz dazu wird der Hauptbereich pro Tabellenzeile (gemäß Reiter *Daten*) durchlaufen. Um nun die Gruppenzeile auszugeben, fügen wir im Hauptbereich einen Zeilenknoten ein (*Anlegen → Tabellenzeile*) und hinterlegen GENRE als Zeilentyp (Abbildung 7.37).

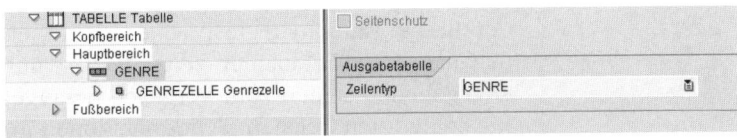

Abb. 7.37 © SAP AG: Zeile im Hauptbereich

Zellenknoten

Im Zeilentyp GENRE hatten wir im Table Painter ja eine einzelne Spalte definiert, aus diesem Grund hat das System automatisch einen einzelnen Knoten vom Typ *Tabellenzelle* unter den Zei-lenknoten gehängt. Unter genau diesen Zellenknoten hängen wir einen Textknoten, der Genrekürzel und Genrebezeichnung aus-gibt (Absatz U1, Abbildung 7.37).

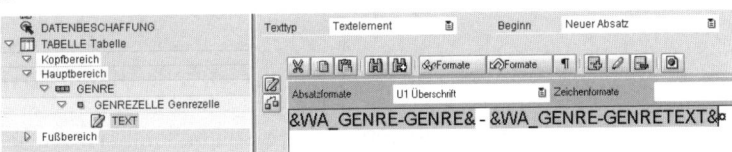

Abb. 7.38 © SAP AG: Textknoten für die Genre-Ausgabe

Genauso verfahren wir im Fußbereich. Da dort nur eine einspal-tige Summenzeile ausgegeben werden soll, können wir auch dort den GENRE-Zeilentyp mitbenutzen (Abbildung 7.39).

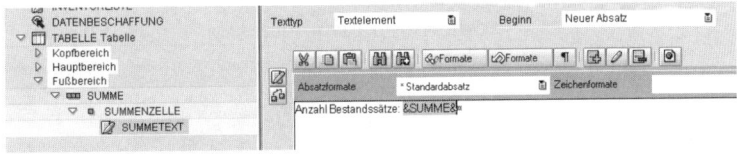

Abb. 7.39 © SAP AG: Summenzeile im Fußbereich

Würde man das Formular in diesem Zustand testen, würden le-diglich die Genre-Zeilen ausgedruckt. Das Wichtigste fehlt noch: Die Bestandssätze.

7.4.3   Detailsätze ausgeben

Um die Bestandssätze innerhalb der Genre-Gruppen auszugeben, müssen wir einen zusätzliche LOOP einfügen. Der
LOOP erfolgt über die Bestandstabelle, aber natürlich nicht über
die komplette, sondern immer nur über die Sätze, die zum jeweiligen Genre passen. Aus diesem Grund muss die WHERE-
Bedingung im LOOP angepasst werden. Die ersten zwei Stellen
der Bestandsnummer entsprechen dem Genrekürzel. Die Klammer nach dem Feldnamen zeigt an, dass nur die in der Klammer
angegebenen Stellen zum Vergleich herangezogen werden sollen
(analog zu den Zeichenfolgenoperationen in ABAP).

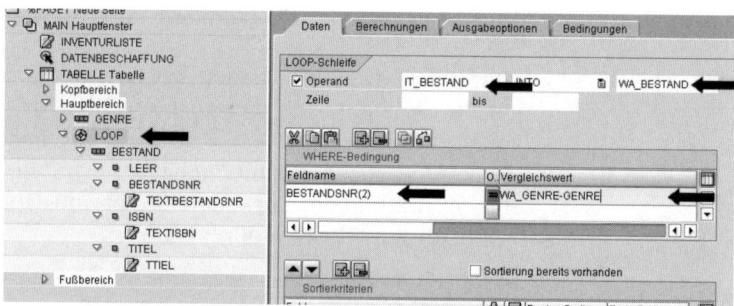

Abb. 7.40 © SAP AG: LOOP über Bestandstabelle mit Bedingung

Die weiteren Schritte sollten mittlerweile fast Routine sein. Wir
hängen unter den Schleifenknoten einen Zeilenknoten mit Zeilentyp BESTAND. Dieser erzeugt gemäß Vorgabe vier Zellen. Die
erste Zelle bleibt leer; sie dient nur dazu, eine Einrückung zu erzeugen. Unter die anderen drei werden Textknoten mit dem gewünschten Inhalt (Bestandsnummer, ISBN-Nummer und Titel)
angebracht. Abbildung 7.41 zeigt exemplarisch einen Textknoten
für die Bestandsnummer.

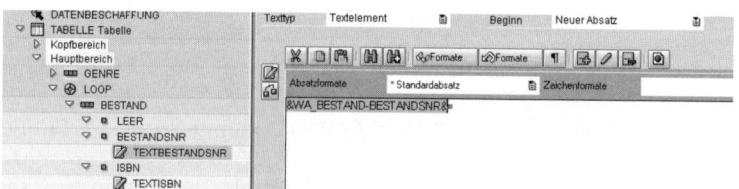

Abb. 7.41 © SAP AG: Textknoten in der Zelle

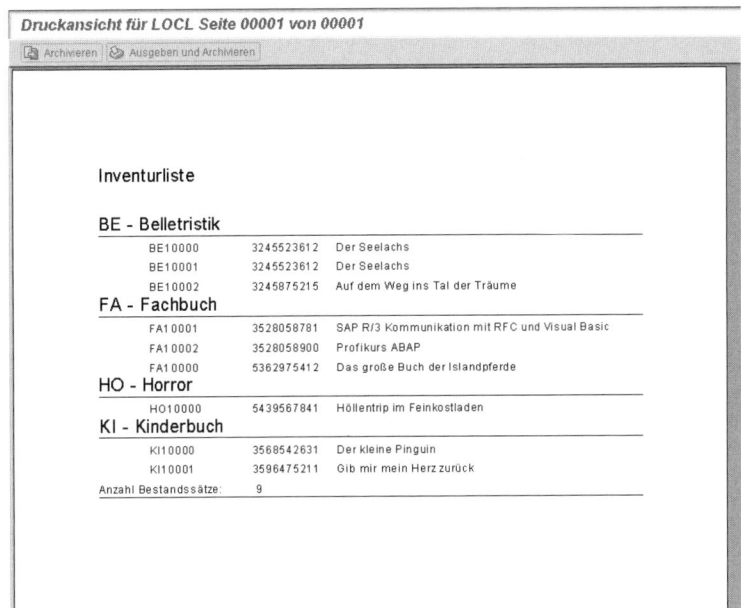

Abb. 7.42 © SAP AG: Druckansicht der Inventurliste

7.5   Ausgabe im Rahmenprogramm steuern

Im ersten Beispiel dieses Kapitels haben wir ein Rahmenprogramm insbesondere deshalb geschaffen, um die nötigen Inhaltsdaten an das Formular respektive an den generierten Funktionsbaustein zu übergeben.

Allerdings hat dieser auch noch eine Zahl an systemseitig vordefinierten Parametern, die die Drucksteuerung beeinflussen. Ohne eine explizite Steuerung wird immer beim Druck in einem Benutzerdialog das Zielgerät und weitere Druckparameter abgefragt. Voreingestellt sind jeweils die, die im Benutzerstamm für den jeweiligen Anwender hinterlegt sind.

Darüber hinaus gilt es noch eine weitere Hürde zu nehmen. Eventuell „weiß" das Rahmenprogramm zur Designzeit noch gar nicht, wie der Funktionsbaustein zu einem Formular heißt; oder der Anwender hat sogar die Möglichkeit, den Namen verschiedener Formulare vorzugeben. Hier hilft ein dynamischer Aufruf. Mittels des Bausteins SSF_FUNCTION_MODULE_NAME wird unter Übergabe des Formularnamens der Name des zugehörigen Funktionsbausteins zurückgeliefert. Ist dieser einmal bekannt, kann er mit CALL FUNCTION <Verweis> aufgerufen werden.

```
REPORT  zbib_sm2.
```

Anwender den Name des Formulars wählen lassen

```
PARAMETERS form TYPE tdsfname
   DEFAULT 'ZBIB_FORM3'.

DATA: fuba TYPE rs381_fnam.
```

Name des zum Formular gehörenden Funktionsbausteins ermitteln

```
CALL FUNCTION 'SSF_FUNCTION_MODULE_NAME'
  EXPORTING
    formname              = form
  IMPORTING
    fm_name               = fuba
  EXCEPTIONS
    no_form               = 1
    no_function_module = 2
    OTHERS                = 3.
IF sy-subrc <> 0.
  WRITE: / 'Fehler beim Ermitteln ',
          'des Funktionsbausteins'.
  STOP.
ENDIF.
```

Die beiden Übergabeparameter *control_parameters* und *output_options* beeinflussen die Drucksteuerung. Im Folgenden unterdrücken wir den Benutzerdialog (*no_dialog*), setzen den Drucker auf den lokalen Windows-Standarddrucker (*tddest*), veranlassen einen sofortigen Ausdruck (*tdimmed*) und lassen den Druckauftrag im Spool stehen, ohne ihn zu löschen (*tddelete*). Druckaufträge im Spool können über die Transaktion SP01 angesehen und verwaltet werden.

Danach wird der Baustein über einen Verweis aufgerufen (die Variable *fuba* wurde weiter oben ermittelt). Die exportierte Struktur *outinfo* enthält nur ein Element. In *tdfpages* wird die Anzahl der gedruckten Seiten abgelegt.

```
DATA outcontrol TYPE ssfctrlop.
DATA outoptions TYPE ssfcompop.
data outinfo type ssfcrespd.
```

```
outcontrol-no_dialog = 'X'.
outoptions-tddest = 'LOCL'.
outoptions-tdimmed = 'X'.
outoptions-tddelete = ' '.


CALL FUNCTION fuba
  EXPORTING
*    ARCHIVE_INDEX                 =
*    ARCHIVE_INDEX_TAB             =
*    ARCHIVE_PARAMETERS            =
     control_parameters            = outcontrol
*    MAIL_APPL_OBJ                 =
*    mail_recipient                =
*    MAIL_SENDER                   =
     output_options                = outoptions
     user_settings                 = ' '
  IMPORTING
     document_ouput_info           = outinfo
*    JOB_OUTPUT_INFO               =
*    JOB_OUTPUT_OPTIONS            =
  EXCEPTIONS
     formatting_error              = 1
     internal_error                = 2
     send_error                    = 3
     user_canceled                 = 4
     OTHERS                        = 5
             .
IF sy-subrc <> 0.
  MESSAGE e008(zbib). " Fehler im Smart-Forms-
Baustein
ELSE.
  WRITE: / outinfo-TDFPAGES , 'Seite(n) gedruckt'.
ENDIF.
```

7.5.1   Funktionsbausteine im Überblick

\<VonSmartFormsGenerierterBaustein>			
Import-Parameter			
CONTROL_ PARAMETERS	Struktur von Typ SSFCTRLOP steuert die Formularausgabe		
OUTPUT_ OPTIONS	Struktur vom Typ SSFCOMPOP steuert Details der Formularausgabe		
USER_ SETTINGS	X	Die Parameter werden - wenn vorhanden - aus der Benutzerverwaltung gezogen	
		Alle Parameter werden vom Programm gesetzt	
MAIL_*	Übergabestrukturen zum Versenden des Ausdrucks per Mail		
ARCHIVE_*	Übergabestrukturen, um den Ausdruck optisch zu archivieren		
Export-Parameter			
DOCUMENT_ OUTPUT_INFO	TDFPAGES	Anzahl der gedruckten Seiten	
JOB_OUTPUT_ INFO	OUTPUT DONE	X	Formular ausgedruckt
			Nicht ausgedruckt
	ARCHD ONE	X	Formular archiviert
			Nicht archiviert
	USEREXIT	C	Benutzer hat abgebrochen
		B	Benutzer hat auf *zurück* geklickt
		E	Benutzer hat auf *beenden* geklickt

	TDFORM	Anzahl der Formulare in diesem Spoolauftrag
	SPOOLIDS	Tabelle mit den IDs der erzeugten Spoolaufträge
	FAXIDS	Tabelle mit IDs zur Faxausgabe
	MAILIDS	Tabelle mit IDs von Formularen, die gemailt wurden
	OTFDATA	Tabelle mit OTF-Ausgabe des Formulars
	XFSDATA	Tabelle mit XML-Daten
	XSLDATA	Tabelle mit XSL-Daten
	CSSDATA	Tabelle mit CSS-Daten
JOB_OUTPUT_ OPTIONS		Entspricht dem Importparameter OUTPUT_OPTIONS und enthält die neuen Optionen, falls der Benutzer etwas geändert hat
EXCEPTIONS		
FORMATTING_ ERROR		Fehler beim Bilden des Ausdrucks
INTERNAL_ERROR		Allgemeiner, interner Fehler
SEND_ERROR		Fehler beim Senden einer Mail
USER_CANCELED		Benutzer hat abgebrochen

Datentyp SSFCTRLOP(Importparameter CONTROL_PARAMETER)	
NO_OPEN	X / ' ' → Es wird kein neuer Spoolauftrag angelegt, weil der vorhergehende mit NO_CLOSE nicht geschlossen wurde. Der aktuelle wird angehängt.
NO_CLOSE	Spoolauftrag wird nicht geschlossen, weil weitere Formulare folgen sollen

DEVICE	Art des Ausgabegerätes (PRINTER, TELEFAX oder MAIL)
NO_DIALOG	X / ' ' → Es wird kein Benutzerdialog angezeigt
PREVIEW	X / ' ' → Das Formular wird in der Druckansicht gezeigt
GETOTF	X / ' ' → OTF-Tabelle wird gebildet und ausgegeben
LANGU	Ausgabesprache
REPLANGU1/2/3	Ersatzsprachen, falls Teile des Formulars nicht in der Ausgabesprache vorhanden sind
STARTPAGE	Seite, mit der der Ausdruck begonnen werden soll

Datentyp SSFCOMPOP (Importparameter OUTPUT_OPTIONS)

Hinweis: Es sind nur die wichtigsten Elemente angegeben

TDARMOD	1	Nur Drucken
	2	Nur Archivieren
	3	Drucken und Archivieren
TDDATASET		1. Teil des Namens des Spoolauftrages
TDSUFFIX1/2		2. und 3. Teil des Namens des Spoolauftrages
TDCOVTITLE		Text auf dem Deckblatt
TDDEST		Ausgabegerät
TDIMMED		X / ' ' → Spoolauftrag sofort nach dem Erstellen ausgeben
TDELETE		X / ' ' → Spoolauftrag nach Ausgabe löschen
TDCOVER		X / ' ' → Deckblatt ausgeben
TDRECIEVER		Empfängername auf dem Deckblatt

TDDIVISION	Abteilungsname auf dem Deckblatt
TDCOPIES	Anzahl Kopien
TDPAGESELECT	Definiert, welche Seiten gedruckt werden sollen: -X bis Seite X X-Y von Seite X bis Y X,Y,Z Seiten X,Y und Z
XSF*	Steuerparameter für die Ausgabe als XML

8 Web Dynpros

Wir hatten in Kapitel 5 einige Grundlagen zur Systemarchitektur diskutiert. Dabei fällt auf, dass (außer der Datenbank) alle Komponenten von SAP stammen und intern über ein SAP-eigenes Protokoll miteinander kommunizieren. Das bedeutet, dass der Anwender nur mit einem SAP GUI seine Anwendungen aufrufen und bedienen kann. Über die letzten Jahre ging der Trend allerdings immer mehr hin zu so genannten offenen Standards. Das bedeutet, dass beispielsweise die Protokolle für die Kommunikation der Komponenten untereinander eben keine reine Vorgabe von SAP mehr sein sollte, sondern etwas, das allgemein bekannt ist. Der Vorteil liegt darin, dass sich jedes SAP- und nicht-SAP-System in diese Architektur einklinken kann. Unabhängig des Betriebssystem und vor allem unabhängig der Programmiersprache.

NetWeaver und die offenen Standards

Die Antwort von SAP auf diesen Wunsch heißt NetWeaver. Mit Hilfe der NetWeaver-Architektur reden Systemkomponenten nicht mehr ausschließlich mit properitären SAP-Protokollen miteinander, sondern mit Hilfe von allgemein bekannten Internet-Techniken wie HTTP, XML, HTML usw. Mit NetWeaver wurde neben ABAP auch Java als zweite Programmiersprache propagiert. Außer diesen architektonischen Erweiterungen sind neben dem traditionellen SAP GUI auch andere Programme als Frontend möglich, z.B. ein Webbrowser. Die SAP-Programme, die dort angezeigt und bedient werden, können aber aus technischen und praktischen Gründen nicht einfach ganz normale Dynpros sein, sondern eben Web Dynpros. Und genau um die Entwicklung dieser Web Dynpros geht es in diesem Kapitel.

Übrigens: Falls Sie (oder das Unternehmen in dem Sie arbeiten) noch kein SAP NetWeaver System zur Verfügung haben, können Sie alle hier gezeigten Beispiele auch auf der Demoversion des SAP NetWeavers nachbauen. Sie finden diese Demoversion im SAP Developer Network unter sdn.sap.com (mit Hilfe der Suche nach NetWeaver Sneak Preview suchen).

8.1   Components, Windows, Views und Plugs

Im Bereich der Webdynpro-Programmierung gibt es eine ganze Reihe neuer Begrifflichkeiten, die wir in diesem Teilkapitel kurz diskutieren wollen. Gegenüber der tradionellen Dynpro-Programmierung gibt es zwar fast immer Entsprechungen, aber die Begriffe selbst sind vielen Lesern, die neu in den Bereich Web-Programmierung einsteigen, mit Sicherheit unbekannt.

Das Schaubild auf der folgenden Seite zeigt die Beziehungen der einzelnen Begriffe zueinander.

Anwendung und Component

Das Stück Software, das wir in diesem Kapitel erstellen werden, heißt Webdynpro-Anwendung. Darunter versteht man eine Ansammlung von Komponenten, die einen betriebswirtschaftlichen Prozess abbildet. Am ehesten ist der Begriff Webdynpro-Anwendung mit *Transaktion* nach der tradionellen Weise zu vergleichen. Der oder die Komponenten, die in der Anwendung enthalten sind, entsprechen den bereits bekannten Modul-Pools. SAP nutzt im Übrigen immer die englischen Begriffe, aus diesem Grund sprechen wir in Zukunft von einer Component anstatt einer Komponente.

Views und Windows

Innerhalb eines tradionellen Modulpools gibt es eine beliebige Anzahl von Dynpros, zwischen denen innerhalb der Anwendung hin- und her gesprungen wird. Bei der Web-Programmierung wird dieser Begriff zerteilt in Windows und Views. Window ist ein einzelnes Browser-Fenster und View eine einzelne Seite innerhalb des Fensters. Wenn also vom Anwender eine Abfolge von Seiten per Navigation durchlaufen wird, durchläuft er verschiedene Views.

Plugs

Die Schnittstelle zwischen zwei Seiten (also zwischen zwei Views) bilden so genannte *Plugs* (zu deutsch Stecker). Die abgehende Seite hat einen Outbound Plug, der wiederum in der eingehenden Seite auf einen Inbound Plug trifft. Der Grund, warum man nicht einfach programmtechnisch die zweite Seite aufruft (analog zu *Call Screen XY*), liegt in der Abstraktion. Durch die Plug-Technik kann die Navigation abstrahiert werden und ist unabhängig vom eigentlichen Coding; zugunsten besserer Wartbarkeit.

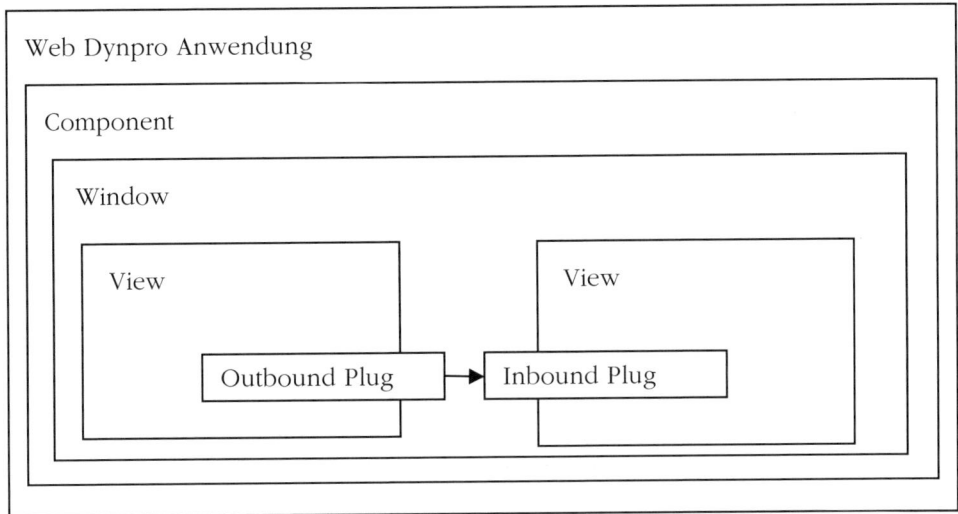

Abb. 8.1: Elemente einer Web Dynpro Anwendung

8.2   Der Context

Bevor wir mit dem Einsteig in die Praxis beginnen, muss noch ein letzter, wichtiger Begriff definiert werden: Der so genannte Context. Unter einem Context versteht man einen Datenbereich innerhalb der Web Dynpro Komponente. Es handelt sich dabei um eine Ansammlung an Daten, die sowohl skalar, hierarchisch oder auch in Tabellenform vorliegen kann. Neben dem Context einer Component hat auch jede View ihren eigenen Context (siehe Abbildung 8.2). Elemente aus dem View-Context können mit Elementen aus dem Component-Context verknüpft und ge-mappt werden.

Der Context hat zwei wesentliche Aufgaben: Über ihn werden Daten zwischen Elementen des Web Dynpros und dem Coding und Daten zwischen Views ausgetauscht. Zu diesem Zweck werden wir gleich im ersten Beispiel die Befehle kennen lernen, um Daten in den Context zu schreiben oder aus ihm zu lesen.

Da die Daten im Context hierarchisch organisiert sind, können Elemente Unterelemente enthalten. Ein einzelnes, skalares Element heißt Attribut (Attribute), ein Element, das weitere Unterelemente enthält, heißt Knoten (Node).

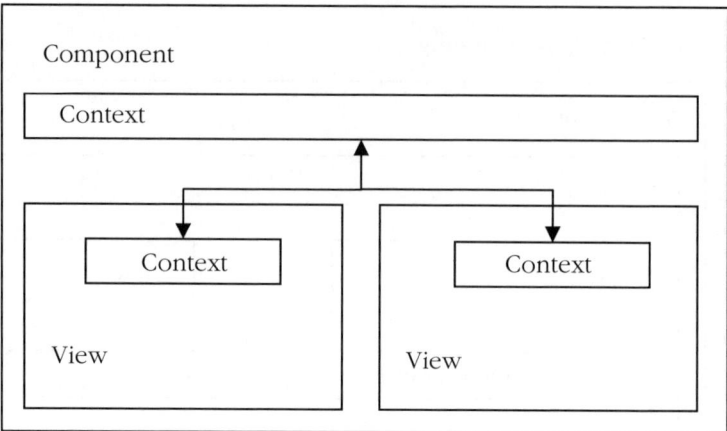

Abb. 8.2 Zusammenhang zwischen View- und Component Context

8.3   Einführungsbeispiel

Das folgende Beispiel wird einige der wichtigsten Konzepte rund um Web Dynpro in der Praxis erläutern. Ziel soll es sein, dem Benutzer eine Selektionsmaske anzubieten, mit deren Hilfe er in den Buch-Stammdaten suchen kann. Die Ergebnismenge der Suche wird in einer Tabelle angezeigt.

8.3.1   Anlage der Component und einer View

Die ABAP Workbench SE80 bietet alle Möglichkeiten für die Entwicklung einer Web Dynpro Applikation. Zum Anlegen einer neuen Komponente wählen wir in der Combo-Box auf der linken Seite Web-Dynpro-Comp./Intf., tragen den Namen ZBIBBU-CHUNG ein und drücken Enter (Abb. 8.3).

Abb. 8.3 © SAP AG: Anlage einer neuen Web Dynpro Komponente

In seiner grenzenlosen Weisheit wird SAP uns darüber informieren, dass es diese Komponente noch nicht gibt und uns anbieten, diese anzulegen. Bei der Gelegenheit wird gleich noch ein

Window in der Komponente mit angelegt (Abb. 8.4), dessen Name sich an dieser Stelle noch ändern lässt.

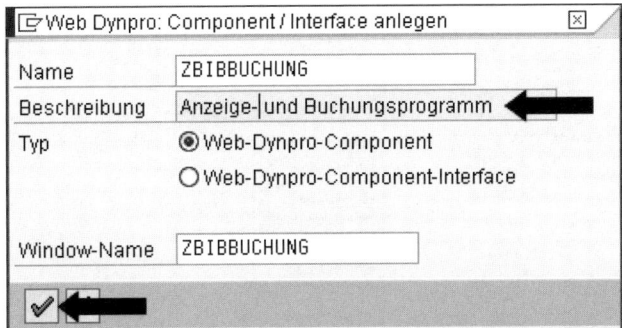

Abb. 8.4 © SAP AG: Anlage einer neuen Component

View anlegen

In dem Objektbaum auf der linken Seite findet sich nun die neue Komponente und einige Unterelemente, die wir später kennen lernen werden. Klicken Sie mit der rechten Maustaste auf die Komponente und wählen Sie *Anlegen -> View*, um der Komponente eine neue View (unsere erste Seite) hinzuzufügen. Bei der Anlage der View muss noch angegebenen werden, zu welcher Komponente sie gehören soll (Abb. 8.5).

Abb. 8.5 © SAP AG: Anlage einer neuen View

Entwurfsmodus in der ABAP Workbench

Die nächste Abbildung 8.6 zeigt die ABAP Workbench in Ihrer ganzen Pracht mit der neu angelegten View im Entwurfsmodus auf der rechten Seite. Die einzelnen Reiter sind nahezu selbsterklärend, wenn die entsprechenden Begriffe bekannt sind. Inbound und Outbound Plugs, Context usw. Auf dem Layout-Reiter der View gibt es die Möglichkeit, Steuerelemente per Drag & Drop auf den Anzeigebereich zu ziehen. Die Eigenschaften eines Seitenelements können in dem Eigenschaftsfenster unten rechts eingestellt werden (z.B. Farbe, Breite und welcher Text angezeigt werden soll). Rechts oben im Layout findet sich ein hierarchischer Baum der Seitenelemente, den wir gleich mit Leben füllen werden. Oftmals ist es einfacher ein Element in dem Baum zu finden und anzuklicken, als es direkt im Layout zu suchen.

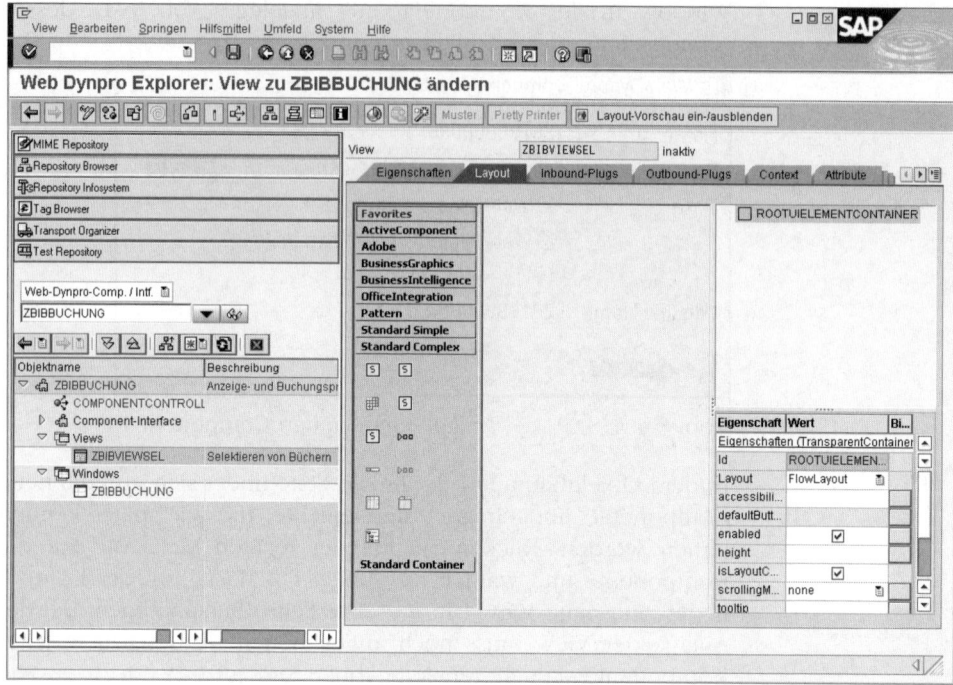

Abb. 8.6 © SAP AG: Entwurfsansicht der View

Bevor wir an unserer View weiterarbeiten, ist noch eine letzte
Formalität zu erledigen. Die View muss nämlich mit dem Window verknüpft werden. Wir wechseln dazu in der linken Baum-
anzeige in das Window ZBIBBUCHUNG und dort in den Tabrei-
ter Windows. Die dort hinterlegte Hierarchie definiert die Views,
die in diesem Windows enthalten sind. Klicken Sie mit der rechten Maustaste auf ZBIBBUCHUNG -> *View* einbetten. Die Abbildung 8.7 zeigt den Dialog. Bestätigen Sie nach dem Selektieren
der View mit Enter.

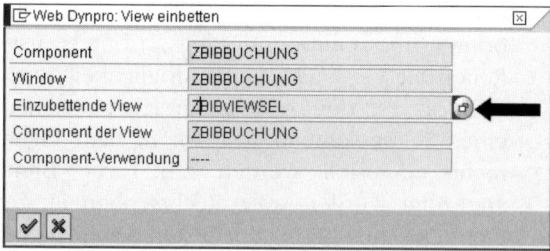

Abb. 8.7 © SAP AG: Einbetten der zuvor angelegten View

Nach dem Einbetten ist die View in der Windows-Hierarchie enthalten (Abb. 8.8).

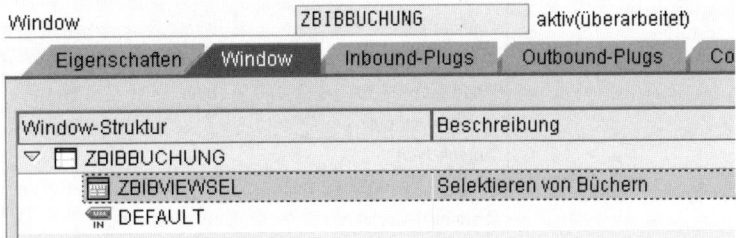

Abb. 8.8 © SAP AG: Eingebettete View

8.3.2 Vorbereiten des Context

Wie bereits in der Theorie erläutert, dient der Context dazu, Daten zwischen dem Programm-Coding und der Anzeige (sprich der View-Oberfläche) zu transportieren. Aus diesem Grund werden wir ein Attribut im Context benötigen, dass später die Eingabe des Benutzers enthält (also das Genre), sowie eine Tabelle mit der Ergebnismenge.

Attribut anlegen

Wechseln Sie in den Context-Reiter des View-Objekts. Der Wurzelknoten des Contexts namens CONTEXT ist bereits angelegt. Klicken Sie mit der rechten Maustaste darauf und wählen Sie *Anlegen -> Attribut*. Wir geben dem anzulegenden Attribut einen Namen (TXTGENRE) und definieren es als Typ ZBIBGENRE. Es verweist also auf ein Datenelement im Data Dictionary und erbt somit viele der dort voreingestellten Eigenschaften (Abb. 8.9).

Knoten anlegen

Im nächsten Schritt legen wir analog dazu mit Anlegen -> Knoten einen Context-Knoten an. Der Knoten wird später dafür da sein, tabellenartige Daten im Speicher zu halten. Die Elemente des Knoten entsprechen dann den Tabellenspalten. Abbildung 8.10 zeigt die Knoten-Anlage. Der Typ des Knoten erbt wieder von einem Data Dictionary Objekt, diesmal nämlich von ZBIBBUCH, also der Büchertabelle. Der Begriff Kardinalität definiert, wie oft sich die Kind-Elemente eines Knoten wiederholen können. In unserem zwischen 0 und unendlich. Die Tabelle kann entweder leer sein, oder beliebig viele Zeilen enthalten.

Klicken Sie auf jeden Fall auf den Button Attribute aus Struktur hinzufügen. Wenn Sie nur mit Ok bestätigen, wird der Knoten zwar angelegt, die Elemente müssen aber von Hand ergänzt werden.

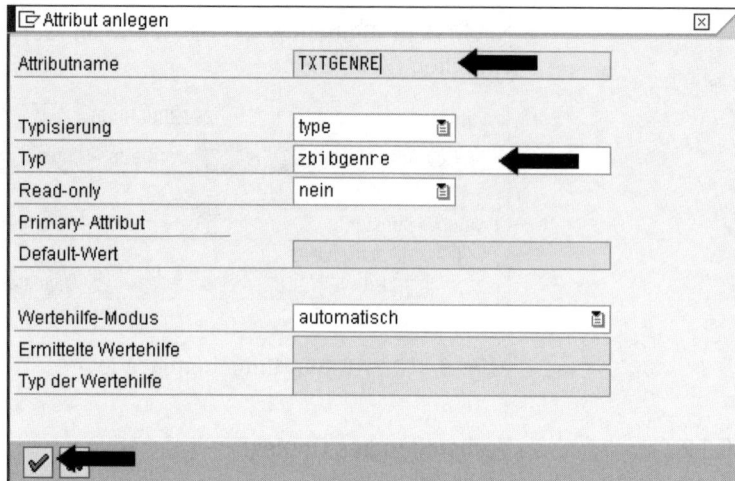

Abb. 8.9 © SAP AG: Attribut für den Context anlegen

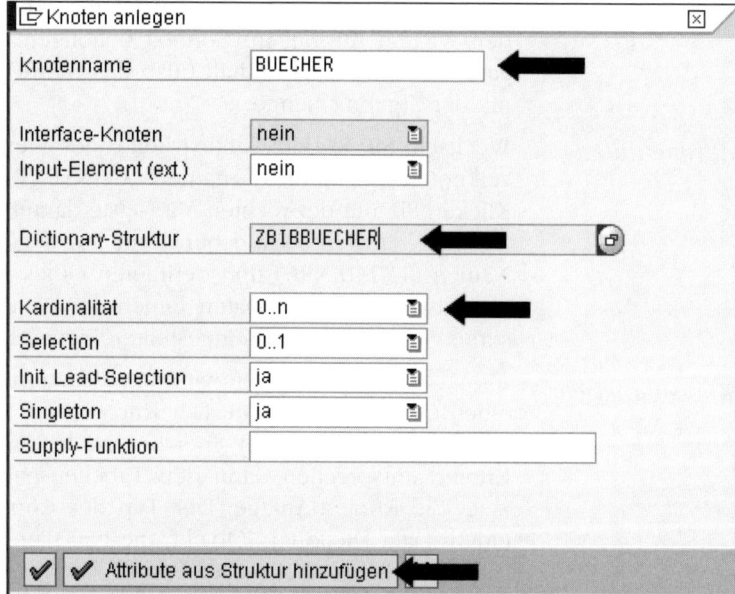

Abb. 8.10 © SAP AG: Context-Knoten anlegen

Im nächsten Schritt öffnet sich der Dialog wie in Abbildung 8.11 gezeigt. Hier können wir detailiert festlegen, welche Elemente der ZBIBBUCH-Struktur in den Context-Knoten übernommen werden sollen. Wir markieren nur ISBN, AUTOR und TITEL und bestätigen mit Ok.

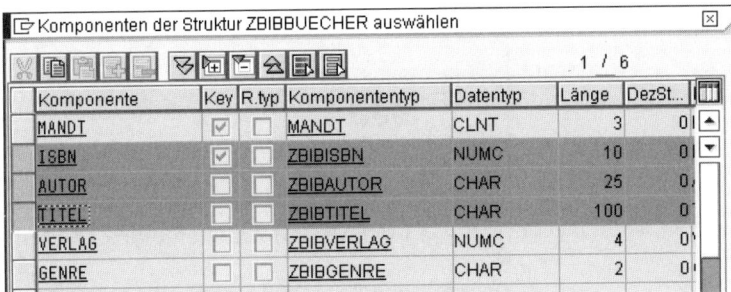

Abb. 8.11 © SAP AG: Elemente wählen, die dem Knoten hinzugefügt werden sollen

Die Abbildung 8.12 zeigt nun den fertigen Context für diese
View. Es ist zu beachten, dass dieser Context nur innerhalb der
View gilt und noch nichts mit dem Component-Context zu tun
hat.

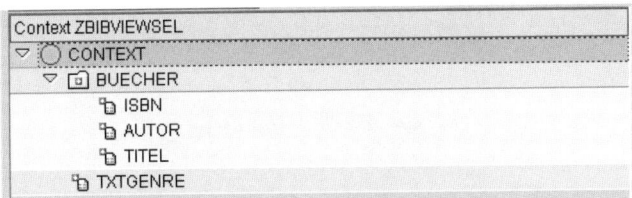

Abb. 8.12 © SAP AG: fertiger View-Context

8.3.3   View Layout

Zurück zu unserer View: Nun gilt es die Oberfläche der View zu
entwickeln. Die Oberflächenelemnte sind ebenfalls wieder hierarchisch angeordnet und im Reiter *Layout* zu finden. Klicken Sie
auf den vorhandenen Wurzelknoten ROOTUIELEMENT-
CONTAINER mit der rechten Maustaste -> *Element einfügen*. Zunächst fügen wir ein Element vom Typ *Group* mit dem Namen
Suchenrahmen ein (Abb. 8.13). Unter den Gruppen-Knoten legt
SAP dann automatisch ein Caption-Element an, das die Überschrift des Rahmens enthält. Die Eigenschaft text im Eigenschaftsfenster rechts unten sollte dann auf *Nach Genre suchen* abgeändert werden. Unter dem Gruppen-Element wird dann noch ein
Element vom Typ *InputField* (Name INPUTGENRE) und ein
Knopf vom Typ *Button* (Name SUCHENBUTTON) benötigt.

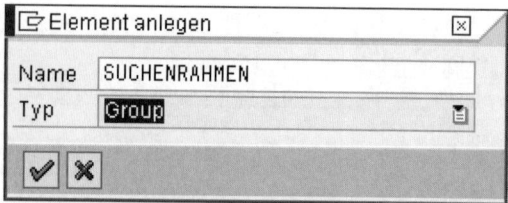

Abb. 8.13 © SAP AG: Anlegen eines UI-Elements

Ebenfalls unter den Wurzelknoten (also auf gleicher Ebene wie die Group-Box) platzieren wir ein UI-Element vom Typ *Table* mit Namen BUCHTABELLE. Es ist zunächst leer und enthält keine Spalten. Das Layout sollte nun der Abbildung 8.14 entsprechen.

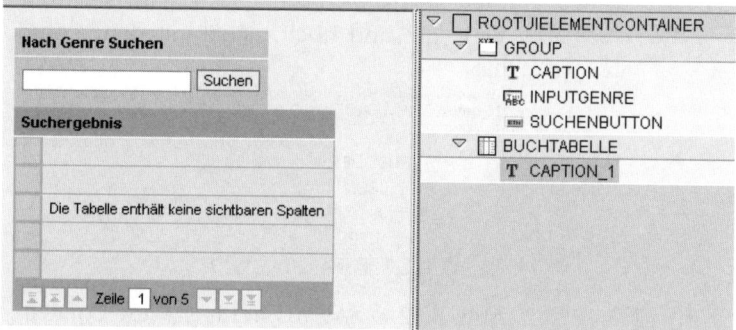

Abb. 8.14 © SAP AG: Layout nach Anlage aller UI-Elemente

Einfache Daten-bindung anlegen

Nun gilt es, bestimmte Elemente des Layouts mit Elementen des Contexts zu verbinden, um den Datentransport zwischen Context und Oberfläche zu ermöglichen. Wählen Sie zunächst die Input-box aus und klicken Sie im Eigenschaftsfenster auf den Button zur Zuweisung einer Datenbindung der Eigenschaft *value* (Abb. 8.15).

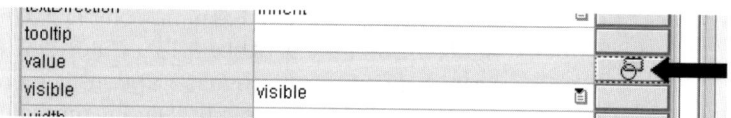

Abb. 8.15 © SAP AG: Datenbindung zuweisen

Es öffnet sich ein Dialog mit der Context-Hierarchie der View. Wir wählen dort das Element TXTGENRE und bestätigen mit Ok.

Die Datenbindung zur Tabelle ist etwas komplizierter. Klicken Sie in der UI-Elemente-Hierarchie rechts oben mit der rechten Maustaste auf die angelegte Tabelle und wählen Sie *Binding er-*

zeugen. Es öffnet sich wieder ein Dialog wie in Abbildung 5.16 gezeigt. Wählen Sie den Context-Knoten BUECHER mit dem entsprechenden Button aus. SAP bietet Ihnen an, alle Elemente dieses Knotens als Spalten einzufügen. Bei Bedarf könnten Sie an dieser Stelle einzelne Unterelemente an- oder abwählen.

Cell-Editor Unter dem Begriff Cell-Editor versteht man die Art und Weise, wie die Zellen der jeweiligen Spalte dargestellt werden sollen. In unserem Fall belassen wir es bei dem Standard TextView, da der Inhalt nur angezeigt, nicht aber vom Benutzer geändert werden soll.

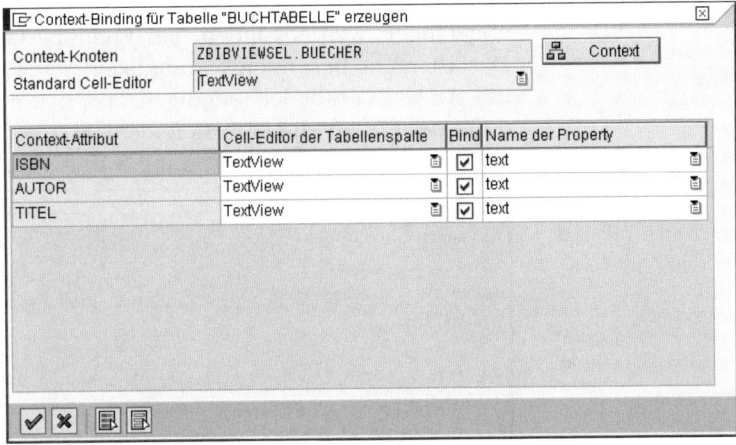

Abb. 8.16 © SAP AG: Datenbindung zuweisen

Durch Bestätigen mit Ok wird jetzt im UI-Baum pro Spalte ein Element vom Typ *TableColumn* angelegt. Darunter hängt jeweils ein Element vom Typ *Caption* (für die Spaltenüberschrift) und ein Element vom Typ *TextView* (für die Werteanzeige).

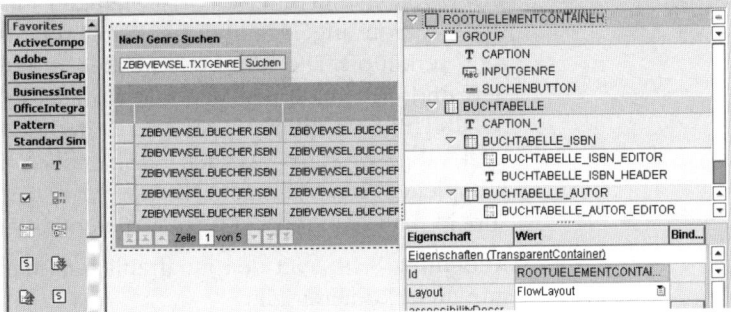

Abb. 8.17 © SAP AG: fertiges Layout

8.3.4   Coding

Nachdem nun mit nicht unerheblichem Aufwand der komplette Rahmen für unsere Anwendung aufgebaut wurde, ist es jetzt wieder an der Zeit etwas ABAP zu programmieren. Wir wollen nun die Logik entwickeln, die sich hinter dem Suchen-Knopf verbirgt.

Anlegen einer Aktion

Wählen Sie im UI-Baum auf dem Layout-Reiter unserer View den Suchen-Button aus. Im Eigenschaftsfenster finden Sie neben zahlreichen Eigenschaften auch einen Bereich Ereignisse. Der Button enthält nur ein Ereignis, nämlich *OnAction*. Dieses Ereignis kann abgefangen werden, indem ein Ereignis-Handler definiert wird. Das ist nicht besonderes kompliziert, weil wir diesen Vorgang die ABAP Workbench erledigen lassen können, indem wir auf den *Neu*-Button direkt neben dem Ergeignis klicken. Es öffnet sich der Dialog wie in Abbildung 8.18 gezeigt.

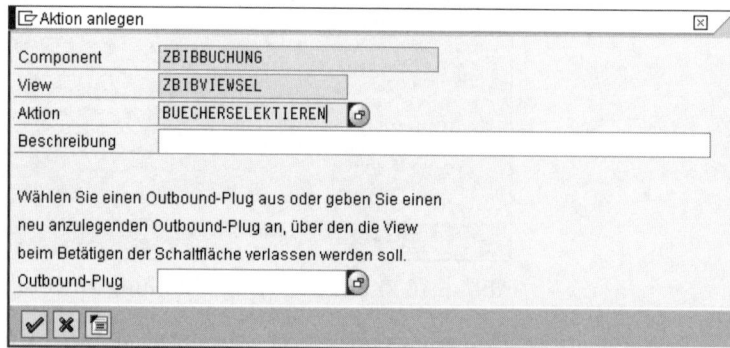

Abb. 8.18 © SAP AG: Aktion anlegen

Aktionen und Ereignishandler

Der Name der Aktion kann frei gewählt werden (in unserem Fall BUECHERSELEKTIEREN). Wir bestätigen mit Ok und damit wird diese Aktion angelegt und mit dem Ereignis *OnAction* des Buttons verknüpft. Die Aktion ist im Reiter *Aktionen* wieder zu finden und dort mit einer Methode namens ONACTIONBUECHER-SELEKTIEREN verknüpft. In diese Methode kann per Doppelklick abgesprungen werden. Letztendlich kann man sich die komplette View als eigene Klasse vorstellen, aus diesem Grund spricht man hier von einer zu kodierenden Methode.

Abbildung 8.19 zeigt den jungfräulichen Methodenrumpf, den es nun auszukodieren gilt.

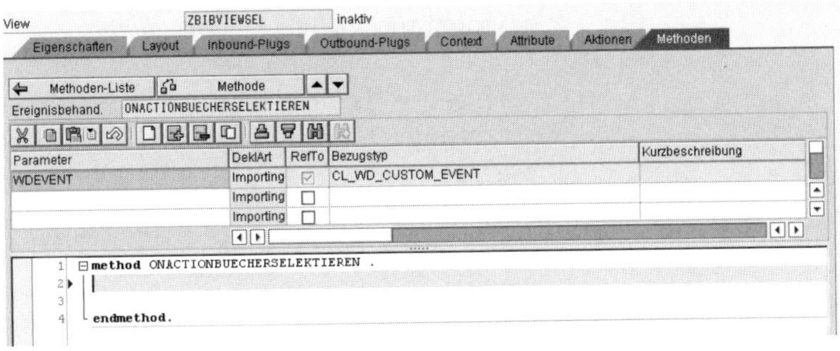

Abb. 8.19 © SAP AG: Neu angelegte Methode

Das folgende Listing enthält nun alle nötigen Schritte, um den vom Benutzer angeforderten Datenbestand abzurufen. Zunächst werden einige Variablen deklariert. node_buch soll eine Objekt-referenz auf einen Context-Knoten enthalten, it_buecher ist ein-fach nur eine normale, interne Tabelle vom Typ ZBIBBUCHER und gerne eine skalare Variable vom Feldtyp ZBIBGENRE.

Zugriff auf den Context mit wd_context

Die Laufzeitumgebung bietet ein Objekt namens *wd_context* an, mit dessen Hilfe auf dem aktuellen View-Context navigiert wer-den kann. Da die Benutzereingabe im Context-Attribut TXTGEN-RE gespeichert ist, lesen wir mittels der Methode *Get_Attribute(...)* den Wert dieses Elements.

Je nachdem, ob das Element gefüllt ist (also ob der Benutzer et-was eingegeben hat), wird entweder die komplette Tabelle se-lektiert oder nur das vorgegebene Genre.

Mit Hilfe der *Get_child_node*-Funktion wird die Referenz auf den Context-Knoten mit der Büchertabelle gefüllt. Diese Referenz *node_buch* bietet die Methode *Bind_Table(...)*, um eine interne Tabelle an den Knoten zu binden. Damit ist der Werte-Transport in den Context und somit auf die Ausgabeseite vollzogen.

```
method ONACTIONBUECHERSELEKTIEREN .

    data: node_buch type ref to
              if_wd_context_node,
          it_buecher type standard
              table of zbibbuecher,
          genre type zbibgenre.

    wd_context->Get_attribute(
    exporting name = 'TXTGENRE'
```

```
                   importing value = genre ).

                   if genre is initial.
                     select * from zbibbuecher into table it_buecher.
                   else.
                     select * from zbibbuecher into table it_buecher
                       where genre = genre.
                   endif.


                   node_buch = wd_context->
                       get_child_Node( Name = 'BUECHER').
                   node_buch->Bind_Table( it_buecher ).

               endmethod.
```

Web Dynpro An-
wendung definie-
ren

Um das Programm nun ausprobieren zu können, benötigen wir noch eine Web Dynpro Anwendung, die unsere fertige Component enthält. Um diese zu erstellen, klicken wir im Objektbaum unserer Component auf der obersten Ebene mit der rechten Maustaste und wählen *Anlegen -> Web-Dynpro-Anwendung*. Abbildung 8.20 und 8.21 zeigen den Dialog für die Anwendung und die einzutragenden Parameter. Speichern Sie zunächst die frisch angelegte Anwendung und die Component, und aktivieren Sie alle nicht-aktivierten Elemente in der Workbench.

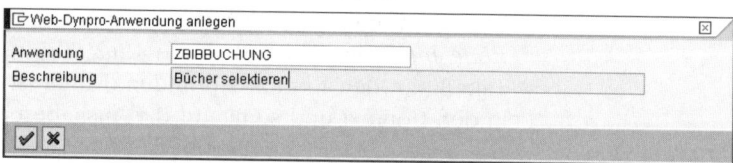

Abb. 8.20 © SAP AG: Dialog zum Anlegen einer neuen Anwendung

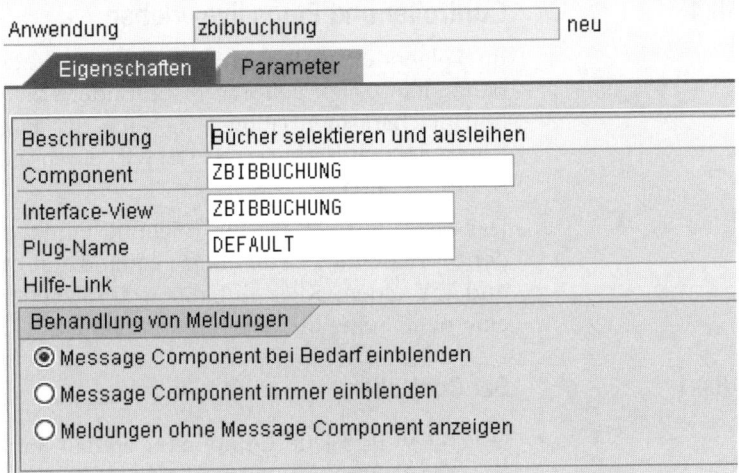

Abb. 8.21 © SAP AG: Parameter einer neuen Anwendung

*Test der Demo-
anwendung*

Nach erfolgreicher Aktivierung steht die Anwendung nun der
Allgemeinheit bereit. Klicken Sie mit der rechten Maustaste auf
die Anwendung im Objekt-Baum rechts in der Workbench und
wählen Sie *Testen*. Es öffnet sich ein neues Browser-Fenster, in
dem Sie sich gegebenenfalls neu an SAP anmelden müssen (je
nachdem, wie das System konfiguriert ist). Abbildung 8.22 zeigt
unser Beispielprogramm im Browser.

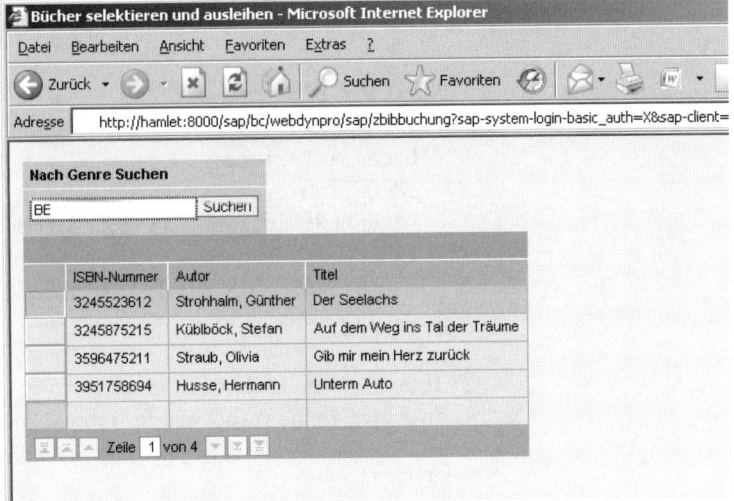

Abb. 8.22 © SAP AG: Beispielprogramm in Aktion

8.4   Controller und Plugs live erleben

Im Folgenden wollen wir nun einige weiterführende Techniken behandeln. Dazu gehören insbesondere die Nutzung der Navigationsmechanismen (Plugs) als auch der Einsatz des Component Controllers, mit dessen Hilfe wir einen Funktionsbaustein ansteuern wollen.

Das erste Beispiel soll um folgende Funktionalität erweitert werden: Der Benutzer soll einen Stammdatensatz markieren können und mit einem Klick auf einen zusätzlichen Button öffnet sich eine neue Seite, die den Bestand enthält.

8.4.1   Der Controller

Jede View und jede Component enthält mindestens einen so genannten Controller. Aufgabe des Controllers ist es, die Kommunikation mit anderen Komponenten insbesondere mit Komponenten die außerhalb der Web Dynpro Anwendung liegen, zu verwalten. Ihm untersteht auch ein Context-Bereich, dessen Reichweite aber über eine einzelne View hinausgeht.

Funktions-
baustein vorberei-
ten

Zunächst benötigen wir unabhängig unseres Beispiels einen Funktionsbaustein namens Z_BIB_HOLE_BESTAND. Zu einer gegebenen ISBN-Nummer ermittelt er alle Bestandssätze. Die Abbildungen 8.23 und 8.24 zeigen die Import- und Tabellen-Parameter. Das folgende Listing enthält den Quellcode des Bausteins. Er besteht nur aus einem einzigen Select-Statement.

```
FUNCTION Z_BIB_HOLE_BESTAND.
*"----------------------------------------------
*"*"Local Interface:
*"  IMPORTING
*"     REFERENCE(ISBN) TYPE  ZBIBBUECHER-ISBN
*"  TABLES
*"      BESTAND STRUCTURE  ZBIBBESTAND
*"----------------------------------------------

select * from zbibbestand
  into table bestand where isbn = isbn.

ENDFUNCTION.
```

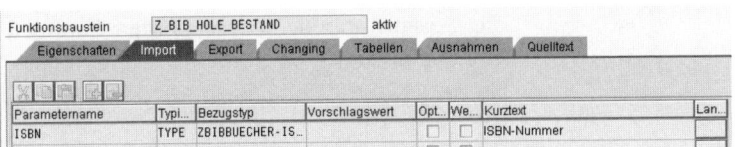

Abb. 8.23 © SAP AG: Import-Parameter

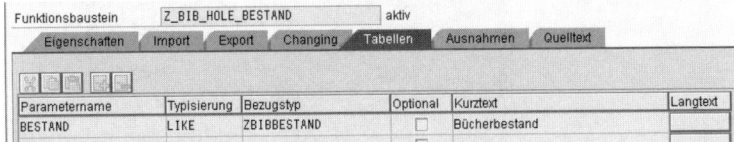

Abb. 8.24 © SAP AG: Tabellen-Parameter

Zurück zu unserer Web Dynpro Komponente: Klicken Sie mit der rechten Maustaste auf den Wurzelknoten der Component und wählen Sie Anlegen -> Service-Aufruf. Es wird sich nun ein Wizard öffnen, der in den Component Controller eine Methode implementieren wird, der unseren Baustein aufrufen soll.

Controller wählen   Nach dem Startbildschirm möchte der Wizard zuerst wissen, in welchem Controller die Methode angelegt werden soll. Wir wählen den bereits existierenden Controller namens COMPONENT-CONTROLLER (Abb. 8.25).

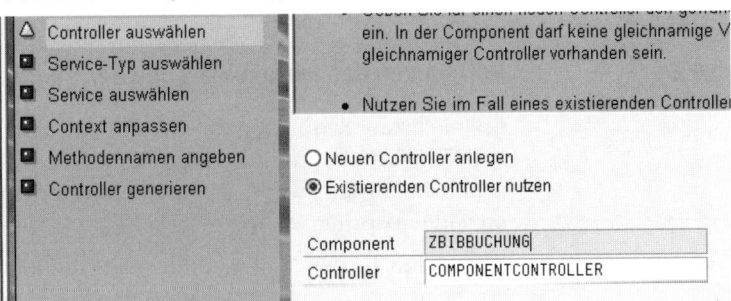

Abb. 8.25 © SAP AG: Wizard zum Erstellen der Controller-
Methode

Der Service-Typ ist *Funktionsbaustein*, der im nächsten Fenster namentlich anzugeben ist (wie oben definiert Z_BIB_HOLE_BESTAND).

Spannend wird es nun wieder beim Anpassen des Context. Im folgenden Bild (Abb. 8.26) muss definiert werden, welche Parameter des Bausteins in den Context des Controllers übernommen werden sollen. In unserem Fall sind das die ISBN-Nummer und die Bestandstabelle. Diese beiden Parameter markieren wir mit einem Häkchen.

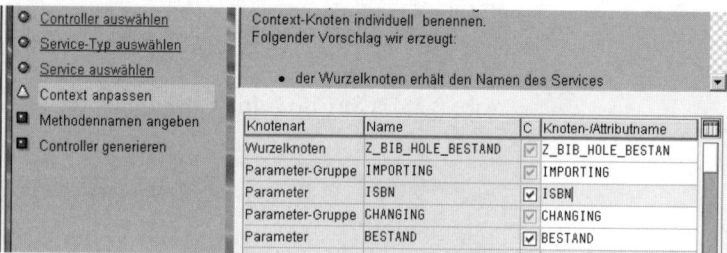

Abb. 8.26 © SAP AG: Funktionsbausteinparameter und Context verknüpfen

Im letzten Schritt wird dann noch der Name der Methode angegeben, mit der Funktionsbaustein von außen im Controller aufgerufen werden kann (in unserem Fall *HoleBestand*); dann kann der Wizard seine Arbeit beginnen und die Controller-Methode erzeugen.

Übrigens: Die automatisch generierte Methode kann im Quellcode per Doppelklick auf den Methodennamen im Reiter *Methoden* direkt angesehen werden. Es ist durchaus sinnvoll, sich den Code einmal genauer anzusehen. Man kann dort viel über die Standard-Funktionen für die Context-Manipulation lernen.

8.4.2   **Vorbereiten der zweiten View und der Context-Objekte**

Im nächsten Schritt legen wir eine zweite View namens ZBIB-VIEWBESTAND an. Sie entspricht der Seite, die der Benutzer zu sehen bekommt, wenn er von der ersten View in die Bestands-anzeige abspringt.

Wir gehen in den Reiter Context der neuen View. Auf der rechten Seite sehen wir den Context des übergeordneten Controllers und auf der linken Seite den noch leeren Context der View. Ziehen Sie nun den kompletten Context-Knoten Bestand aus dem Knoten Changing vom rechten Bereich in den linken Bereich (per Drag & Drop). Die Workbench fragt Sie dann, ob die beiden Knoten gemappt werden sollen. Beantworten Sie diese Fragen mit Ja, dadurch findet ein automatischer Wertetransport zwischen dem übergeordneten Context und dem lokalen Context statt. Abbildung 8.27 zeigt die beiden Context-Bereiche.

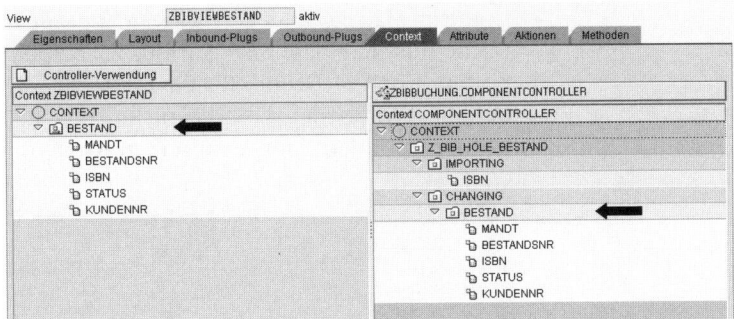

Abb. 8.27 © SAP AG: Mapping des Controller- mit dem View-
Context

Layout anpassen

Legen Sie in der Layoutansicht ein Table-Objekt an und definieren Sie ein Datenbinding zwischen der Context-Bestandstabelle
und der Tabelle, um den Inhalt des Context-Knotens in der Be-
standsanzeige anzuzeigen.

Außerdem wird noch ein Knopf mit der Beschriftung *zurück* benötigt, um den Benutzer wieder auf die erste Seite zurücksprin-
gen zu lassen. Das Layout sollte dann so aussehen, wie in Abbildung 8.28 gezeigt.

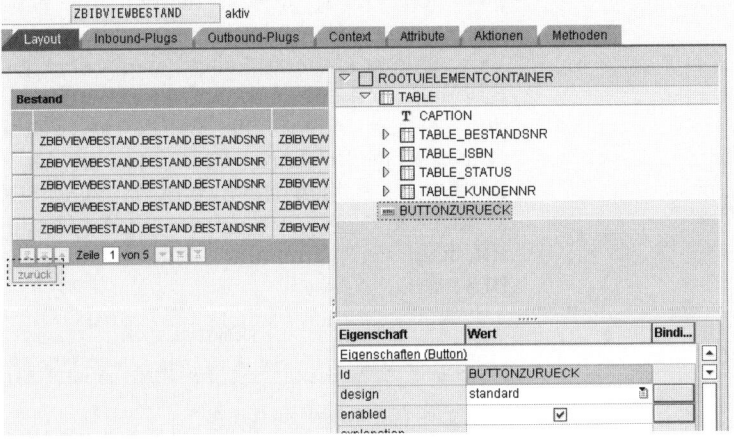

Abb. 8.28 © SAP AG: Layout des Bestandsviews

*Übergabe der
ISBN-Nummer*

Als letzten Schritt benötigen wir nun noch von der ersten View
aus Zugang zu dem Parameter ISBN der Controller-Funktion. Aus
diesem Grund ziehen wir im Context-Reiter der ersten View den
Importing-Knoten in den lokalen Context. Abbildung 8.29 zeigt
auf der linken Seite den um den *importing*-Knoten ergänzten

Context. Man könnte nun folgerichtig auf die Idee kommen, es reiche aus, nur das ISBN-Attribut zu mappen und nicht den Importing-Knoten. Grundsätzlich ist der Gedanke völlig richtig, aber die Workbench lässt es nicht zu, ein einzelnes Attribut zu mappen, sondern immer nur einen Knoten.

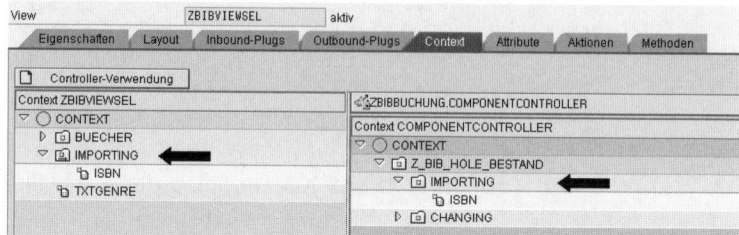

Abb. 8.29 © SAP AG: gemappter Context der ersten View

Auf der ersten View muss ein zusätzlicher Button mit der Beschriftung *Bestand Ansehen* unterhalb der Tabelle angebracht werden.

8.4.3   Plugs definieren

Wie der Name schon sagt, sind Plugs Ein- und Ausgangsstellen zwischen Views, die es erlauben, die Navigation abstrakt und unabhängig des Codings zu erzeugen. Da wir zwischen zwei Views hin und her schalten, werden in jeder View jeweils ein Inbound- und ein Outbound-Plug benötigt. Diese heißen im Fall der ersten View ZU_BESTAND (Outbound) und EIN-GANG_VON_BESTAND (Inbound). In der zweiten View (ZBIB-BESTAND) heißen sie EINGANG_VON_SUCHE (Inbound) und ZURUECK_ZU_SUCHE (Outbound). Abbildung 8.30 zeigt beispielhaft den Outbound-Plug der zweiten View ZBIBVIEW-BESTAND.

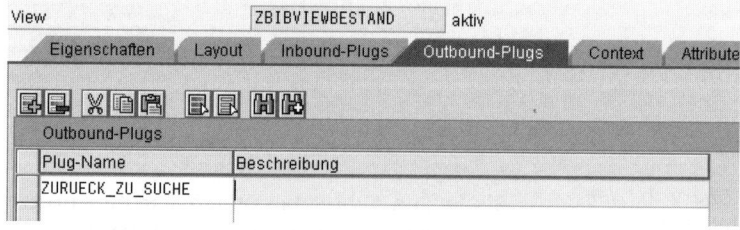

Abb. 8.30 © SAP AG: angelegter Outbound-Plug

Das Verknüpfen zwischen Outbound- und Inbound-Plugs geschieht auf der Ebene des Windows. Der zweite View muss sowieso noch der Windows-Hierarchie hinzugefügt werden, so wie wir das mit der ersten View bereits getan haben. Innerhalb der Hierarchie hängen die einzelnen Plugs dann unter der jeweiligen View.

Navigationslink erzeugen

Mit der rechten Maustaste gehen wir beispielsweise auf den Outbound-Plug ZU_BESTAND und klicken auf Navigations-Link erzeugen. Der Dialog aus Abbildung 8.31 öffnet sich und möchte von uns wissen, auf welchen Inbound-Plug welcher View navigiert werden soll.

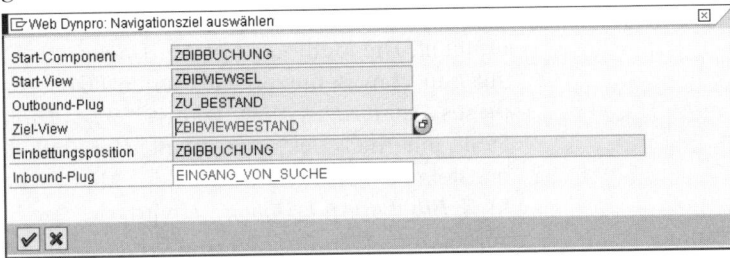

Abb. 8.31 © SAP AG: Definieren eines Navigationslinks

Analog dazu funktioniert der Rücksprung von ZBIBVIEW-BESTAND nach ZBIBVIEWSEL.

Sind beide Richtungen sauber miteinander verknüpft, sollte die Window-Hierarchie so aussehen, wie in Abbildung 8.32 gezeigt.

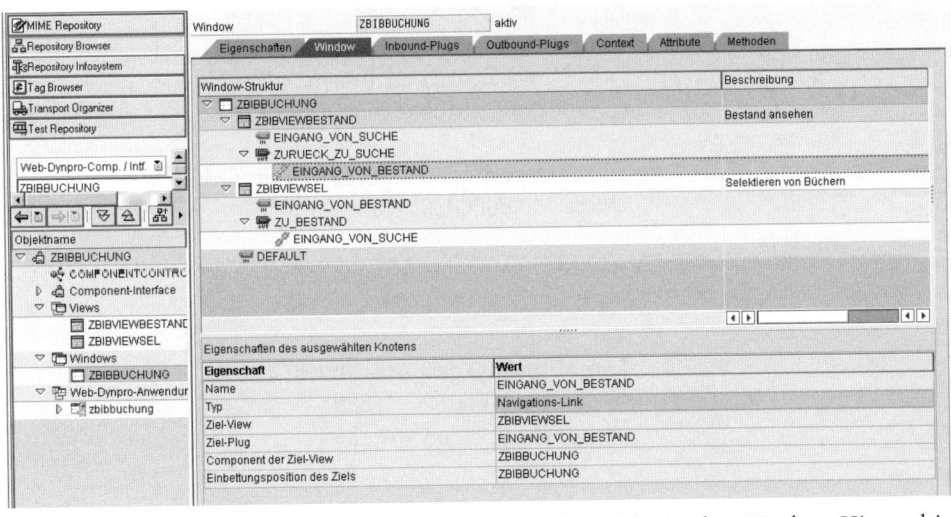

Abb. 8.32 © SAP AG: Navigationslinks in der Window-Hierarchie

8.4.4   Coding

Nachdem nun alle Voraussetzungen erfüllt sind, können wir uns daran machen, den eigentlichen Absprung zu kodieren.

Dazu legen wir wie bereits im ersten Beispiel eine Aktion und damit implizit einen Ereignishandler hinter den *Bestand Suchen* Knopf aus der View ZBIBVIEWSEL.

Wie bereits bekannt werden verschiedene Objektreferenzen deklariert und ein Verweis auf den BUECHER-Knoten des Contexts ermittelt. Die Methode *Get_Lead_Selection( )* liefert eine Referenz auf den vom Benutzer selektierten Datensatz. Die ISBN-Nummer dieses Datensatzes wird dann via *Set_Attribute( )* an die korrekte Stelle innerhalb des Contexts platziert, aus der sie der Funktionsbaustein später ausliest. Mit Hilfe von *Execute_Z_Bib_Bestand_Holen( )* wird die Methode des Controllers aufgerufen. *Fire_Zu_Bestand( )* löst den Outbound-Plug aus, der dann zur zweiten View navigiert.

```
method ONACTIONBESTANDSUCHEN .

    data:
      node_buecher type ref to
        If_Wd_Context_Node,
      element_buch  type ref to
        If_Wd_Context_Element,
      isbn type zbibbestand-isbn.

    node_buecher = wd_Context->get_Child_Node(
      Name = 'BUECHER' ).

    element_buch = node_buecher->
      GET_LEAD_SELECTION( ).

    element_buch->get_attribute(
      exporting Name = 'ISBN'
      importing Value = isbn
        ).
```

```
*    ISBN-Nummer in der Context
*    an anderer Stelle wieder einfügen

data:
  node_isbntransfer type ref
    to If_Wd_Context_Node.

node_buecher = wd_Context->
  get_Child_Node(
  Name = 'IMPORTING' ).

node_buecher->set_attribute(
exporting Name = 'ISBN'
Value = isbn ).

wd_Comp_Controller->
  Execute_Z_Bib_Hole_Bestand( ).

wd_This->Fire_Zu_Bestand_Plg( ).

endmethod.
```

Nun bleibt noch eine letzte Aktion zu tun, nämlich den *zurück*-Button der zweiten View mit dem entsprechenden Outbound-Plug verdrahten, der dann zur ersten View zurückführt.

Zurück Button   Man könnte das natürlich wieder wie oben gezeigt von Hand kodieren, allerdings bietet sich in dem Fall eine elegantere Methode an. Gehen Sie in den Layout-Reiter der View ZBIBVIEW-BESTAND, markieren Sie den Button und scrollen Sie im Eigenschaftsfenster zum Ereignis *OnAction*. Wenn Sie auf den Neuanlage-Knopf klicken, öffnet sich der Dialog aus Abbildung 8.33. Hier haben Sie Möglichkeit, direkt den Outbound-Plug ZU-RUECK_ZUR_SUCHE anzugeben. Damit ist die Navigation eindeutig definiert – ganz ohne Programmierung.

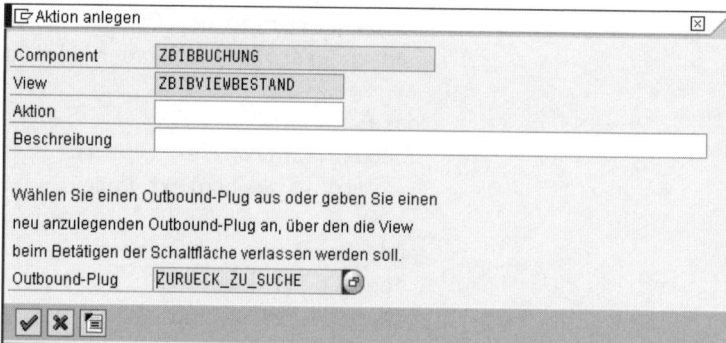

Abb. 8.33 © SAP AG: Verknüpfung zum Outbound-Plug definieren

Abbildung 8.34 und 8.35 zeigen die fertige Anwendung nach dem Speichern und Aktivieren in Aktion.

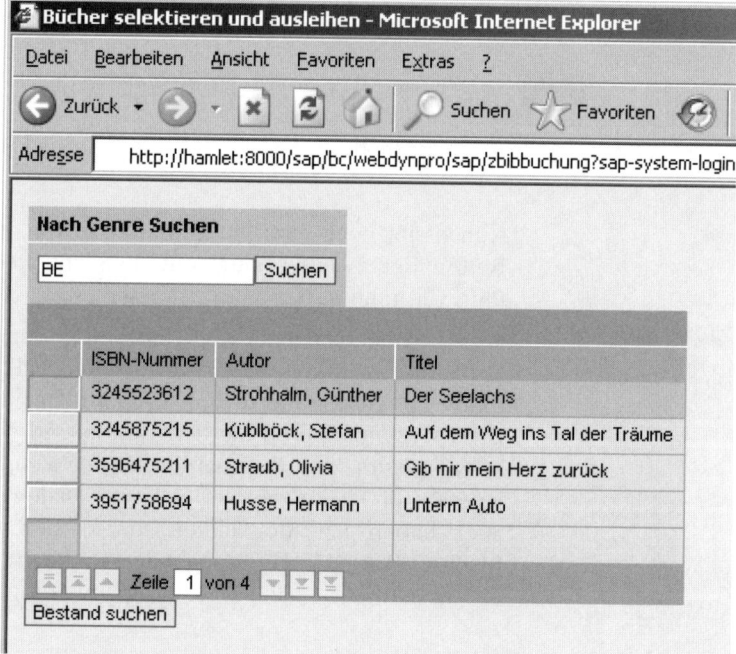

Abb. 8.34 © SAP AG: View ZBIBVIEWSEL in Aktion

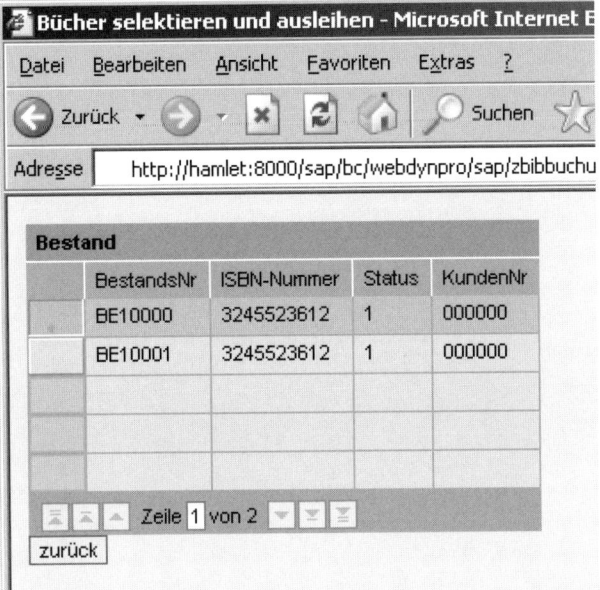

Abb. 8.35 © SAP AG: View ZBIBBESTAND in Aktion

A Anhang

A.1 Web-Ressourcen

- **www.theobald-software.de**
  Weiterführende Infos zu diesem Buch, sowie Download-Möglichkeit für die Beispieldateien. Außerdem gibt es eine ausführliche und stets aktuelle Link-Liste sowie eine Seite mit veröffentlichten Leser-Fragen.

- **help.sap.com**
  vollständige Online-Dokumentation zu R/3-Systemen aller gängigen Releases.

- **sdn.sap.com**
  Das SAP Developer Network ist eine Plattform für Entwickler. Man braucht kein SAP-Kunde zu sein, um sich zu registrieren.

- **www.vieweg.de**
  Web-Site des Verlages dieses Buchs.

A.2 Liste gängiger Transaktionen

Dokumentenverwaltung / WEB-Entwicklung	
OAER	Der Busisness Document Navigator
OAC2	Pflegetransaktion zu den Dokumentenarten
OAD2	Pflegetransaktion zu den Dokumententypen
SMW0	Web-Respository
ABAP-Entwicklung	
SE80	ABAP-Workbench
SE37	Function Builder
SWO1	Business-Object Builder
SE38	ABAP-Reports / Programme starten und ändern
SE11	Data Dictionary
SE16	Data Browser
SE61	Textbausteine pflegen
SE91	Nachrichtentexte pflegen
Transport	
SE09	Verwalten und Freigeben von Transportaufträgen
STMS	Transport Management System – Importieren von Transportaufträgen
Tabellenpflege	
SE54	Tabellenpflege generieren
SM30	Tabellenpflege aufrufen
Sperren und Verbuchen	
SM13	Verbuchungsmonitor, Statistik und Administration des Verbuchungssystems

SM51	Übersicht aller angekoppelten Applikationsserver
SM50	Prozessübersicht
Drucken	
SP01	Übersicht Spoolaufträge
SMARTFORMS	Smart Forms
SE78	Formulargrafiken verwalten

A.3   Vergleichsoperatoren

EQ	=	ist gleich
NE	<>	ungleich
LT	<	kleiner
LE	<=	kleiner oder gleich
GT	>	größer
GE	>=	größer oder gleich
LK	Like	entspricht dem like-Operator in der Where-Anweisung von Open SQL

A.4   Wichtige FTP-Kommandos

`get <par1> <par2>`	holt die entfernte Datei <par1> und legt sie als <par2> lokal ab
`put <par1> <par2>`	überträgt die lokale Datei <par1> und legt sie als <par2> auf dem FTP-Server ab
`cd <par>`	wechselt in das Verzeichnis <par> auf dem FTP-Server
`ls`	listet den Inhalt des aktuellen Verzeichnisses auf
`mkdir <par>`	legt auf dem FTP-Server das Verzeichnis <par> ab
`delete <par>`	löscht die datei <par> auf dem Server
`rename <par1> <par2>`	benennt die Datei <par1> in <par2> um.
`binary`	wechselt in die binäre Übertragungsart. Die Dateien werden exakt so übertragen, wie sie vorliegen.
`ascii`	wechselt in die Ascii-Übertragungsart. In Textdateien werden Zeilenumbrüche so angepasst, dass sie betriebssystemkonform auf dem Zielsystem ankommen.

A.5   Elementare ABAP-Datentypen

Zeichenfolgen mit fester Feldlänge	
C	Beliebige alphanumerische Zeichen
N	nur Ziffern
D	Datum in der Form JJJJMMDD
T	Uhrzeit in der Form SSMMss
X	Bytes für die Speicherung von binären Daten (hexadezimal).
Numerische Typen	
P	Gepackte Nummer mit variabler Länge
I	Ganzzahliger Integer-Wert mit einer Gesamtgröße von 4 Bytes
F	Fließkommazahl mit einer Gesamtgröße von 8 Bytes
Typen mit variabler Länge	
STRING	Vom Typ C mit variabler Länge
XSTRING	Vom Typ X mit variabler Länge

A.6   **Vergleich ABAP- / Data-Dictionary-Datenytpen**

Data Dictionary	ABAP	Bemerkung
ACCP	N(6)	Buchungsperiode in der Form JJJJMM
CHAR n	C(n)	Beliebige Zeichenfolge definierter Länge
CLNT	C(3)	Mandant
CUKY	C(5)	Währungsschlüssel
CURR n,m	P((n+1)/2) DECIMAL m	Betrag (zum Währungsschlüssel)
DATS	D(8)	Datum (JJJJMMTT)
FLTP	F(8)	Fließkommazahl
INT1	X(1)	1 Byte
INT2	X(2)	2 Byte
INT4	X(4)	4 Byte
LANG	C(1)	Sprachenschlüssel
NUMC n	N(n)	Zeichenfolge, die ausschließlich aus Ziffern besteht (z.B. Postleitzahl)
PREC	X(2)	Genauigkeit eines QUAN-Feldes
QUAN n,m	P((n+1)/2) DECIMAL m	Mengenfeld mit beliebiger Genauigkeit. Die Genauigkeit muss in einem PREC-Feld hinterlegt sein.
RAW n	X(n)	Folge beliebiger Bytes, um binäre Daten zu speichern

TIMS	T(6)	Uhrzeit in der Form SSMMss
UNIT	C(n)	Einheit für QUAN-Felder
LRAW	X(n)	Byte-Feld mit beliebiger Länge. Die Länge muss in einem INT2-Feld hinterlegt werden.
LCHR	C(n)	Analog zu LRAW, allerdings mit alphanumerischen Zeichen

A.7   Farben

Nr	Technische Bezeichnung	Farbe
0	COL_BACKGROUND	grau / weiß
1	COL_HEADING	dunkelblau
2	COL_NORMAL	hellblau
3	COL_TOTAL	gelb
4	COL_KEY	mittelblau
5	COL_POSITIVE	grün
6	COL_NEGATIVE	rot
7	COL_GROUP	orange

Schlagwortverzeichnis